SYMTALK

Le Français en images

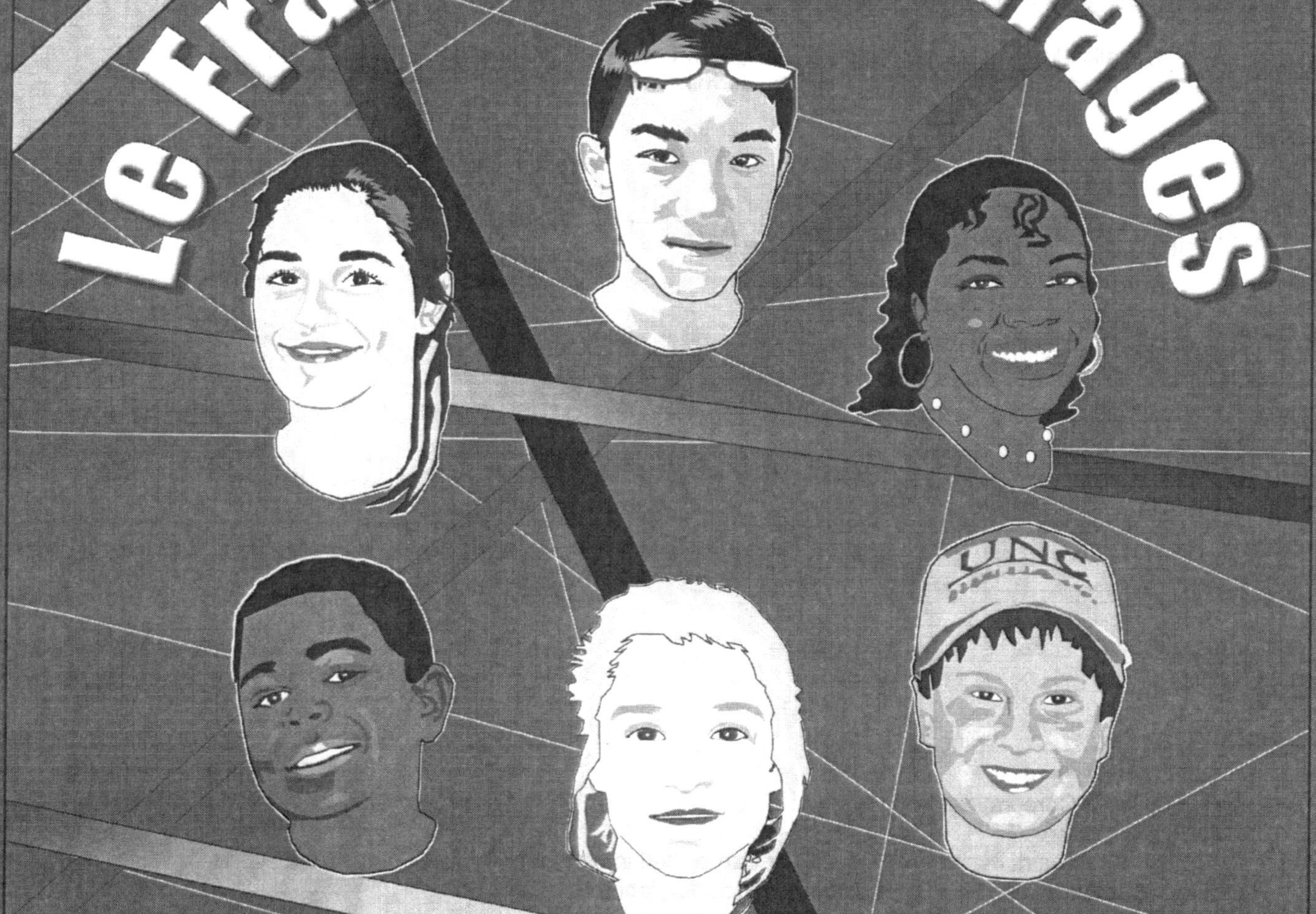

Written & illustrated by
Maurice Hazan

Book E

Developed by Maurice Hazan

Symtalk® is a unique approach to teaching a foreign language and uses visuals specifically designed to accelerate the language learning process. It is based on the three key elements of short and long term memory: Encoding, storage and retrieval.
Symtalk® is a vertical comprehensive curriculum (for k to 8). A book is available for each grade level. Writing begins in second grade. The Symtalk® materials allow teachers to get immediate results.
Students structure full sentences starting from the first lesson.
These are accomplished through:
1) Strings of magnetized cards placed on a board to demonstrate the vocabulary.
2) Books featuring the graphics used in class.
3) Game boards with various levels of difficulty.

The Symtalk® Method is used as a core program, exploratory curriculum, and immersion program. It is available in Spanish, French, German, Italian, Chinese, Japanese, and English.

Written and Illustrated by Maurice Hazan

ISBN 1-932770-14-3
© 2006 EMC Corporation
All Rights Reserved
No part of this work may be reproduced or transmitted in any form or by any means, electronic or mechanical, including photocopying and recording, or by any information storage or retrieval system without the prior written permission of EMC Paradigm Publishing

The Symtalk® Series

Third edition

Printed in the U.S.A
1 2 3 4 5 6 7 8 9 10 XXX 09 08 07 06

Welcome to Symtalk French Book 3 *Le Français en Images* !

Welcome to *French Book 3 Le Français en Images* of the Symtalk Method. Symtalk is simple and delivers astonishing results immediately.

The Symtalk Method is designed to teach students the fundamentals of the language. Substituting the text with self-explanatory symbols produces an authentic memorization of the vocabulary. The goal is for students to structure full sentences immediately and attain communicative proficiency in all four skills very early. All sentences can be interpreted in oral and written form. A space with a line below each picture allows the student to write the sentences. The Symtalk philosophy is that students should acquire oral proficiency with the language before they write; just as they do in their native language.

Symtalk Flash Cards are the core component of the Symtalk language program. The flash cards are necessary tools for introducing and practicing vocabulary and grammatical rules. The vocabulary featured in the Symtalk Method is directly related to real-life experiences. It consists of nouns, verbs, adjectives, adverbs, prepositions, conjunctions and interrogatives, providing student the tools for meaningful communication. Once most sentence possibilities are explored, more subjects, verbs and objects are added to supplement the existing vocabulary. Gradually, students acquire enough elements to engage in everyday conversations.

Symtalk offers many **games** to bring the language to life in the classroom. **Symtalk Long Sentence Bingo** and **Symtalk Greeting Game** are two games created specifically to accompany *French Book3 Le Français en Images* . If you have these recommended games, use them to strengthen communicative skills. Do not wait to complete a lesson in this book to use any particular game. Symtalk games engage students in conversation with minimal teacher intervention. The handouts included in the game sets are a supplement, not a requisite, for the games.

Lesson 1

Review: singular

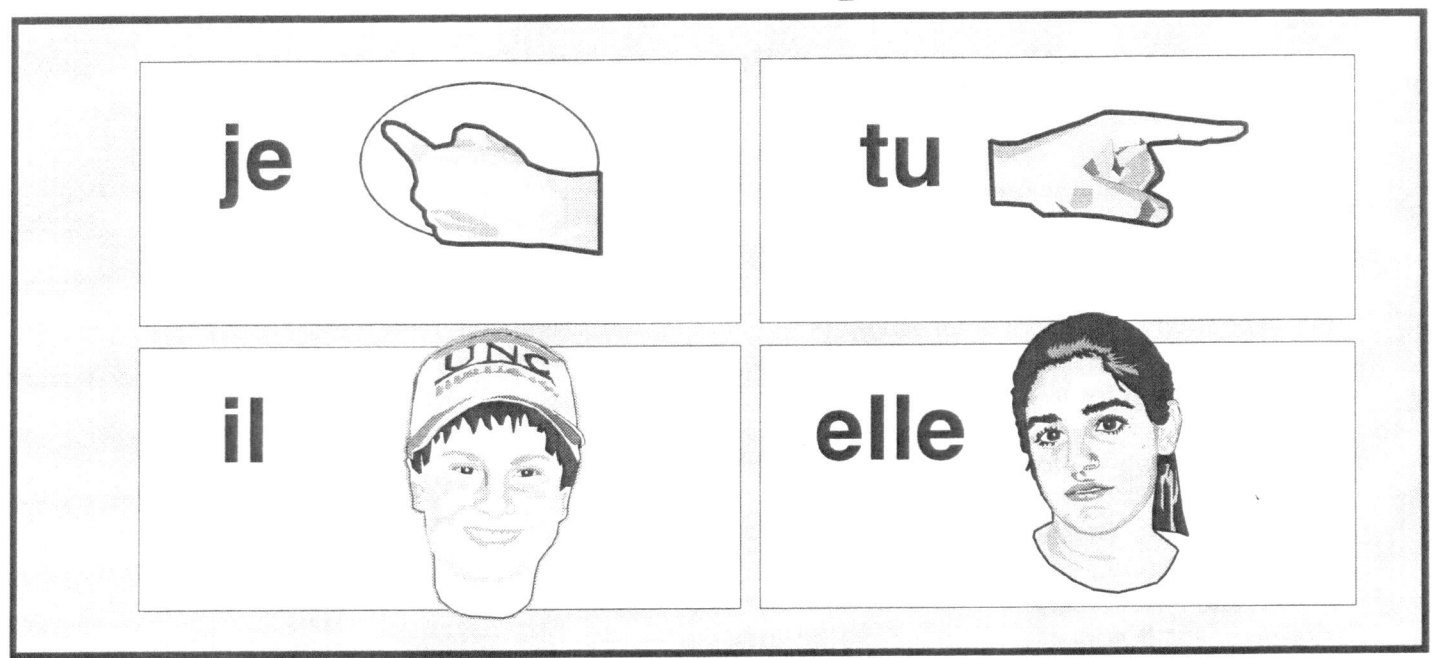

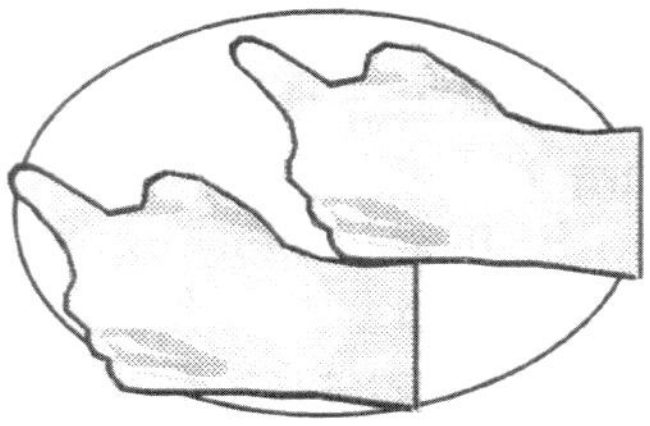

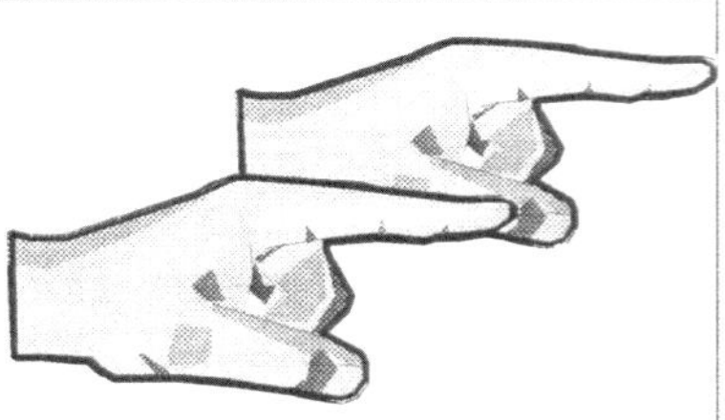

New: plural

manger **Review: singular** regarder

Write the pronoun and the correct ending of the verb on the line.

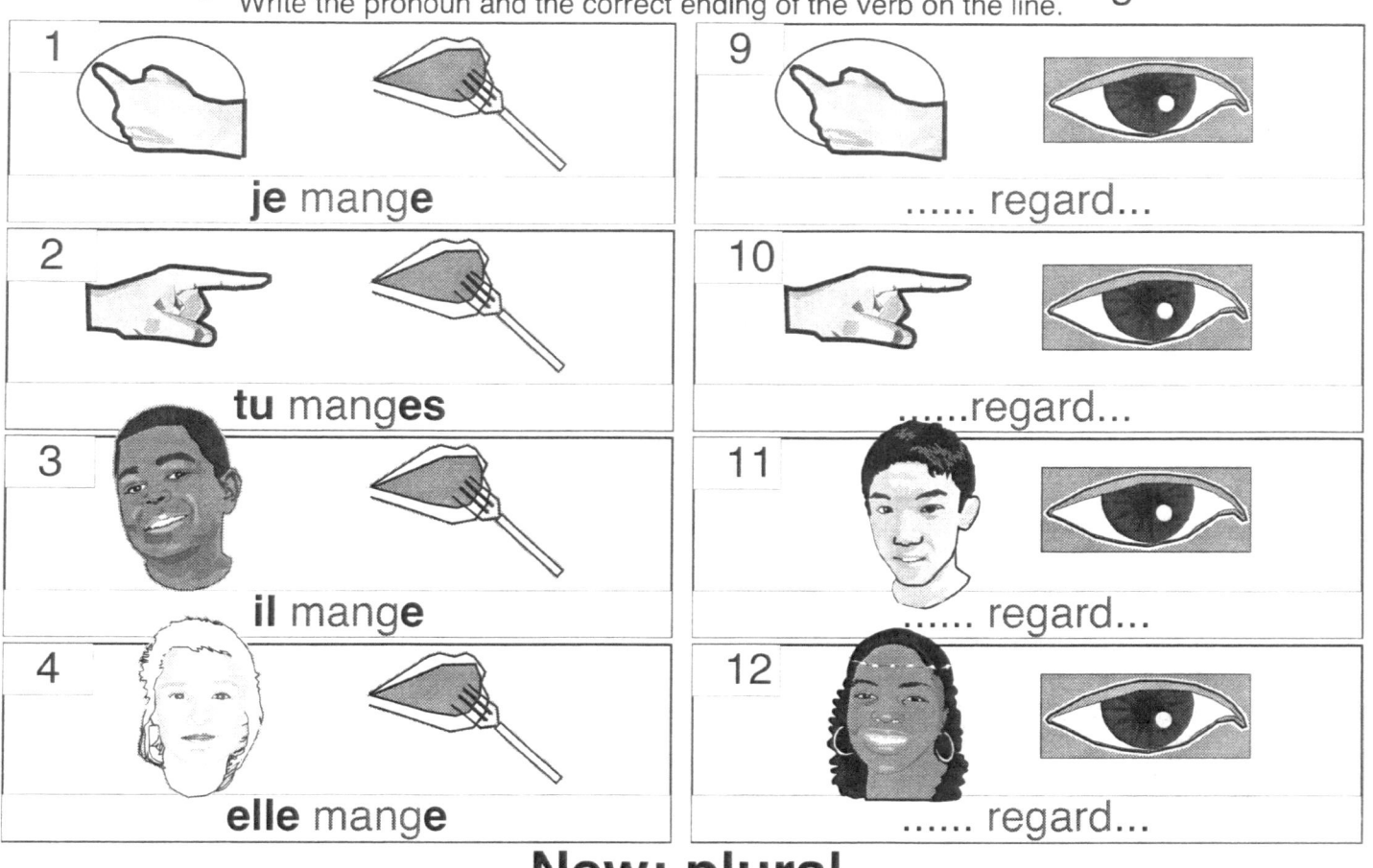

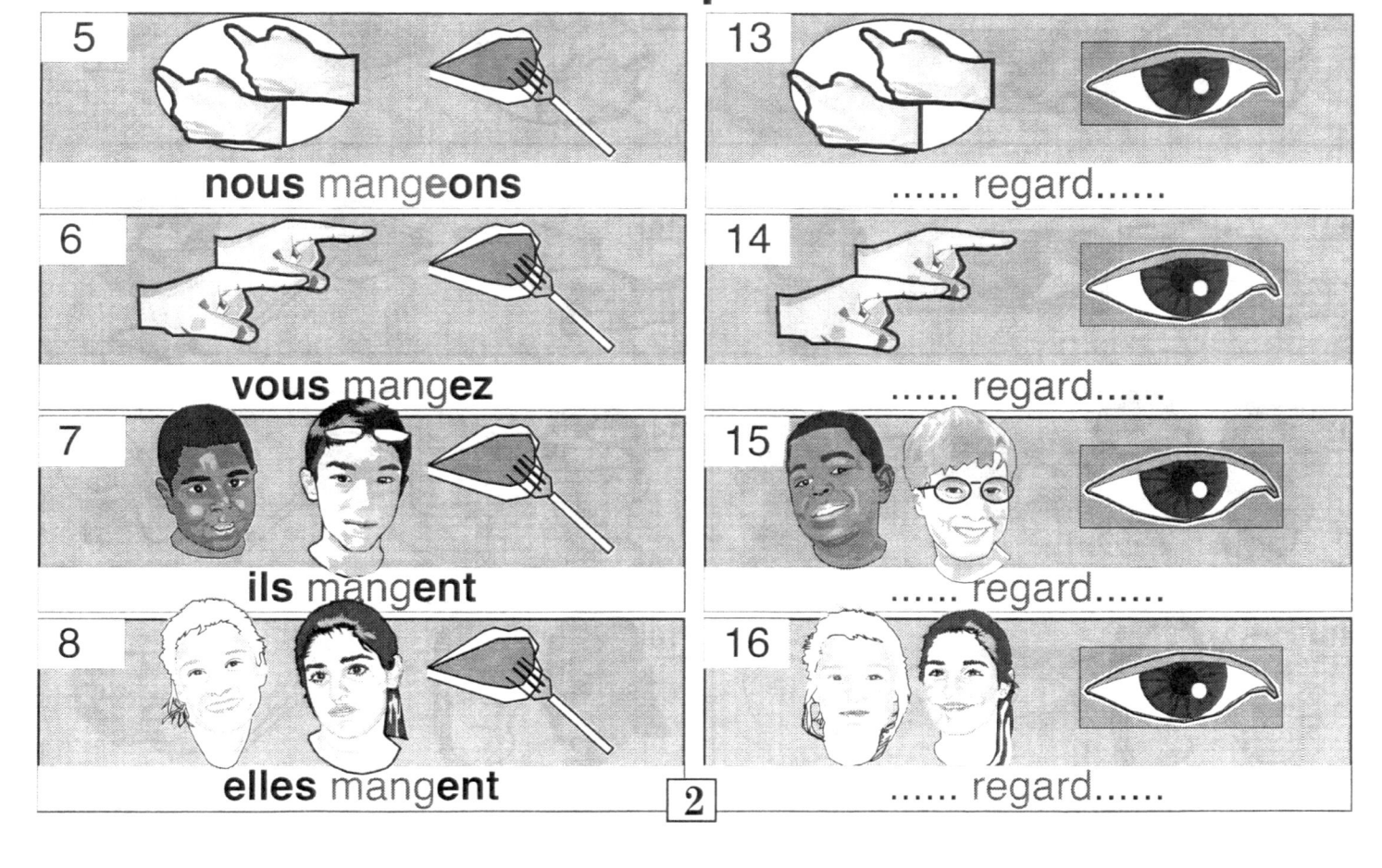

1	**je** mang**e**	9	...... regard...
2	**tu** mang**es**	10	......regard...
3	**il** mang**e**	11	...... regard...
4	**elle** mang**e**	12	...... regard...

New: plural

5	**nous** mang**eons**	13	...... regard......
6	**vous** mang**ez**	14	...... regard......
7	**ils** mang**ent**	15	...... regard......
8	**elles** mang**ent**	16	...... regard......

regarder   Read and write these sentences.   manger
Refer to index for the symbols you don't know.

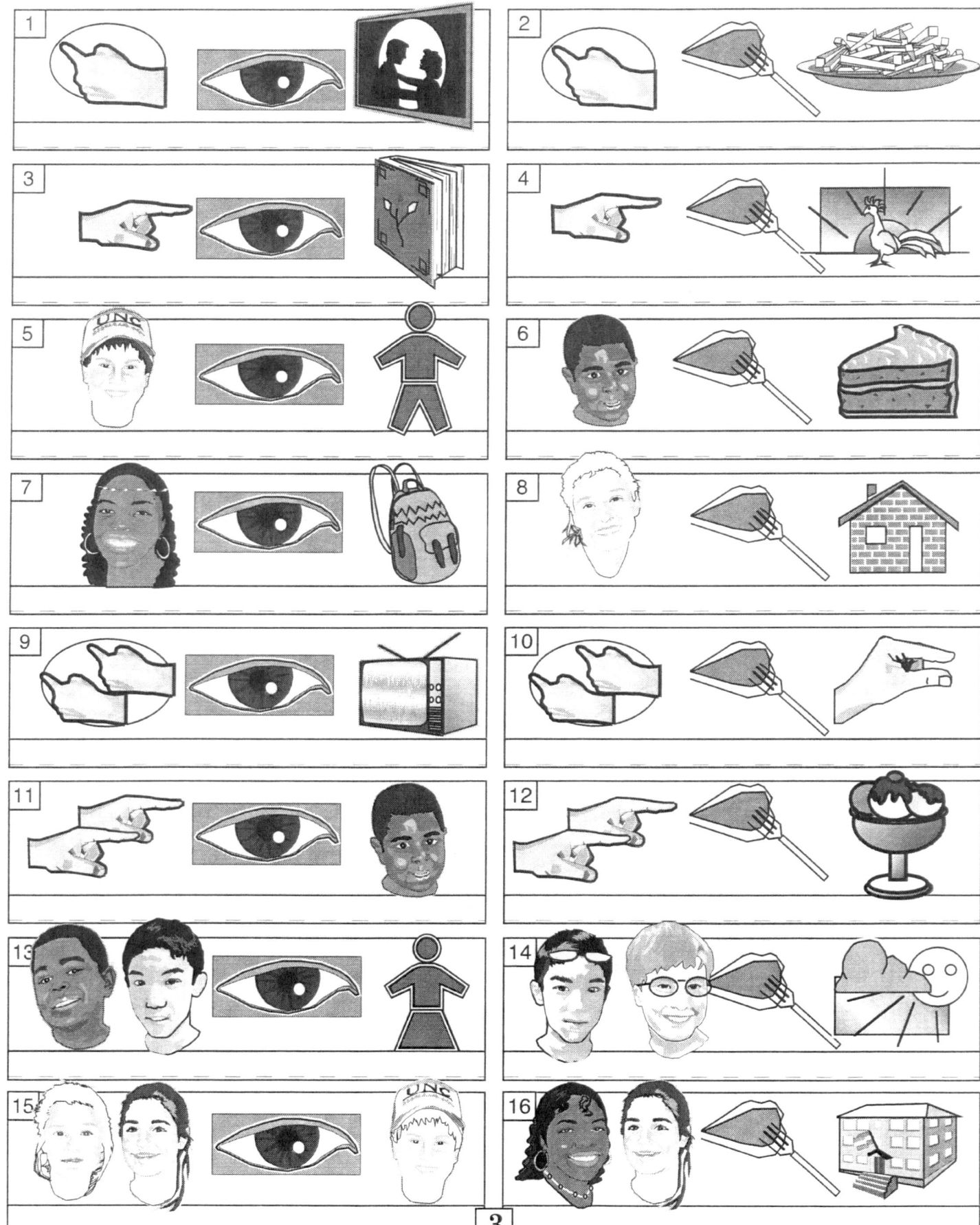

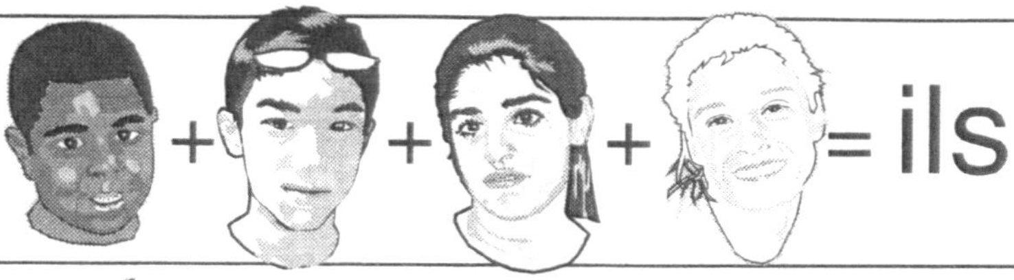

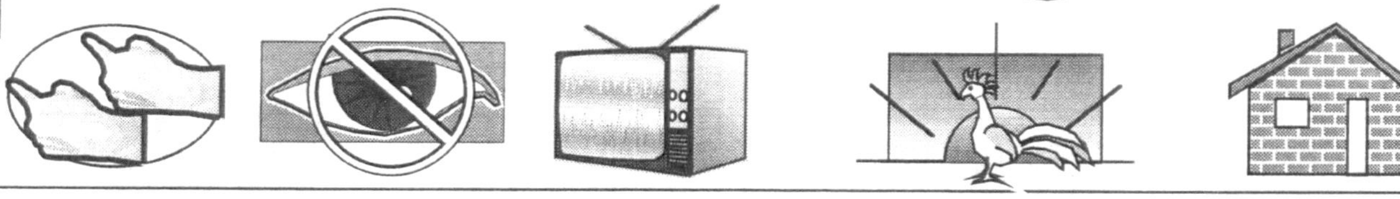

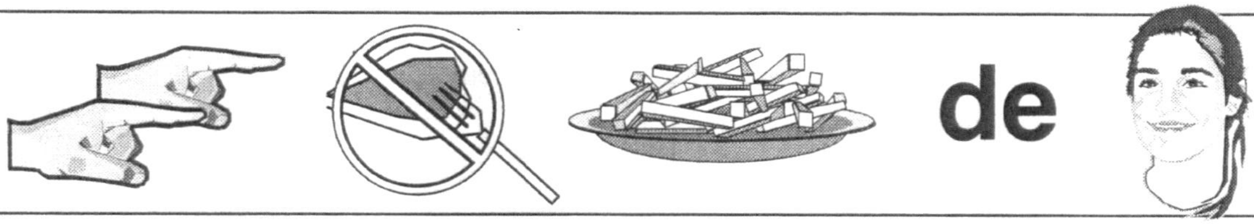

Review: singular

aimer

jouer

Write the pronoun and the correct ending of the verb on the line.

1
j'aim**e**

2
tu aim**es**

3
il aime

4
elle aime

9
.... jou.........

10
.... jou.......

11
.... jou.......

12
.... jou.......

New: plural

5
nous aim**ons**

6
vous aim**ez**

7
ils aim**ent**

8
elles aim**ent**

13
.... jou......

14
.... jou......

15
.... jou......

16
.... jou......

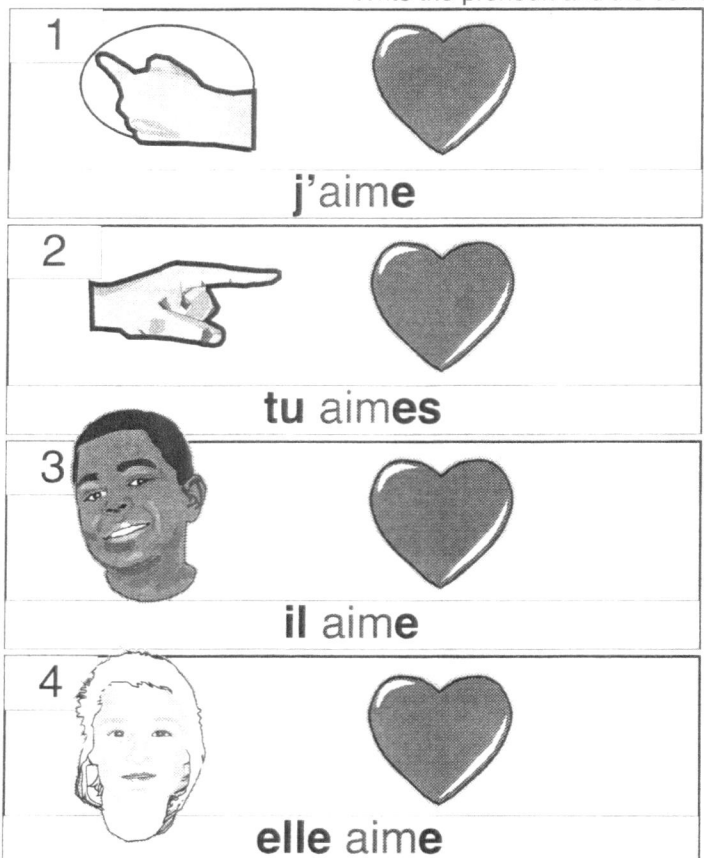

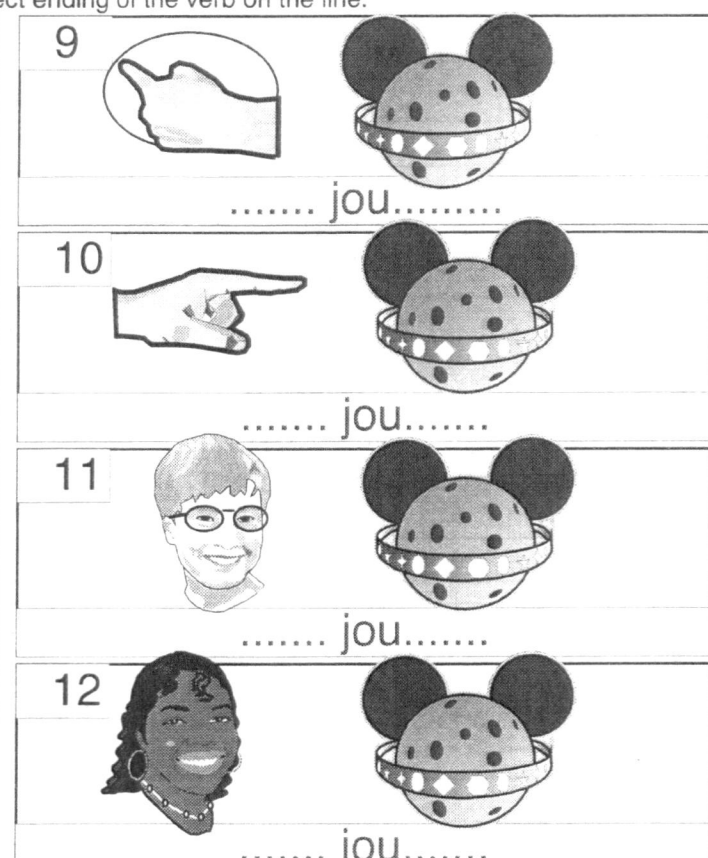

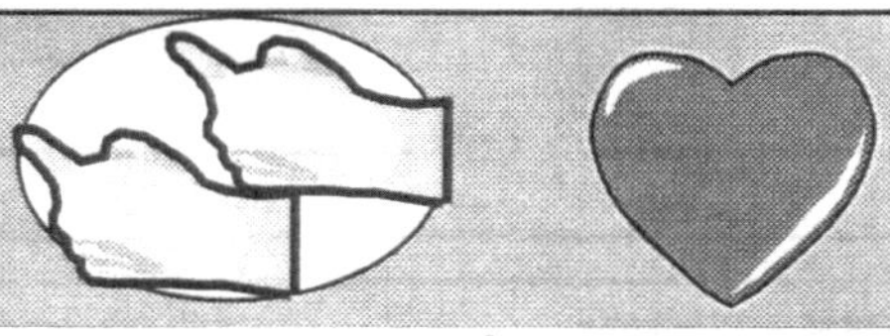

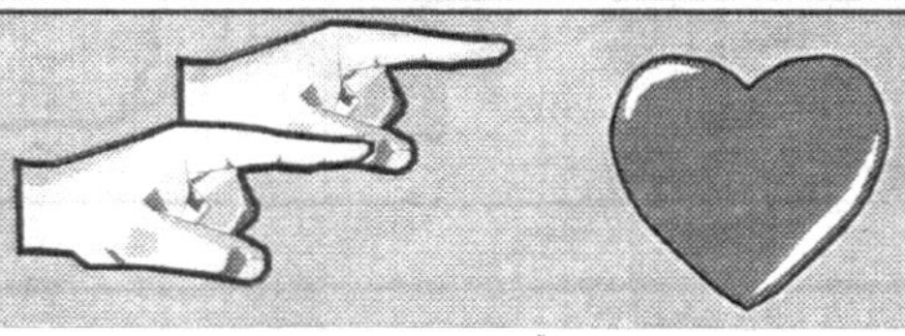

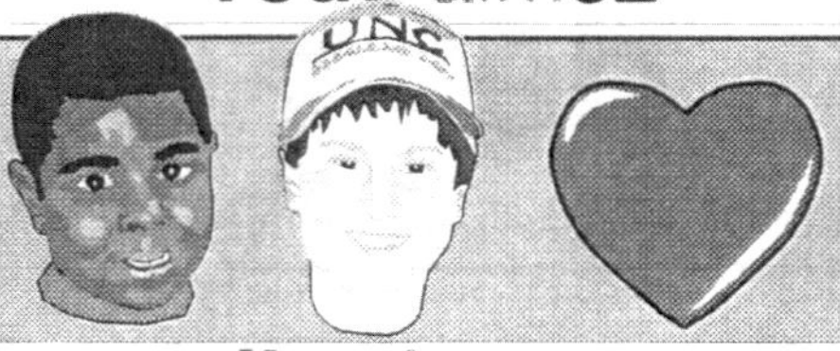

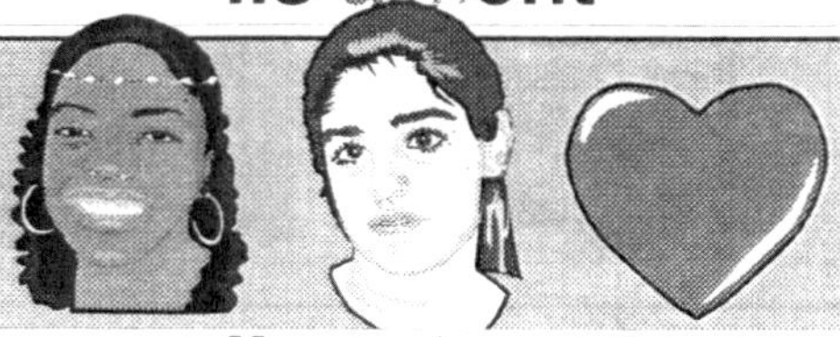

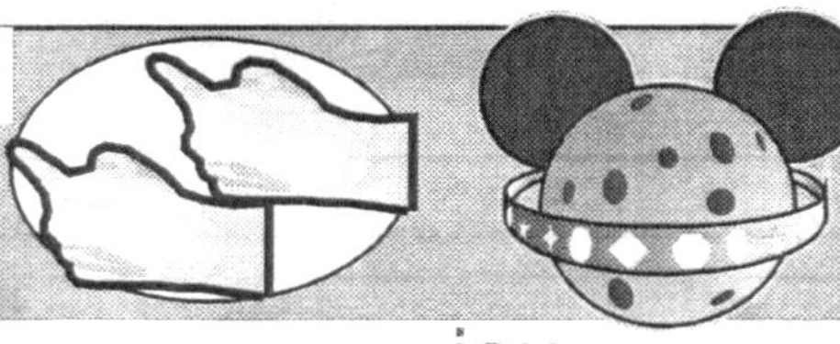

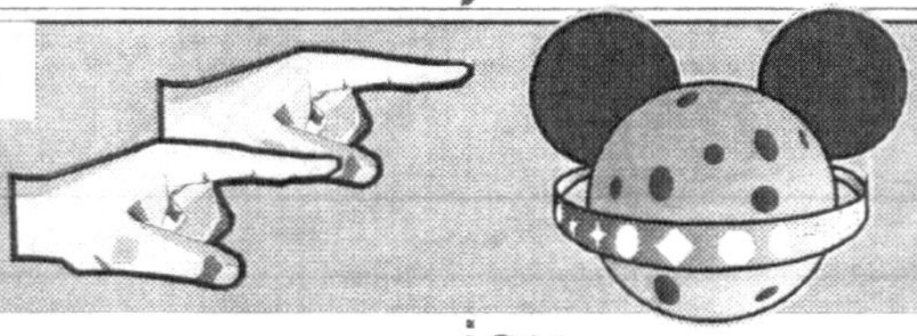

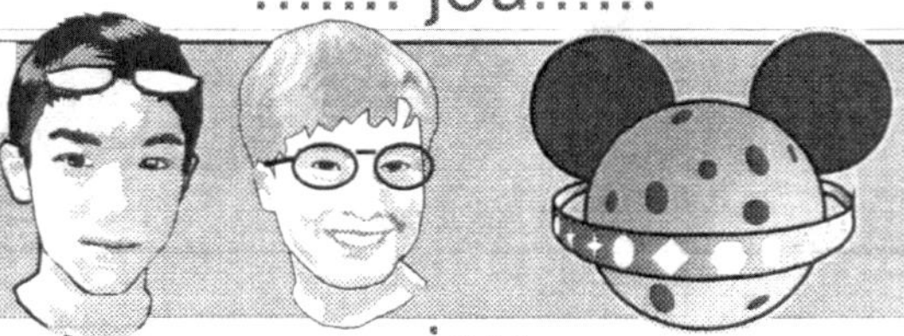

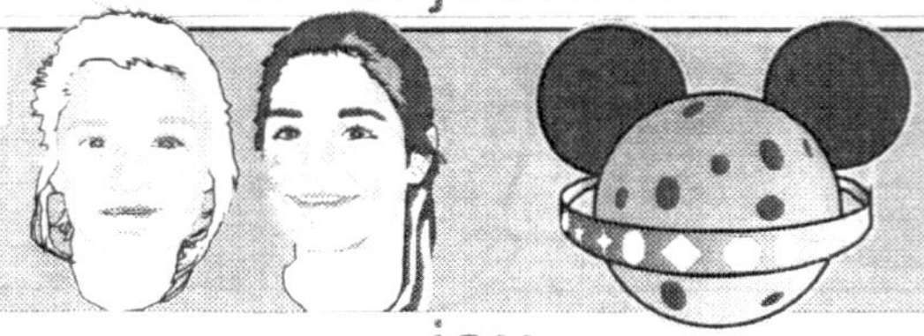

Imagine these dialogues

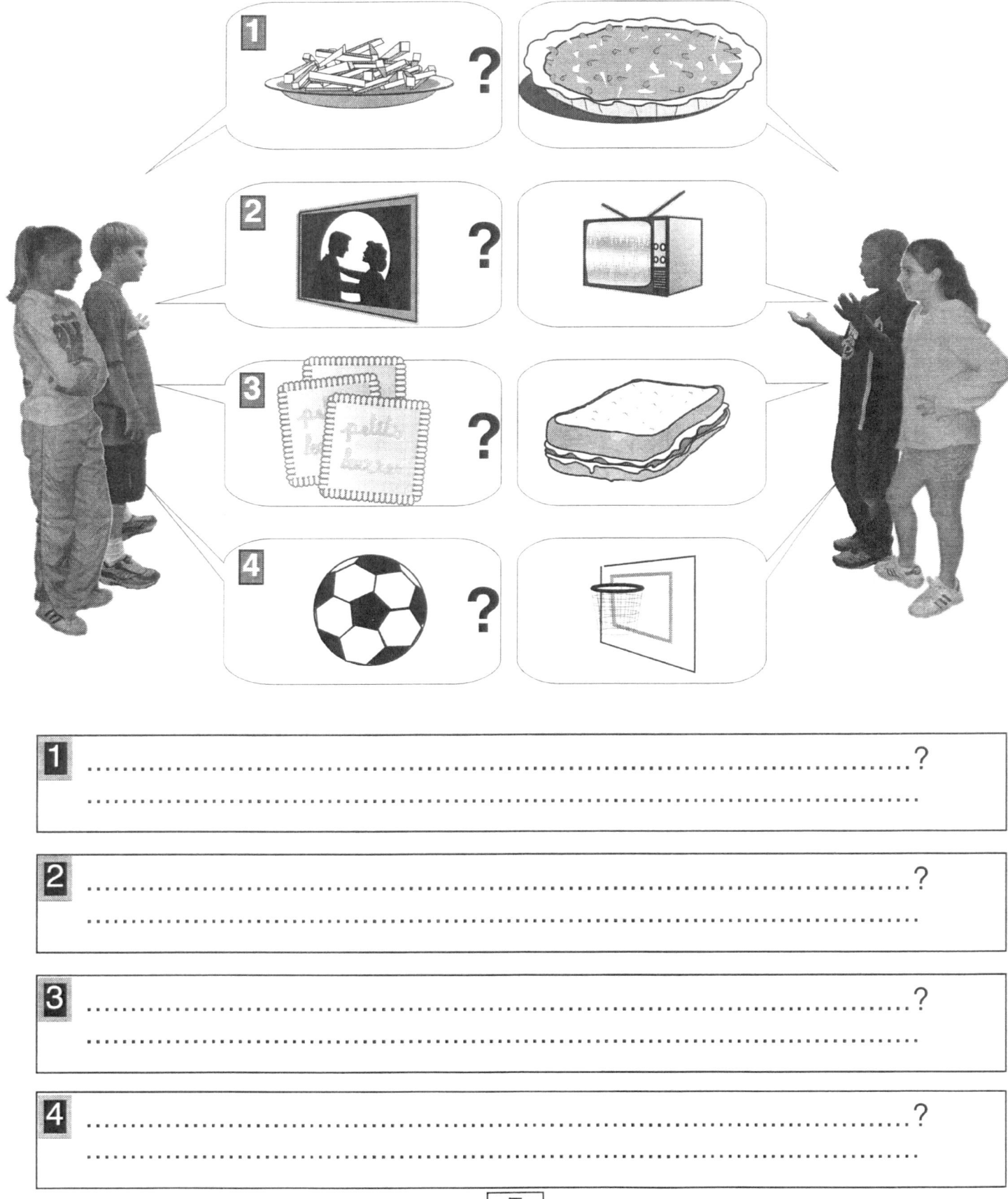

1 ....?
  ....

2 ....?
  ....

3 ....?
  ....

4 ....?
  ....

Lesson 2

 lundi
 mardi
 mercredi
 jeudi
vendredi
 samedi
dimanche

1.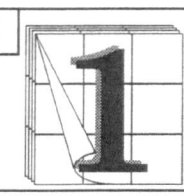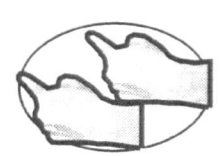

2.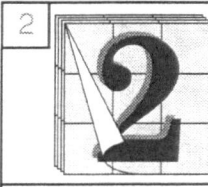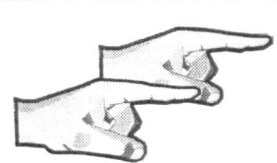

3.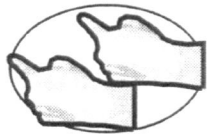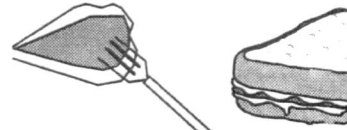

4.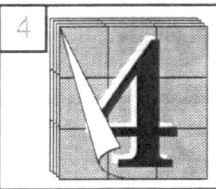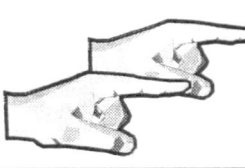

5.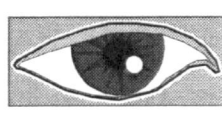

6.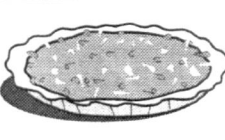

 aujourd'hui	 il fait chaud	 il fait froid	 il fait beau  il pleut

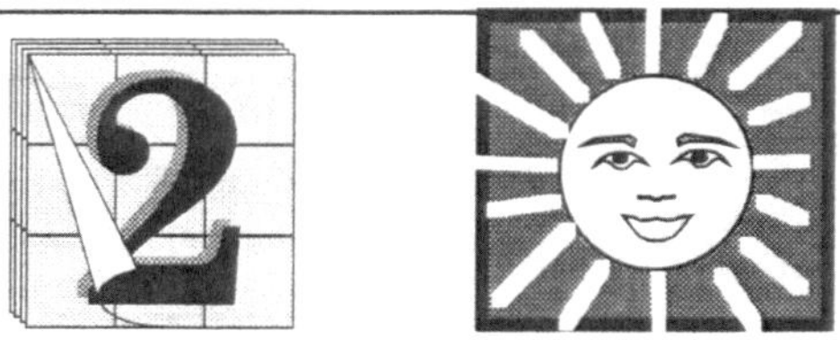

1.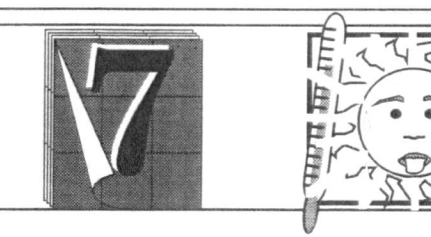
2.
3.
4.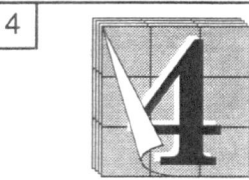
5.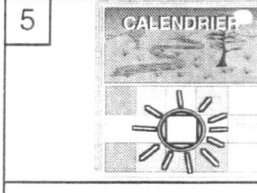
6.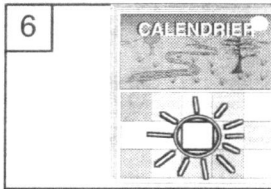
7. 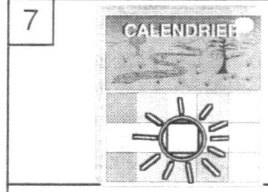 c'est
8.
9.  c'est
10.
11.  c'est
12.

il fait / il ne fait pas   c'est / ce n'est pas

1.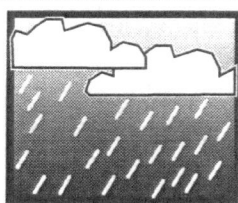
Il fait beau ?
Non, il ne fait pas beau.
Il pleut.

2.
C'est lundi ?
Non, ce n'est pas lundi.
C'est Jeudi.

3.
Il fait chaud ?
....
....

4.
C'est samedi ?
....
....

5.
Il fait froid ?
....
....

6.
C'est dimanche ?
....
....

7.
Il pleut ?
....
....

8.
C'est mercredi ?
....
....

Lesson 3 — aller

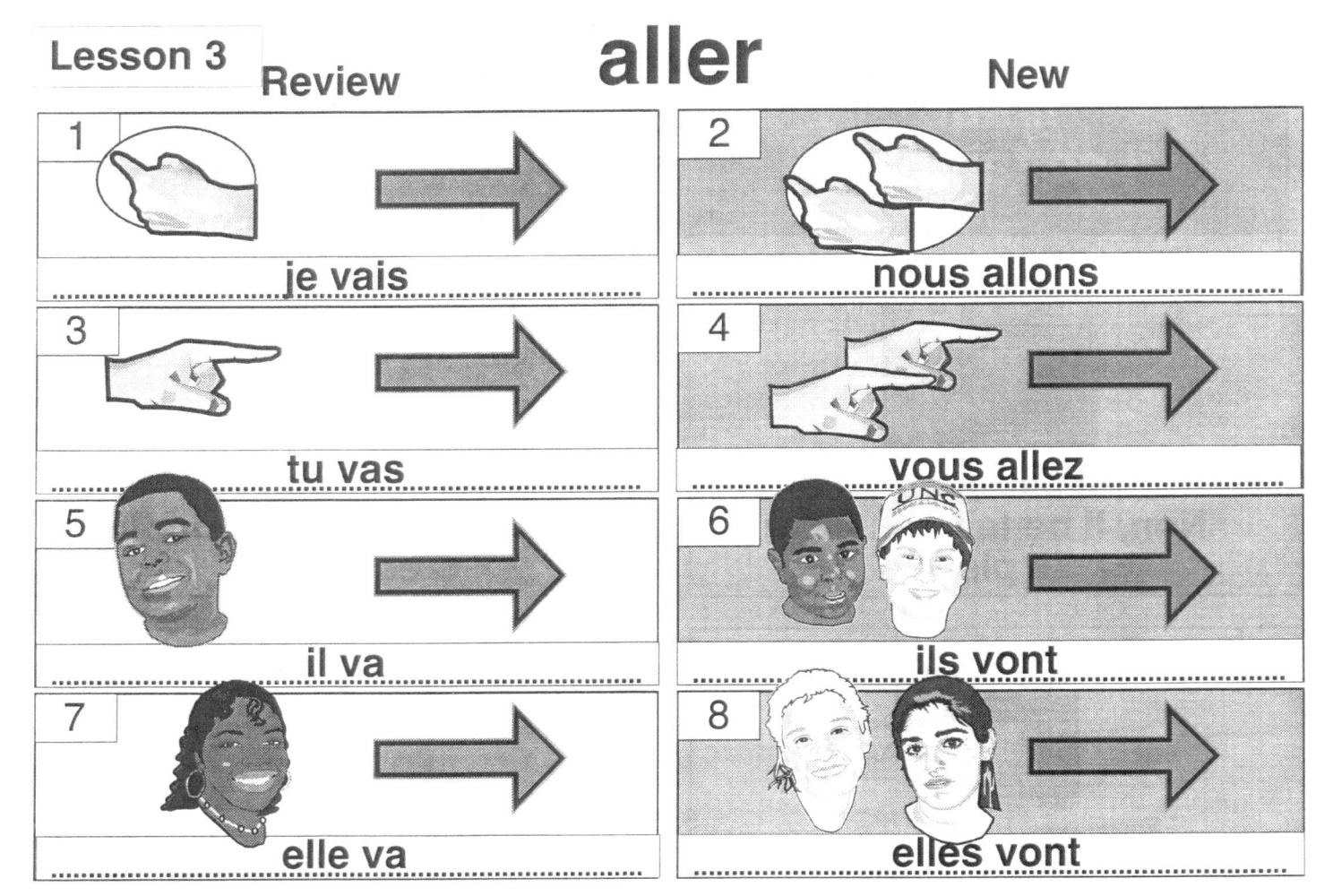

Review / **New**

1. je vais
2. nous allons
3. tu vas
4. vous allez
5. il va
6. ils vont
7. elle va
8. elles vont

Read and write the following sentences

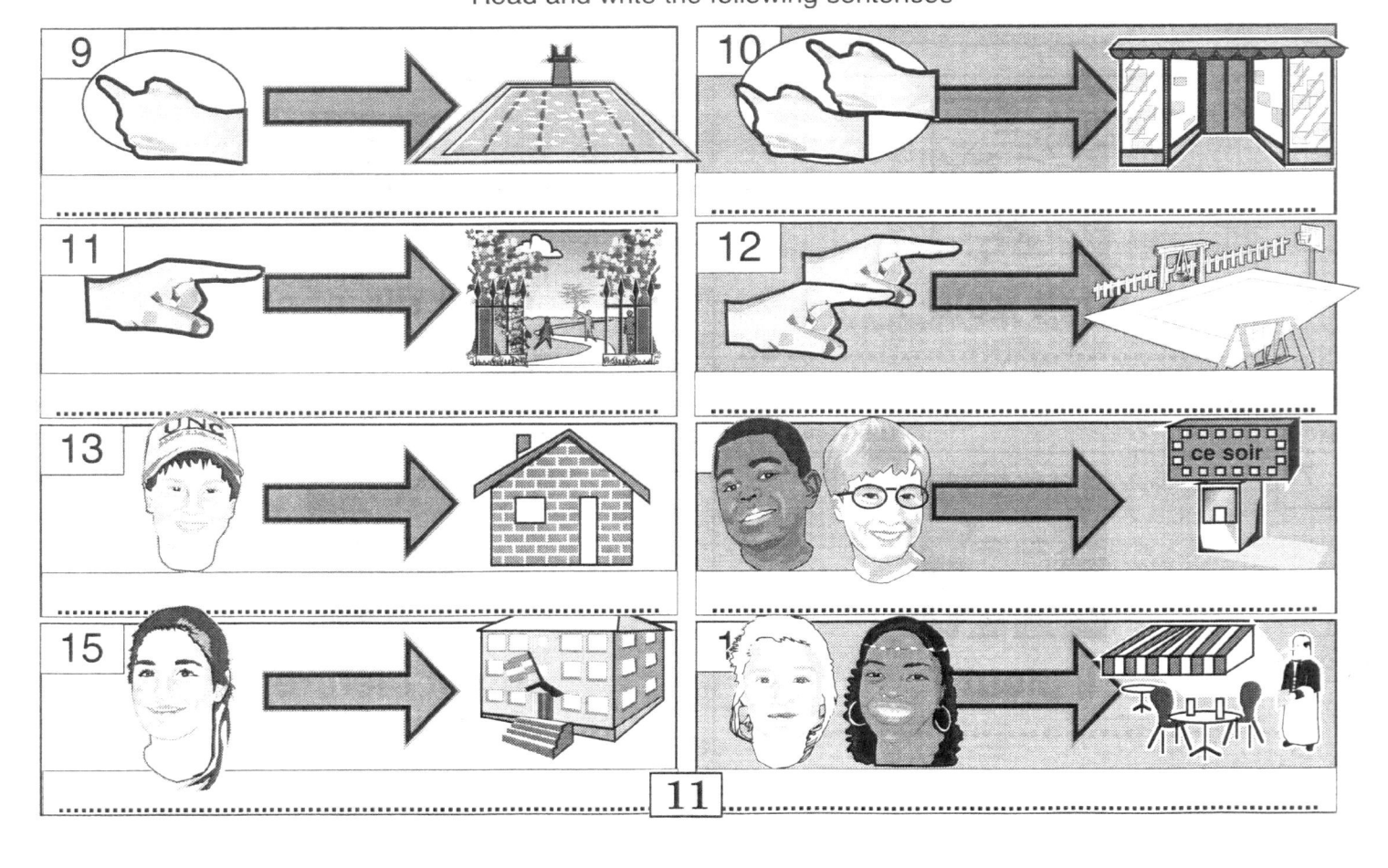

11

Read and write these sentences.

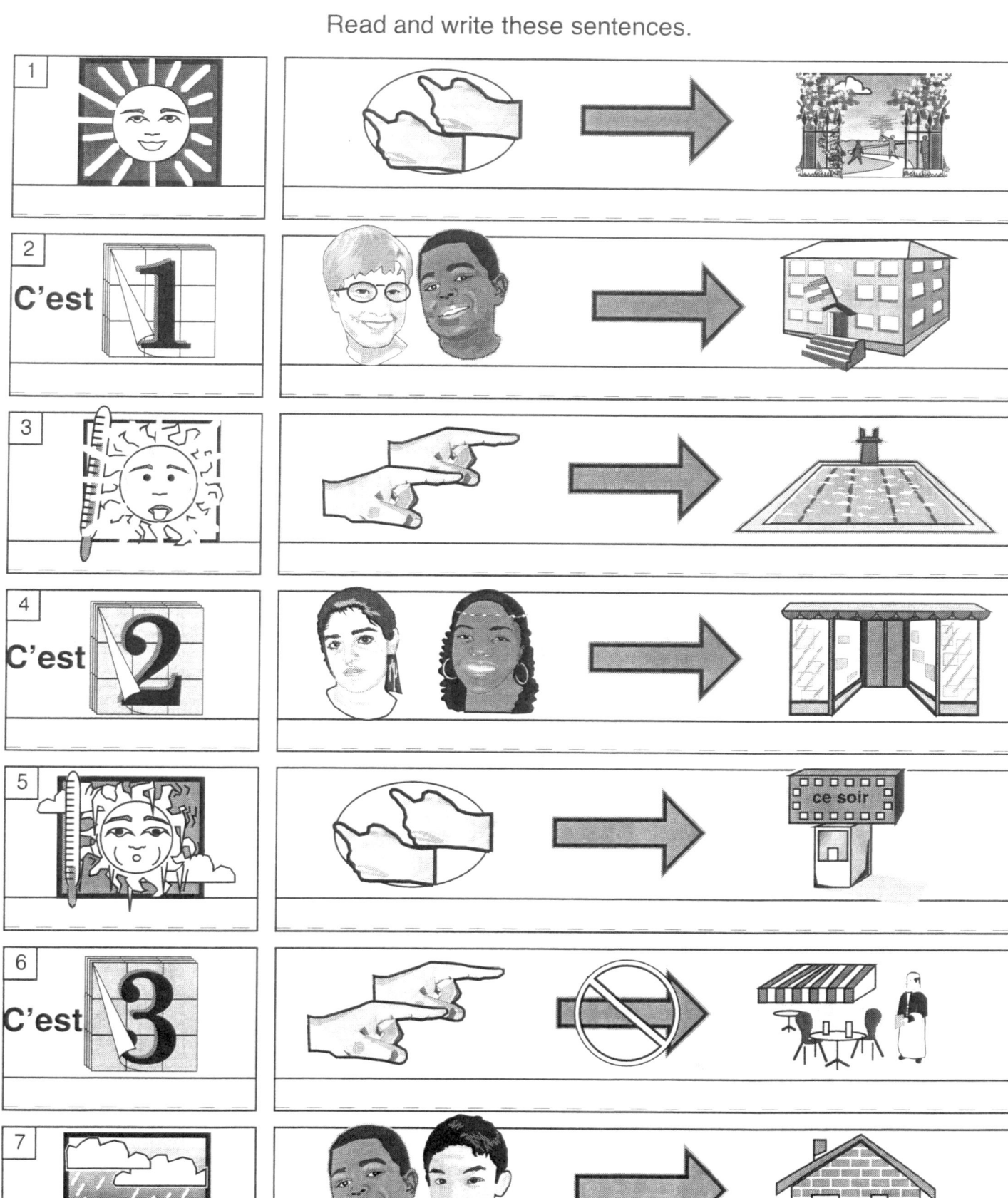

quand
Read and write these sentences.

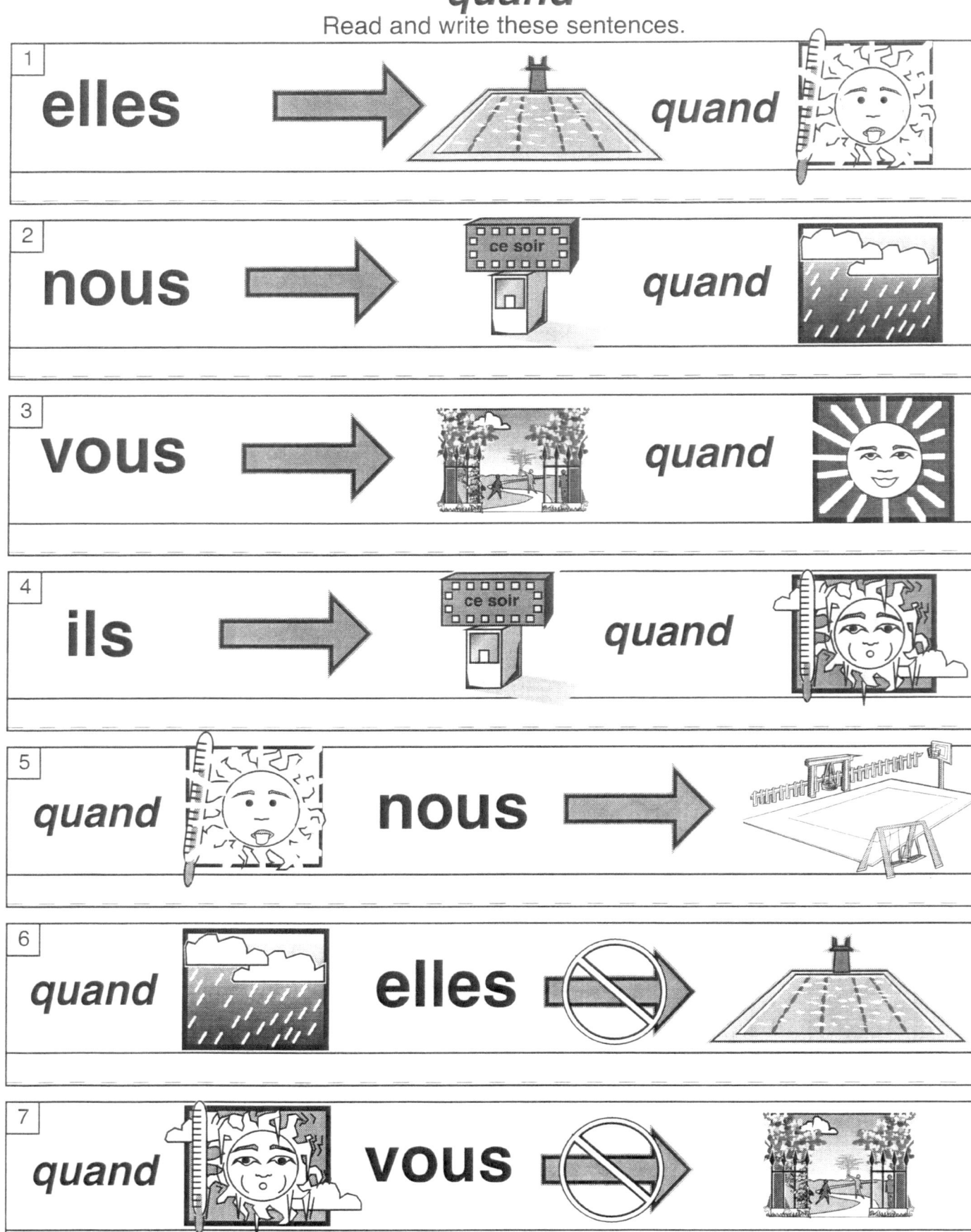

Read and write these sentences.

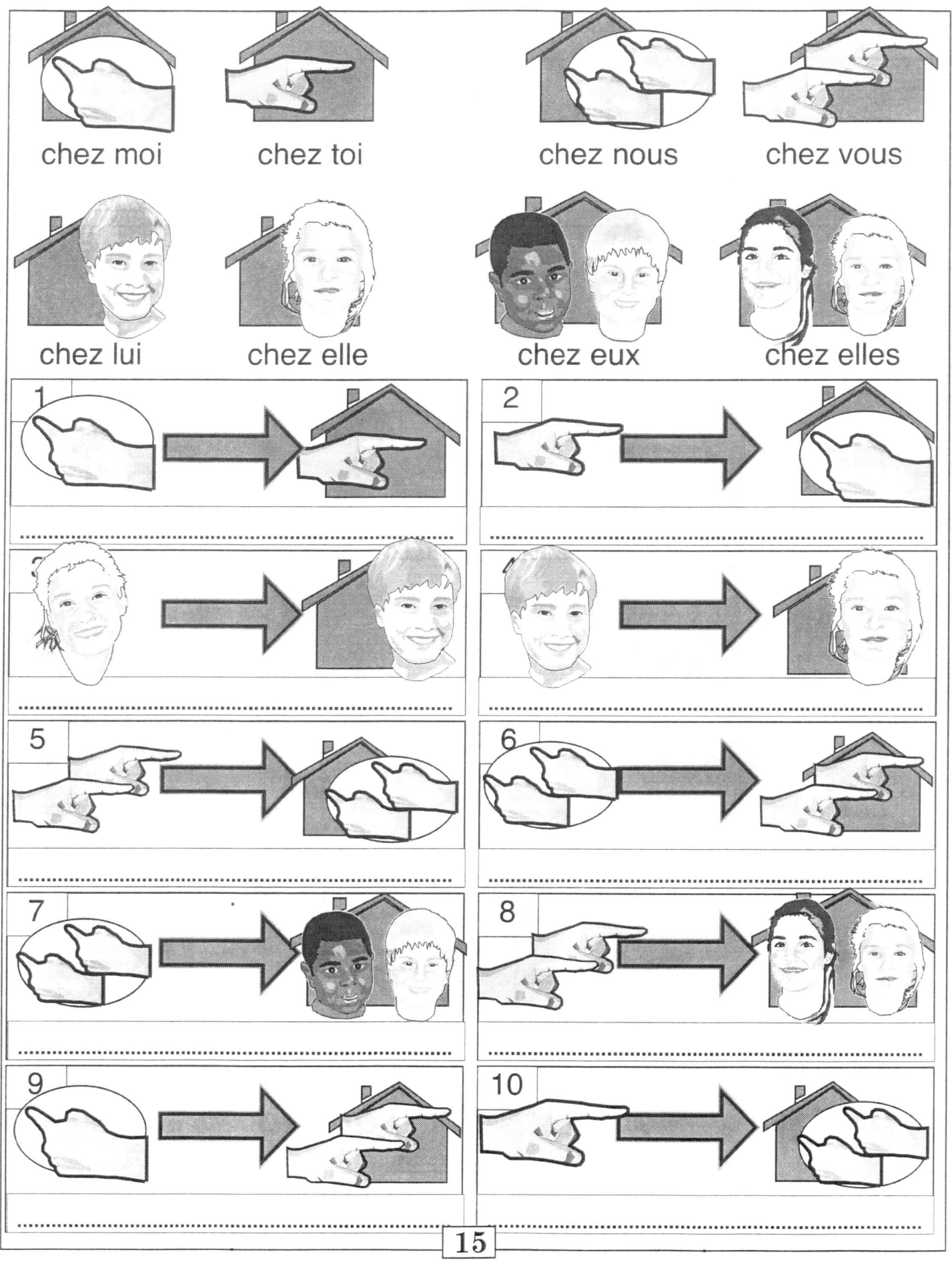

imagine these dialogues

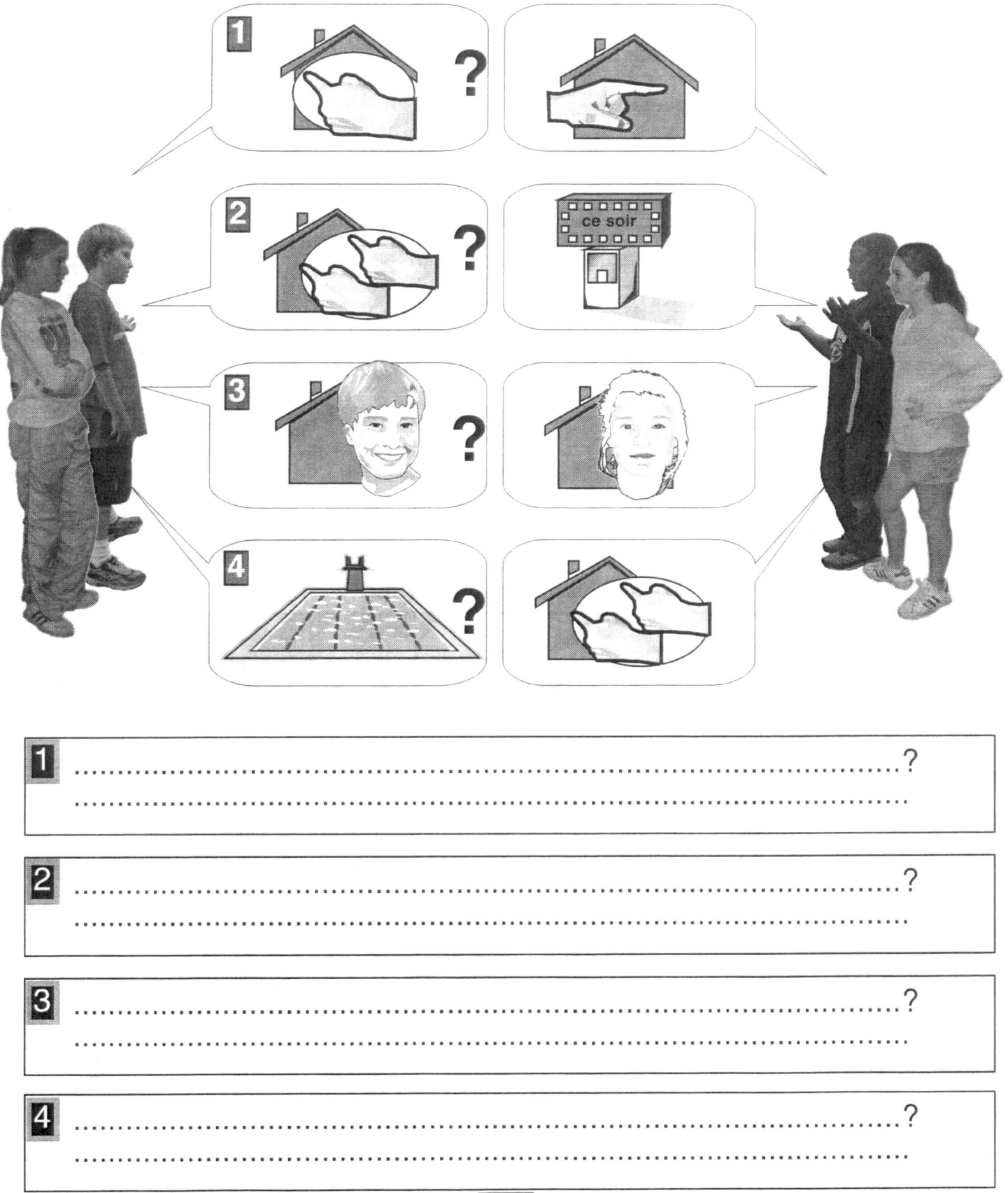

1 ....?
  ....

2 ....?
  ....

3 ....?
  ....

4 ....?
  ....

être

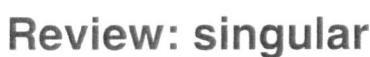

Review: singular

New: plural

1
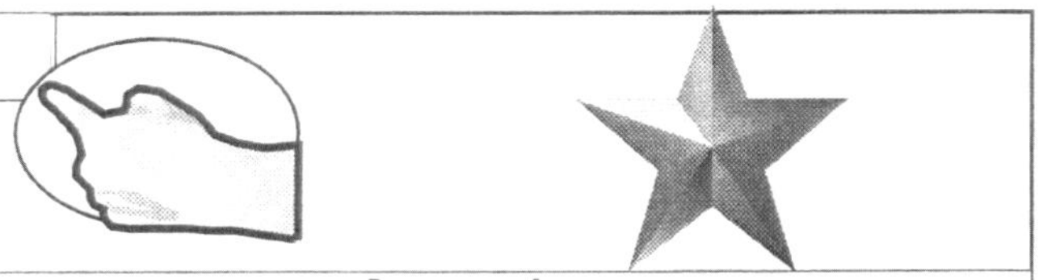
Je suis

2
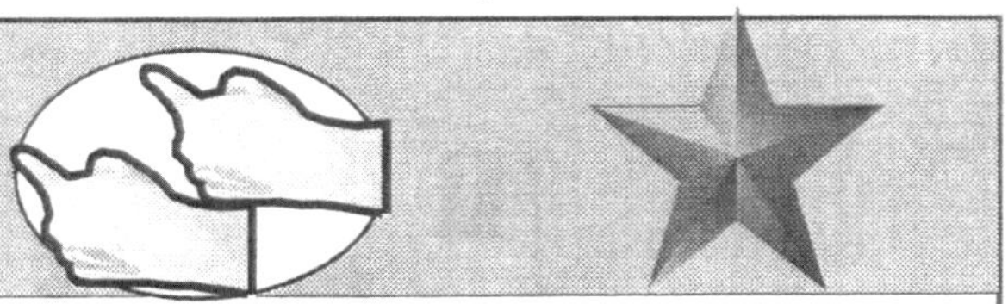
nous sommes

3
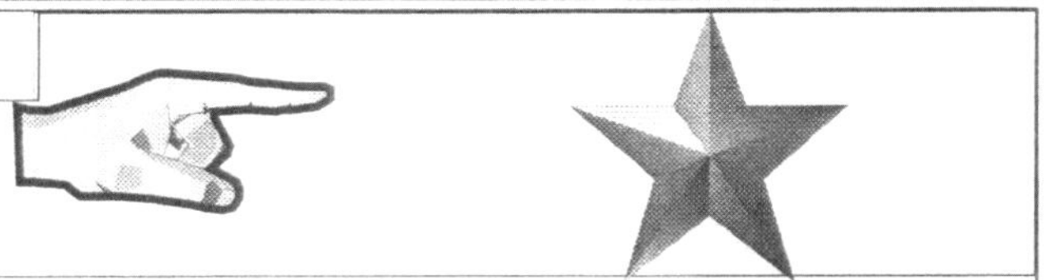
tu es

4
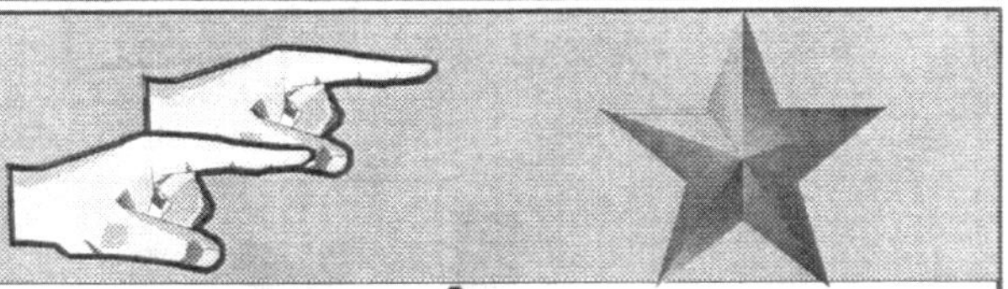
vous êtes

5
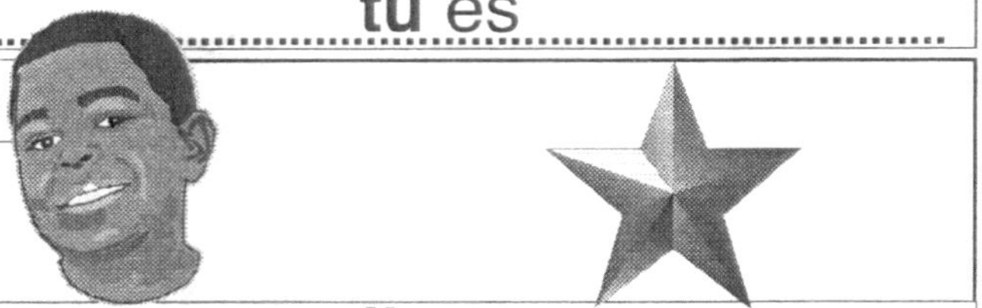
il est

6
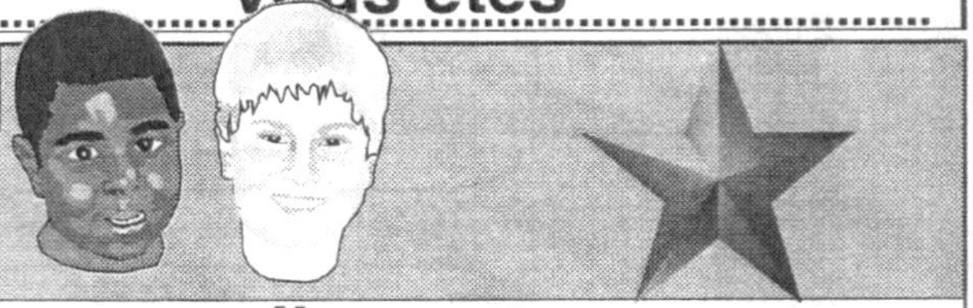
ils sont

7
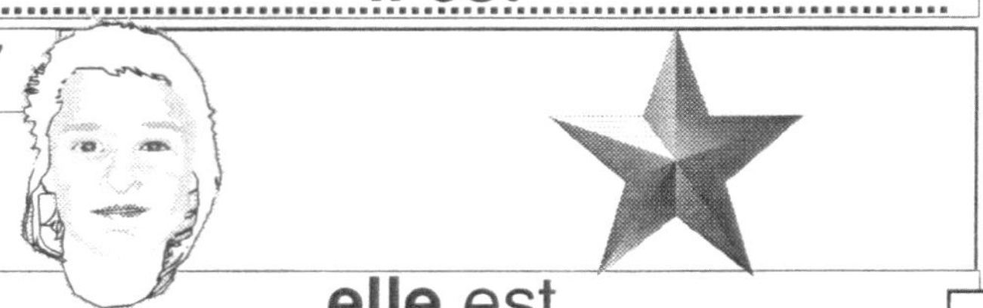
elle est

8
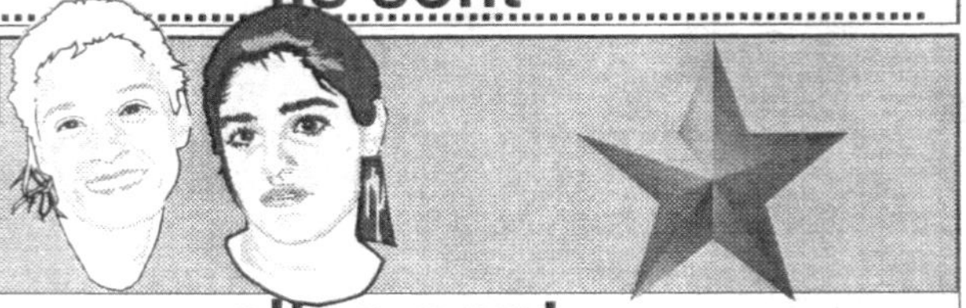
elles sont

Let's practice the verb ÊTRE

9
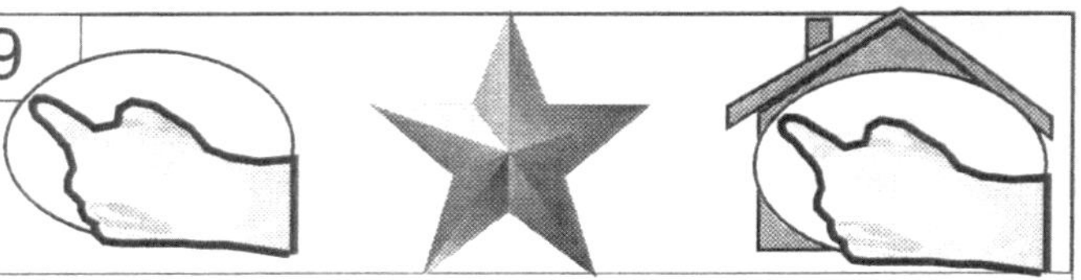

10
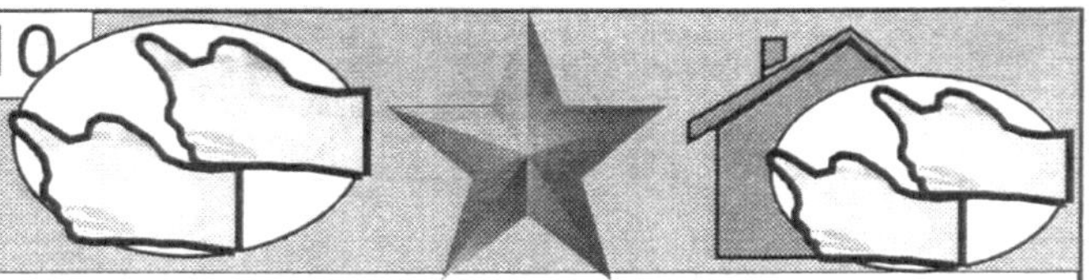

11
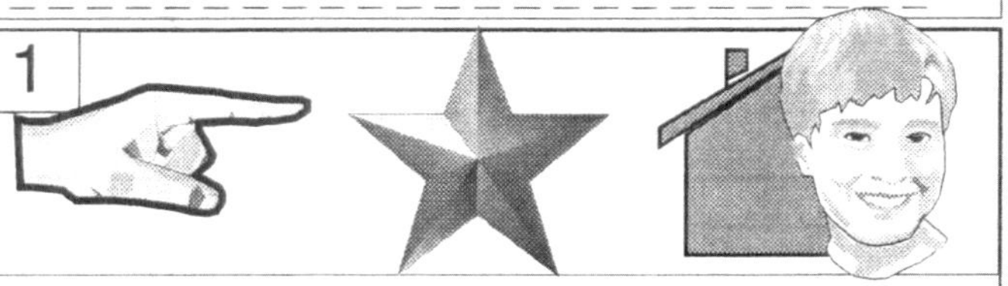

12
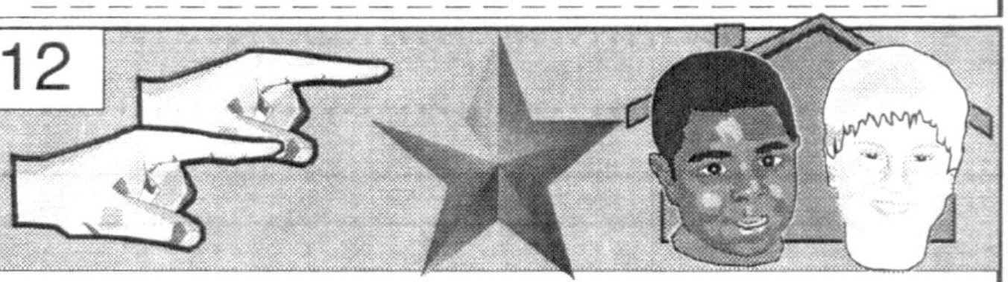

13
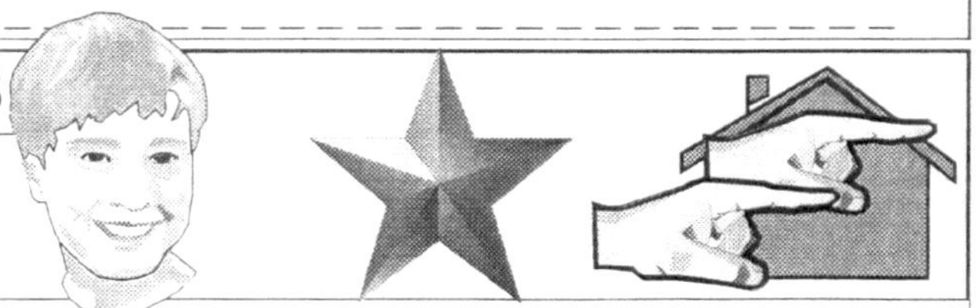

14
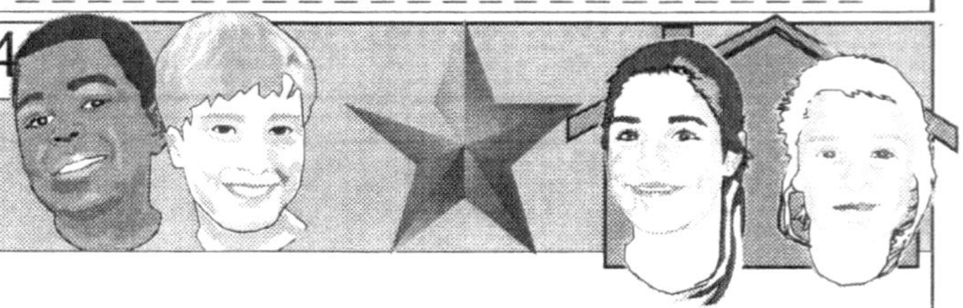

15
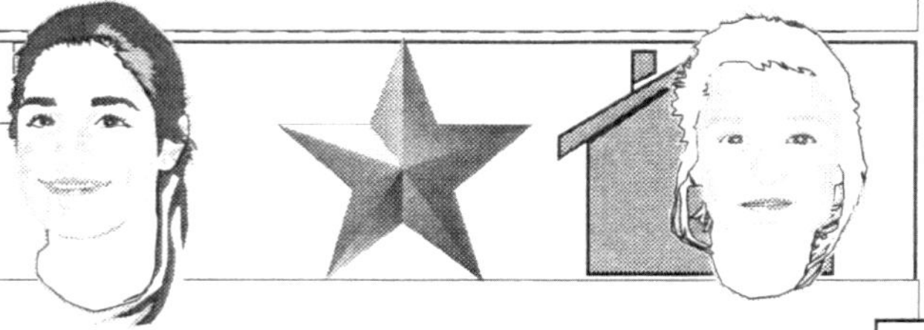

16
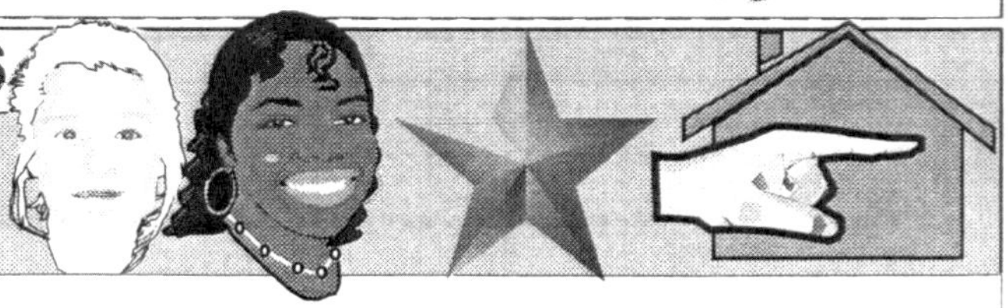

Lesson 4

à la maison

dans le salon

dans la chambre

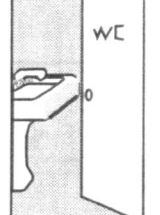
dans la cuisine

aux toilettes

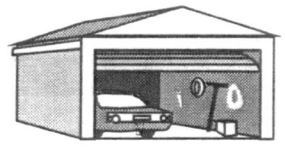
dans la salle de bains

dans le garage

dans la salle à manger

dans le jardin

Read and write these sentences.

1. **je**

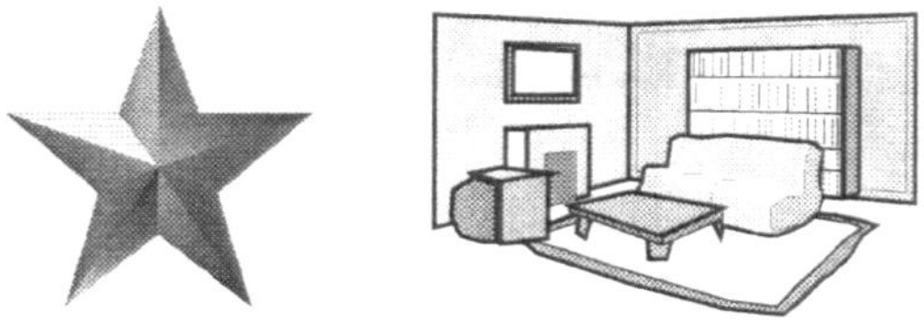

2. **tu**

3. **il**

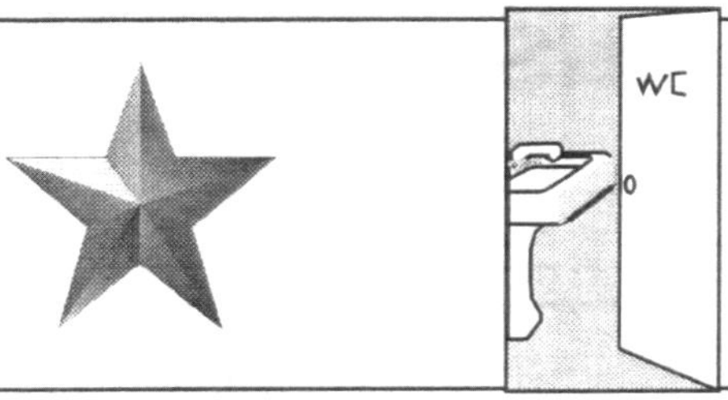

4. **elle**

5. **nous**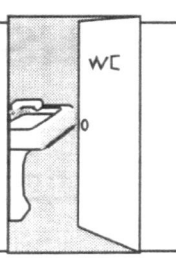

6. **vous**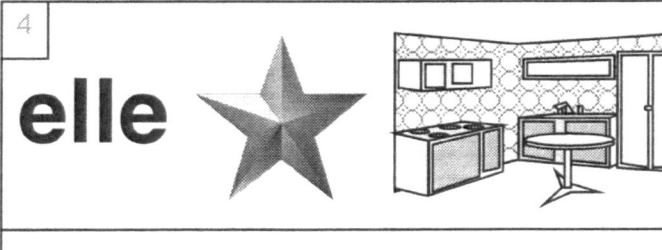

7. **ils**

8. **elles**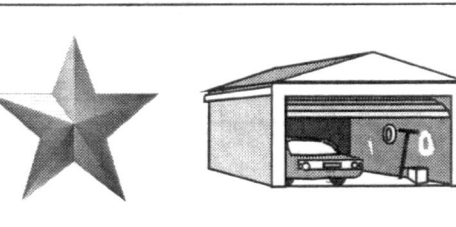

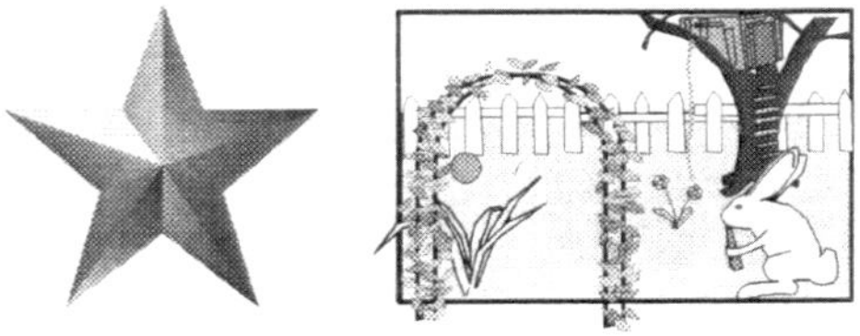

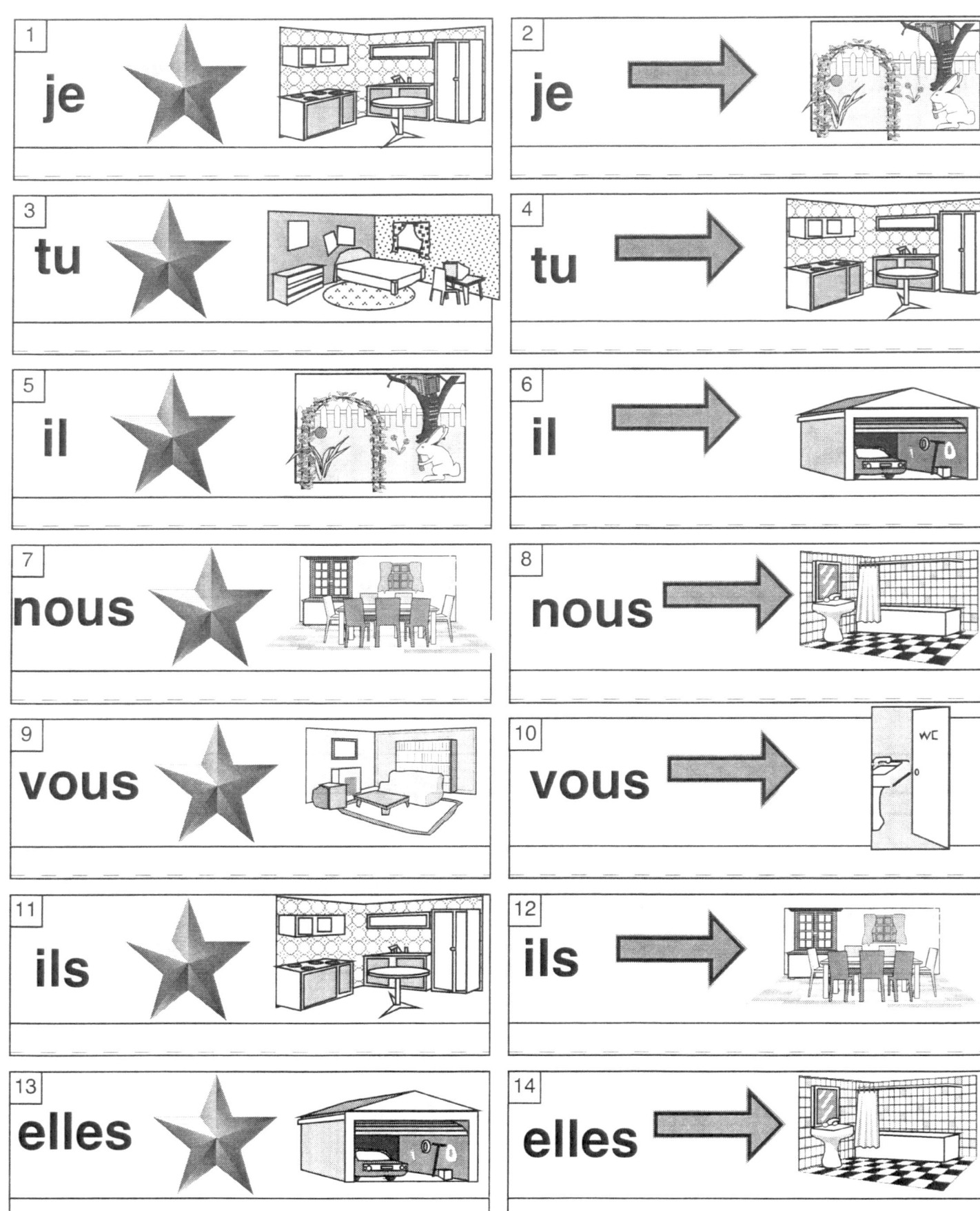

Interpret the dialogues using "est-ce que vous ...?"

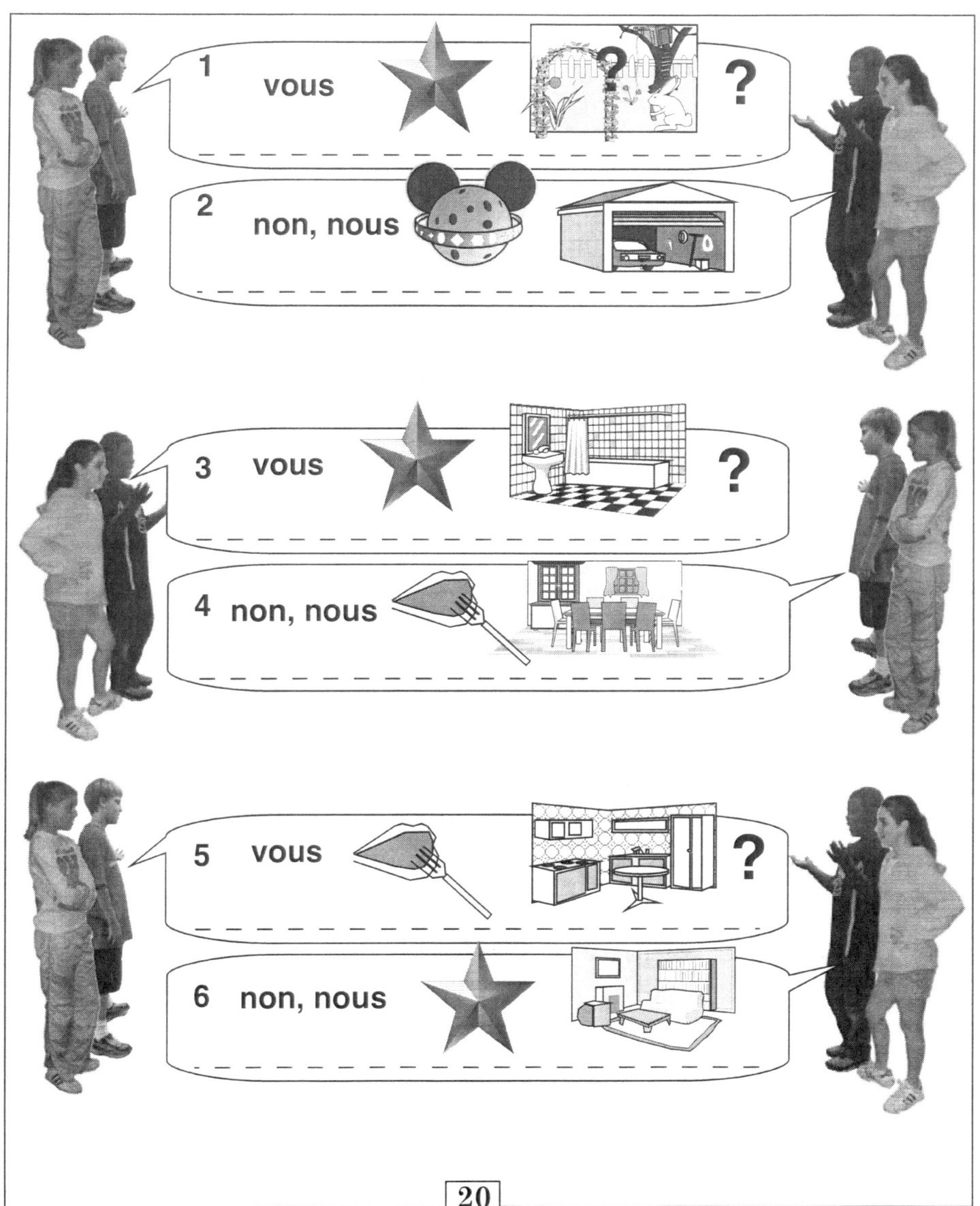

Parler

Review: singular   New: plural

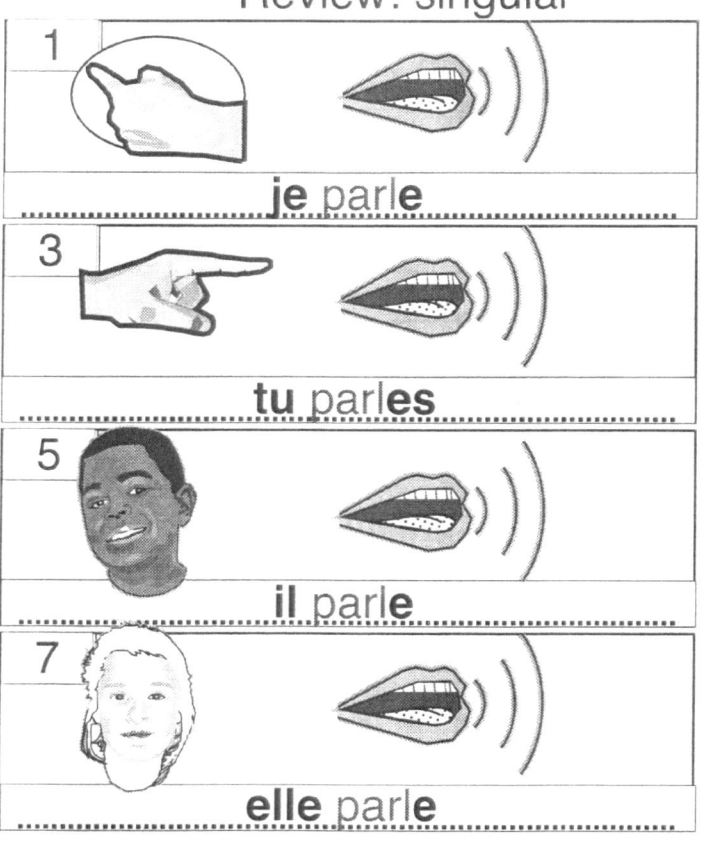
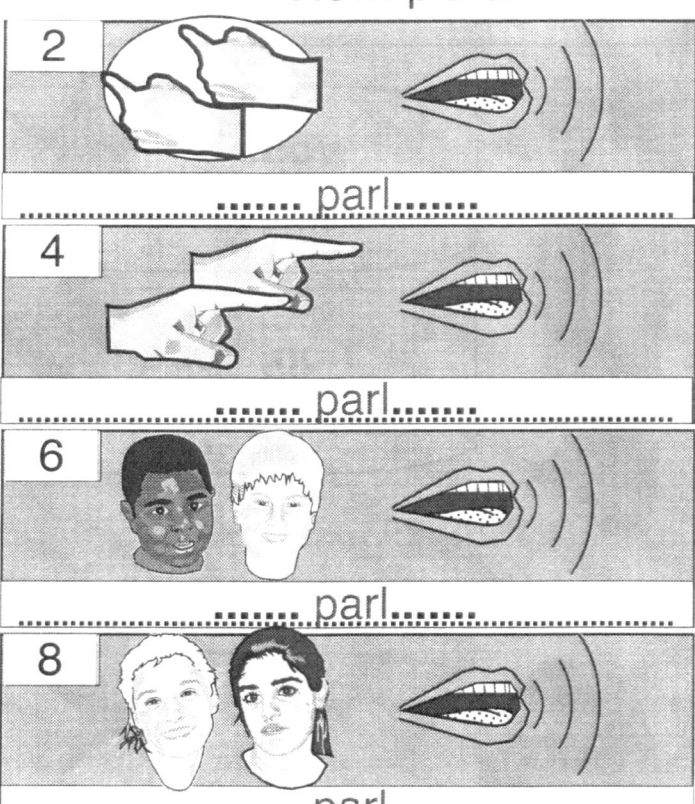

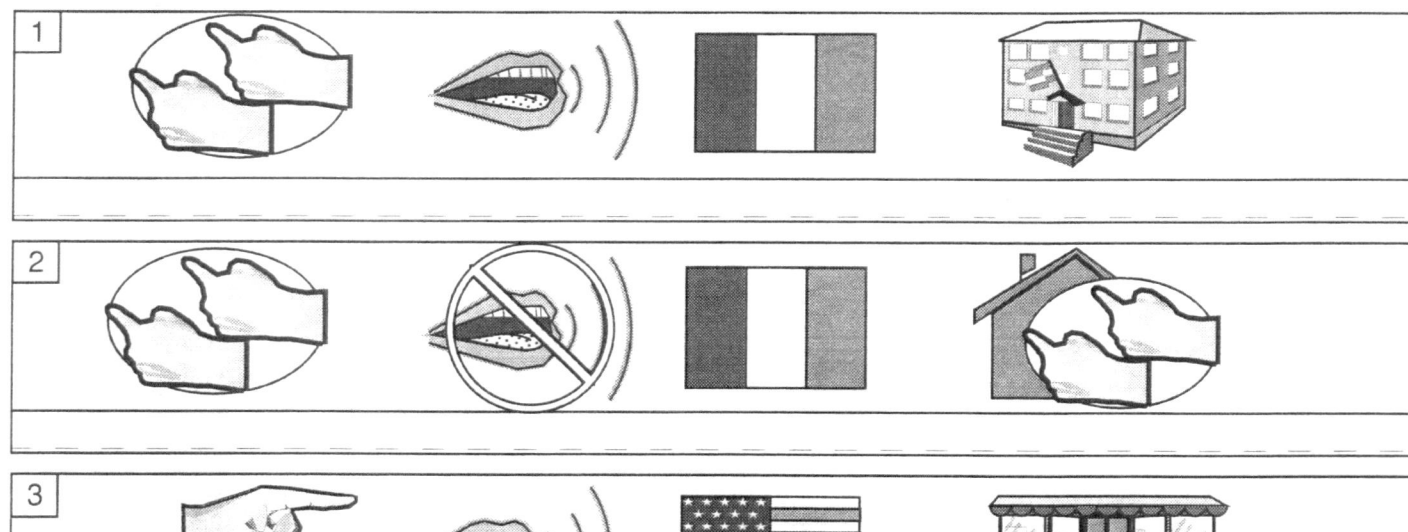

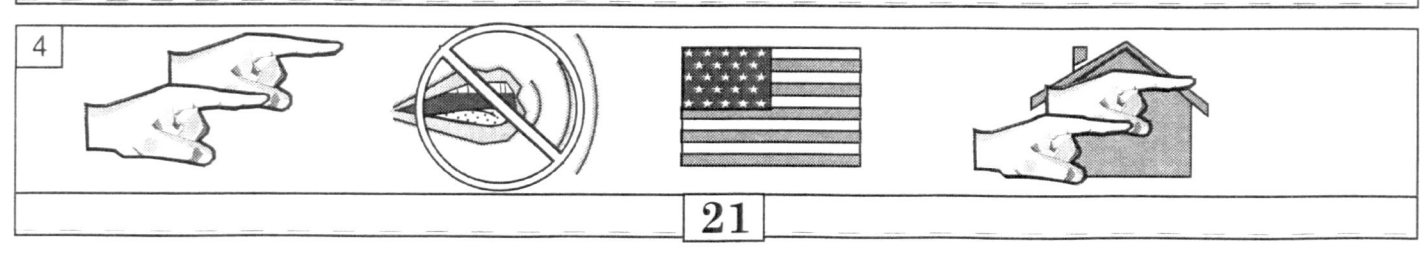

21

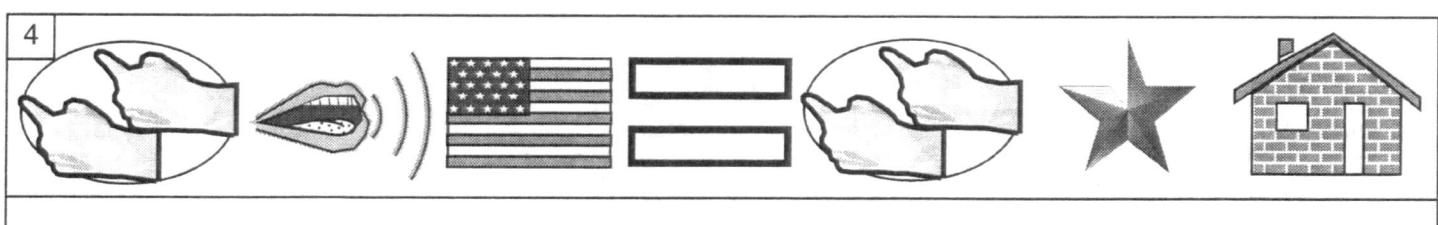

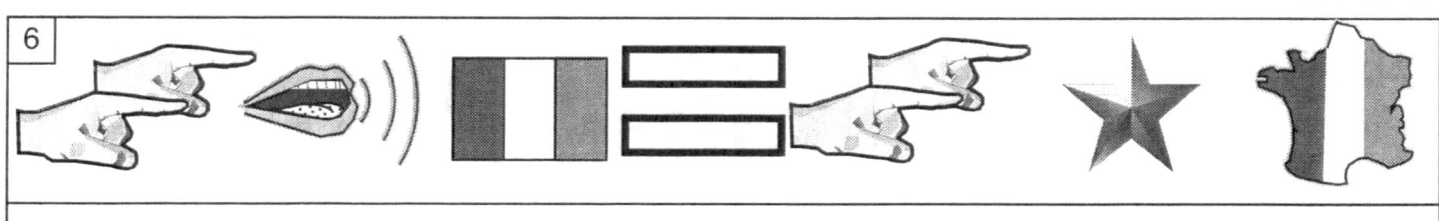

Lesson 5

musique — à la leçon — à l'école — en classe — math

1. elle → en classe de [drapeau français]
2. il → en classe de math
3. il → à la leçon de musique
4. il → à la leçon d' [drapeau américain]
5. il → en classe de musique

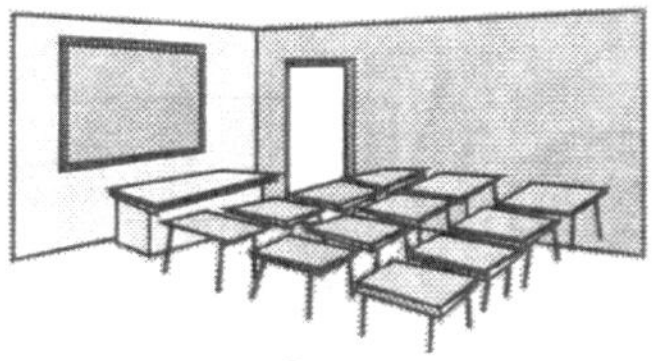

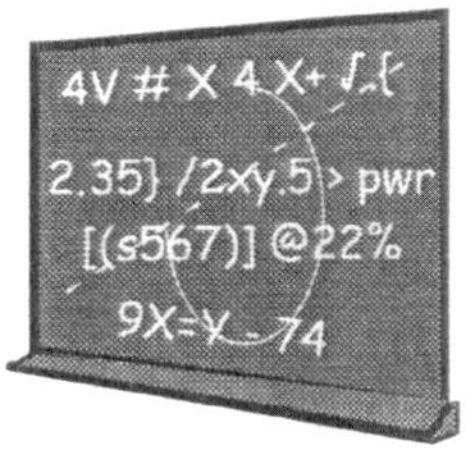

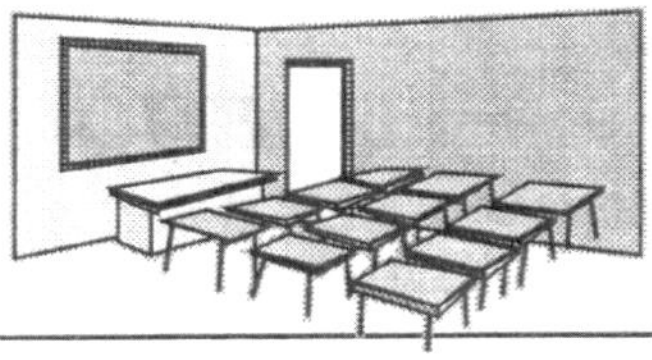

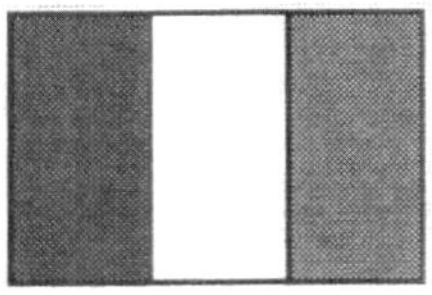

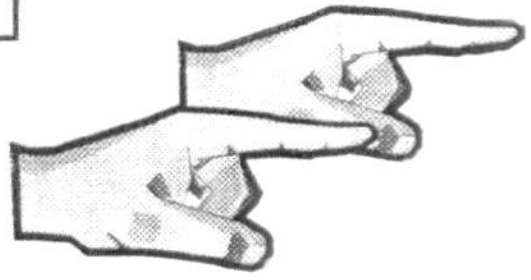

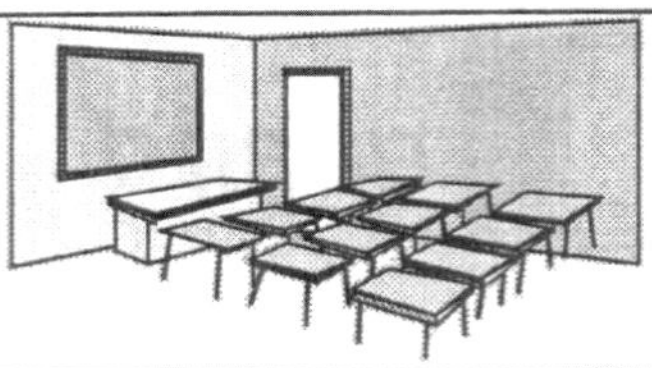

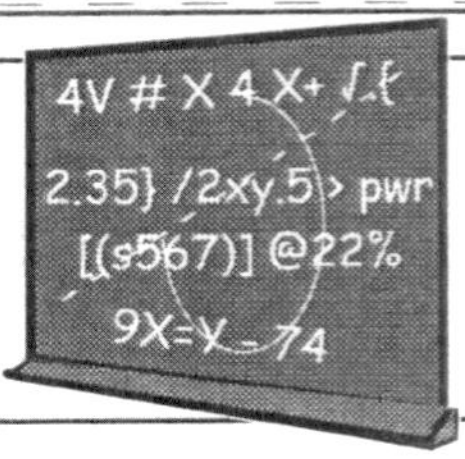

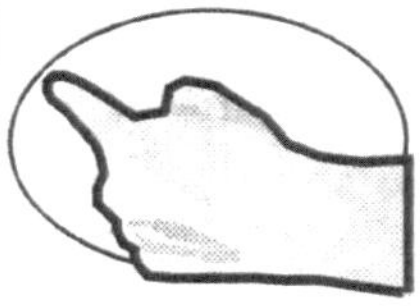

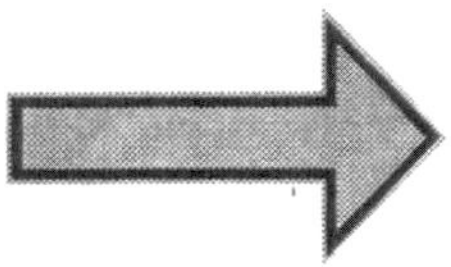

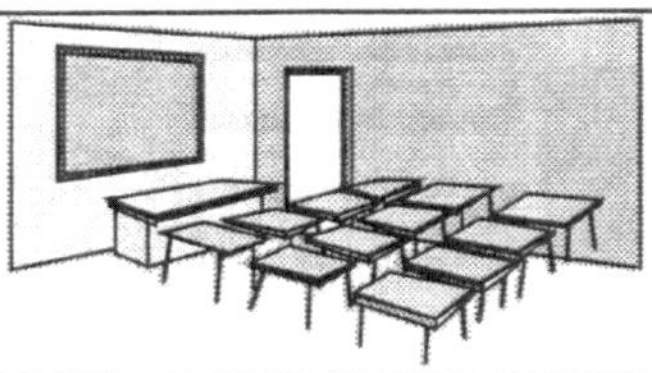

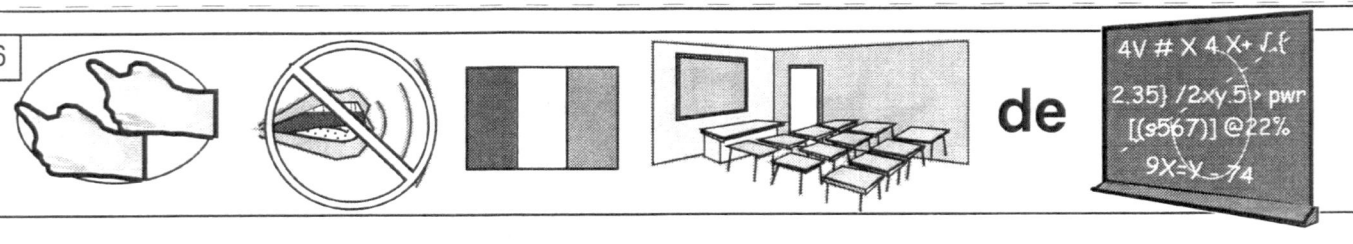

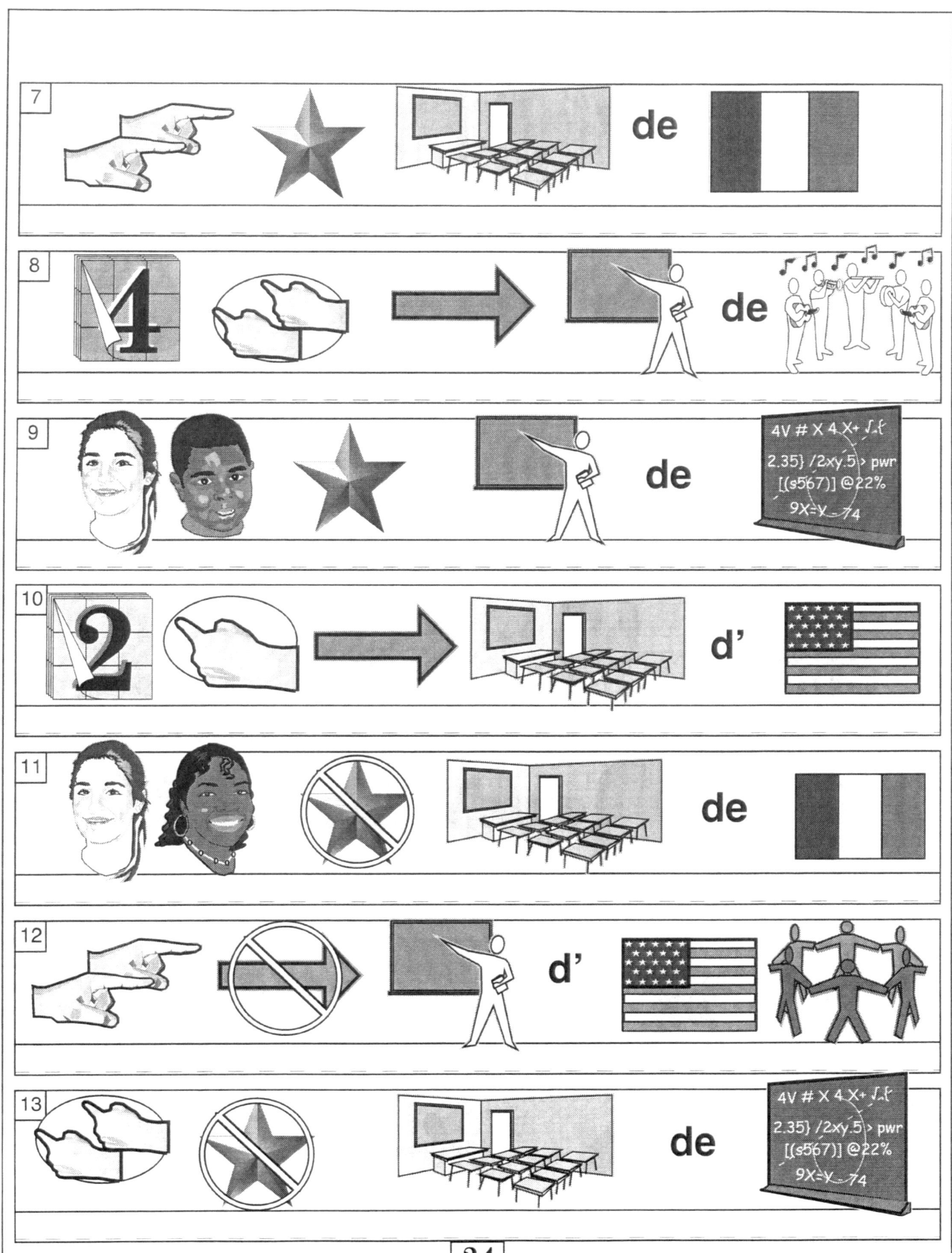

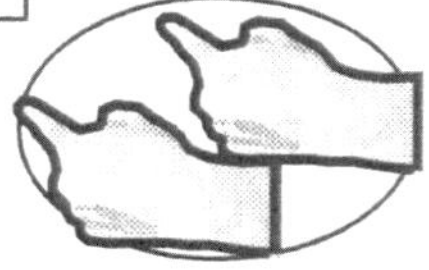

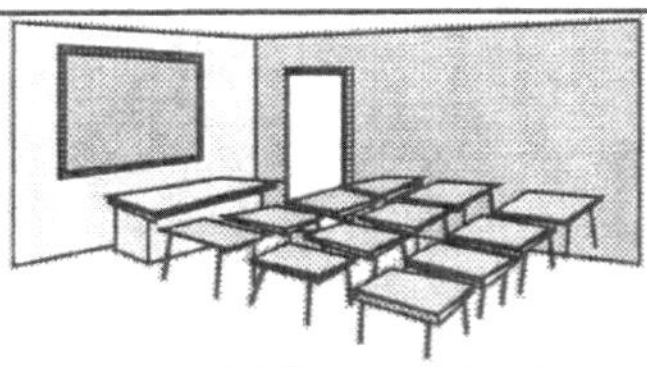

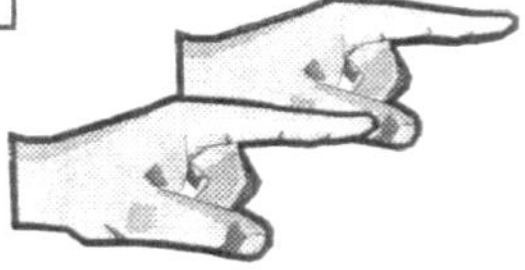

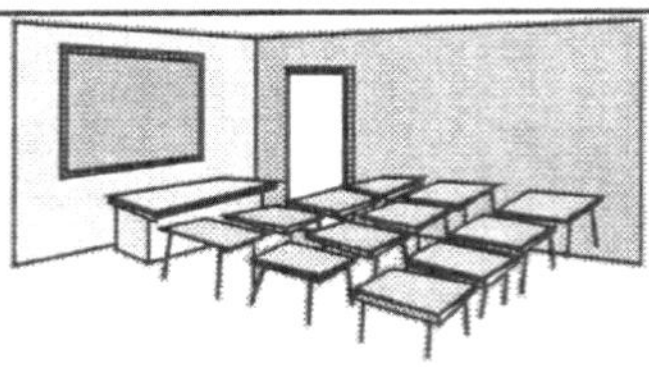

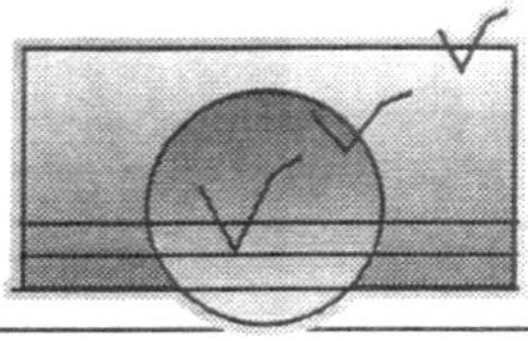

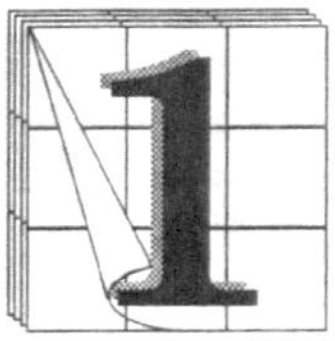

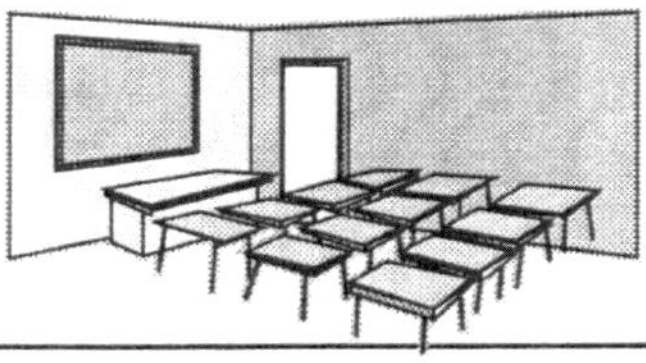

Imagine the dialogues using "est-ce que vous ...?
You can use either "être" or "aller."

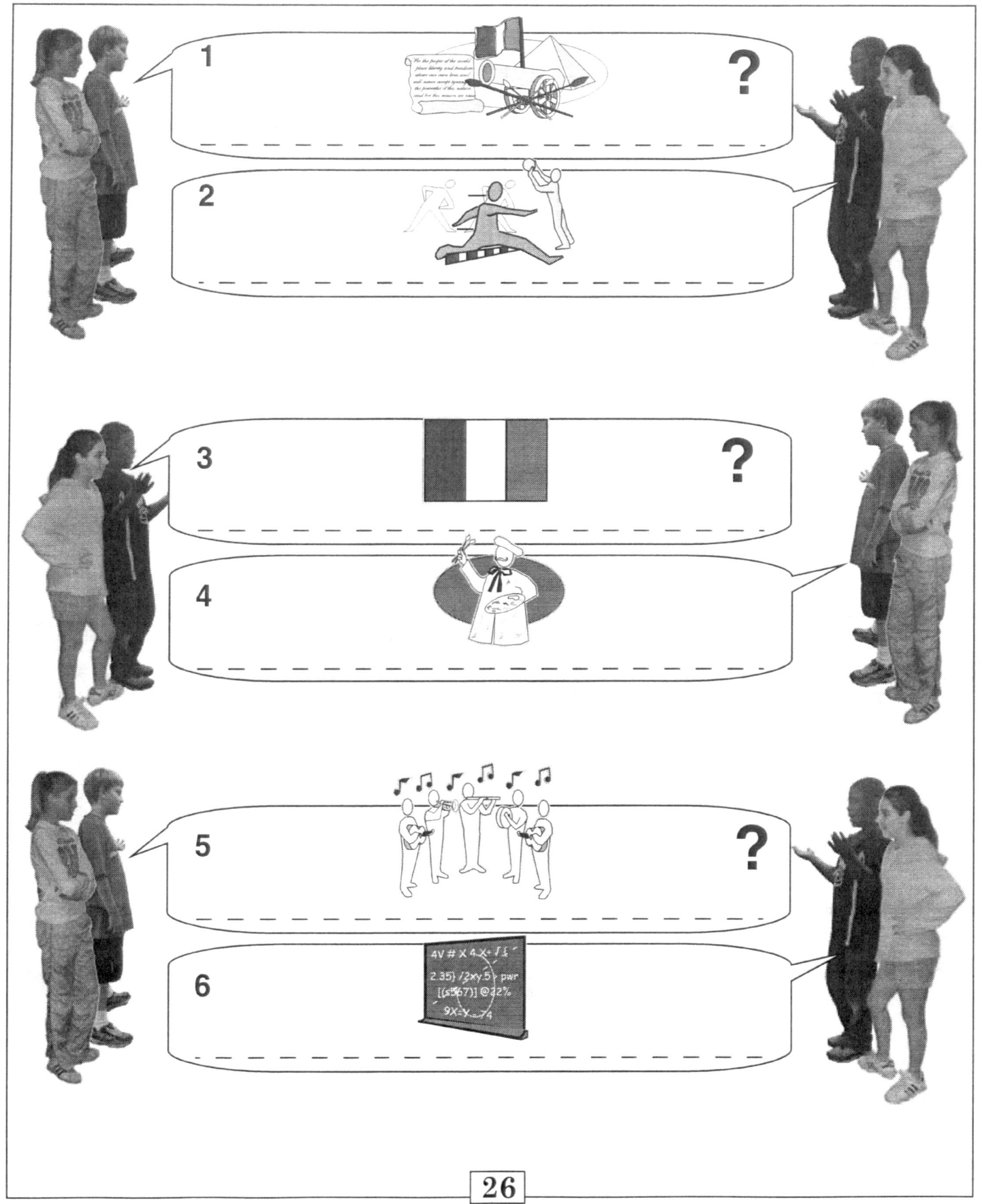

Lesson 6 — Review: singular

se reposer   s'amuser

1 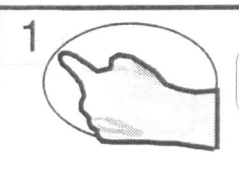 me		2 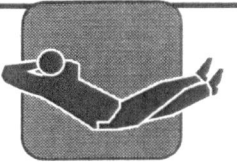 m'	
3 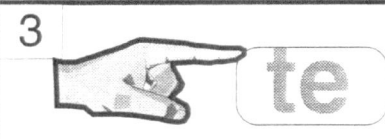 te		4 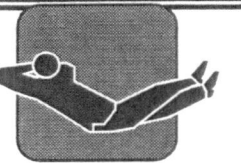 t'	
5  se		6  s'	
7 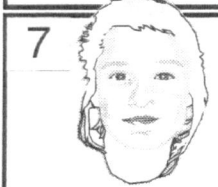 se		8  s'	

New: plural

9 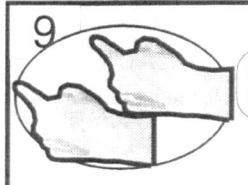 nous		10  nous	
11  vous		12 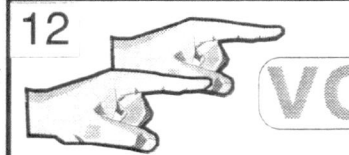 vous	
13  se		14  s'	
15  se		16  s'	

27

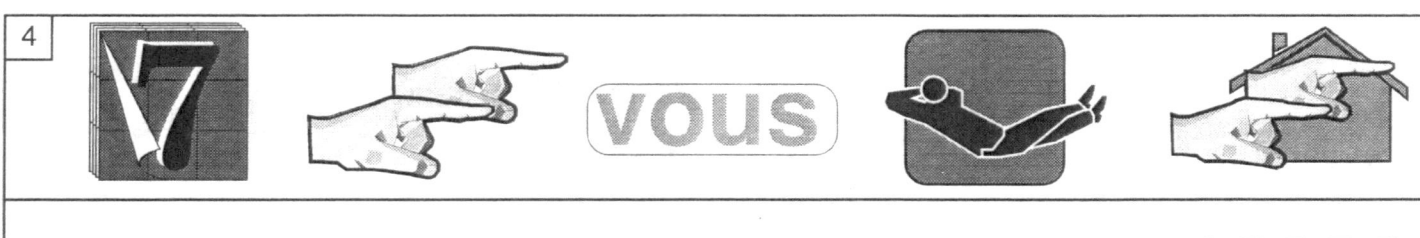

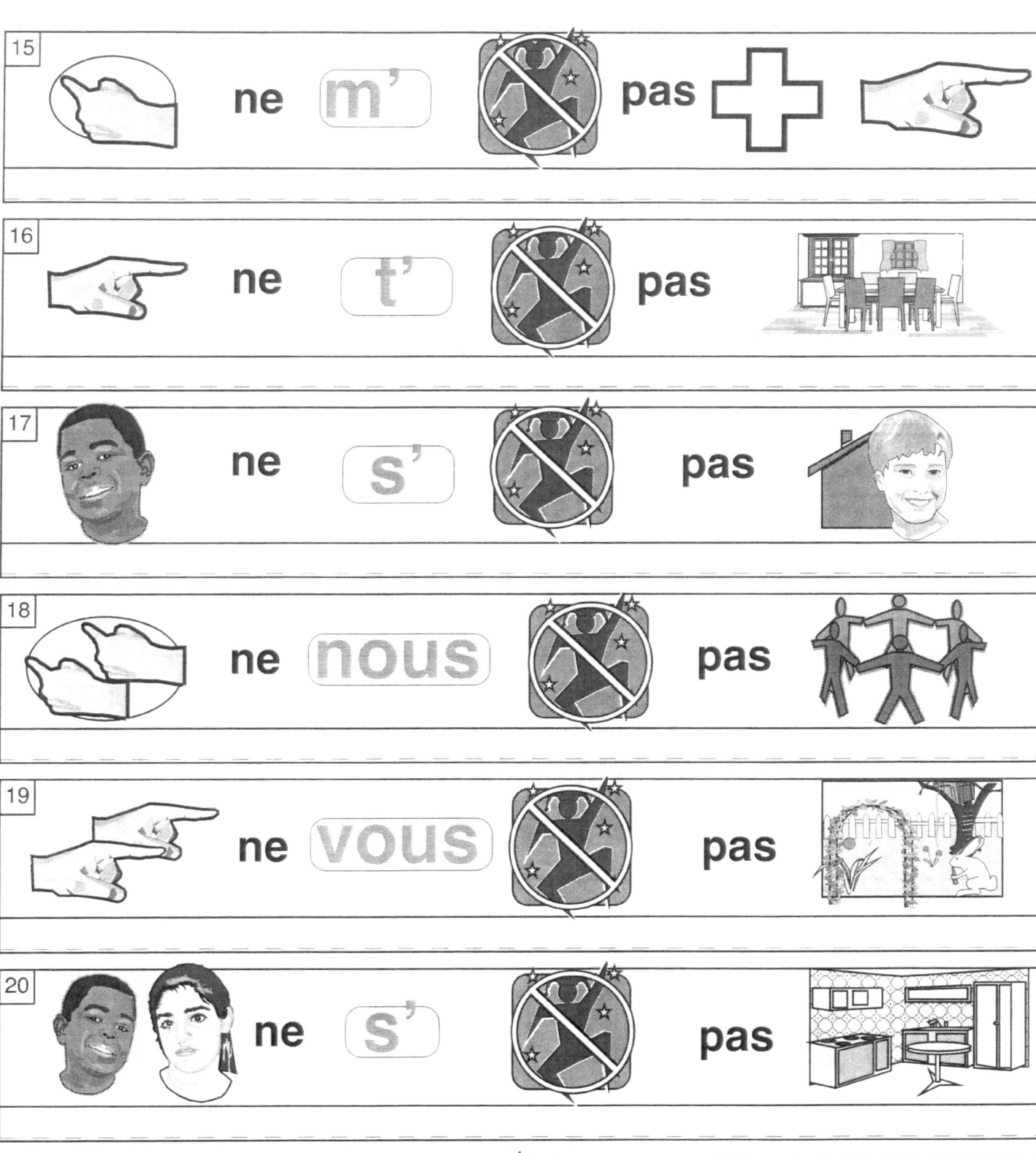

15	ne m'		pas	+	→
16	ne t'		pas	🍽️	
17	ne s'		pas	🏠	
18	ne nous		pas	👥	
19	ne vous		pas	🌳	
20	ne s'		pas	🍳	
21	ne s'		pas	🏫	de 📋

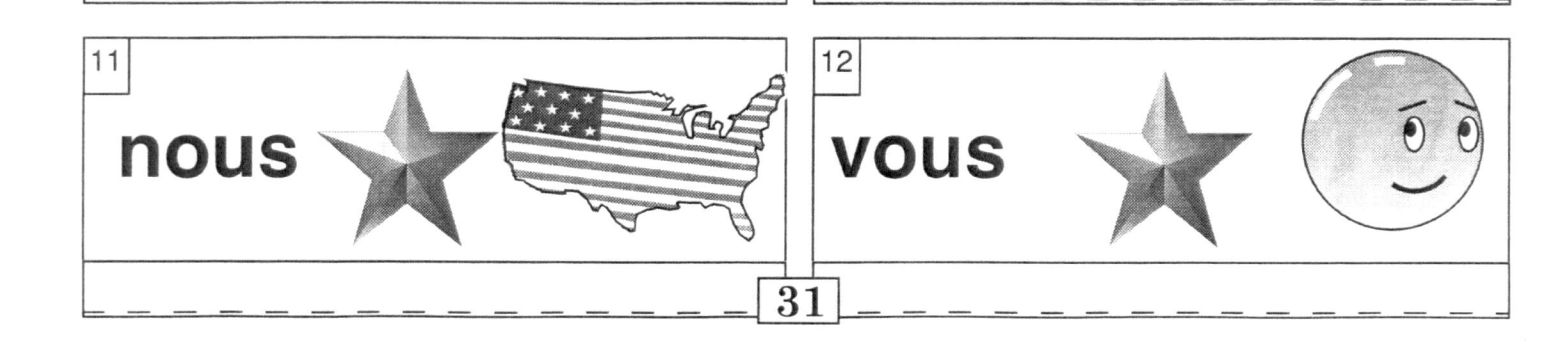

Lesson 7 — Review of adjectives with the verb **être**

1 je ★ 🙂	2 tu ★ 🙂
3 il ★ 😮	4 elle ★ 🇫🇷
5 nous ★ 🇺🇸	6 vous ★ 😓
7 ils ★ 😓	8 elles ★ 🙂
9 nous ★ 😮	10 vous ★ 🇫🇷
11 nous ★ 🇺🇸	12 vous ★ 🙂

canadiens canadiennes	malades	fâchés fâchées	petits petites	grands grandes

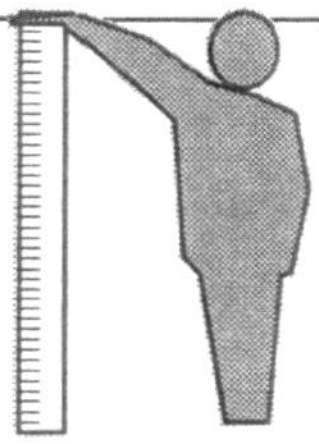

1 je

2 tu

3 il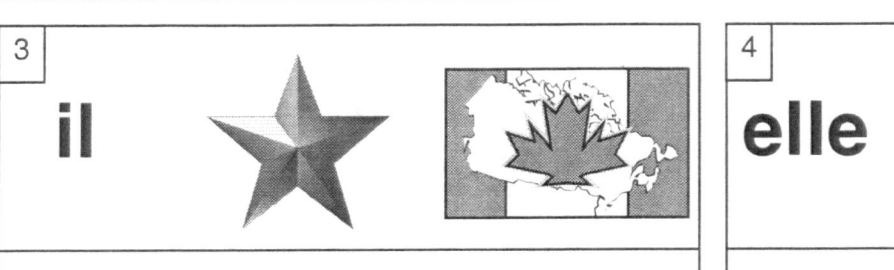

4 elle

5 nous

6 vous

7 ils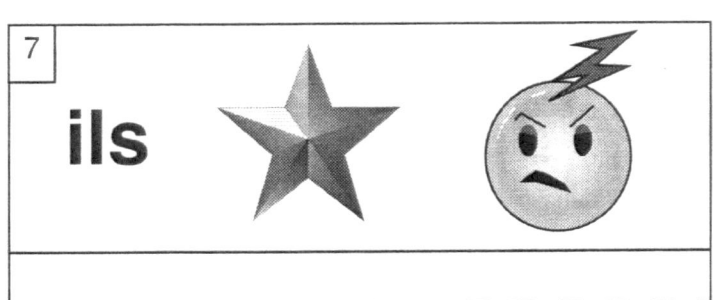

8 elles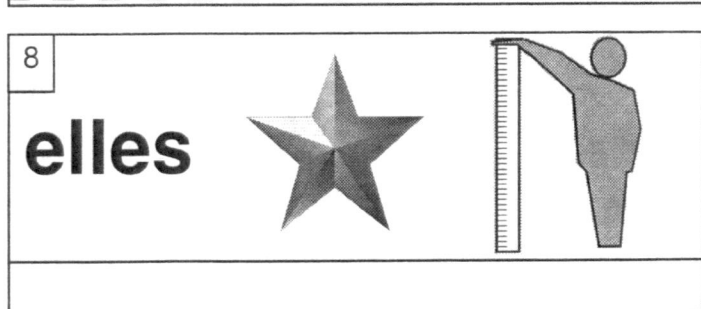

9 nous

10 vous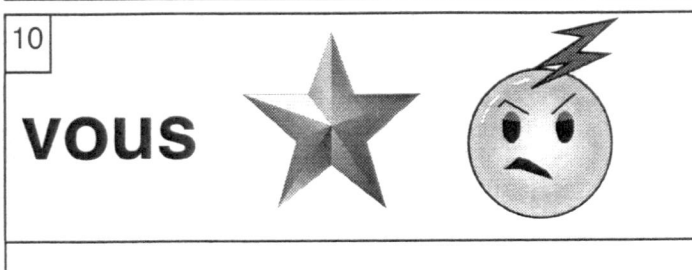

1. 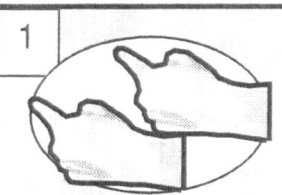 ne nous  pas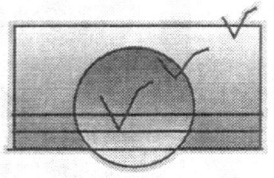

2.  ne s'  pas

3.  de

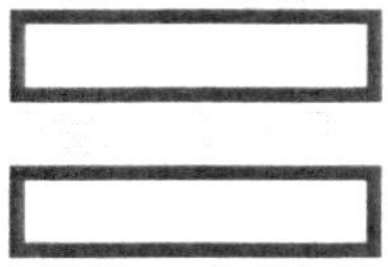

4.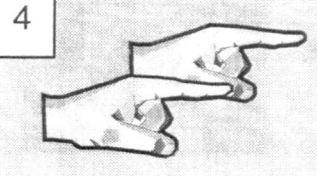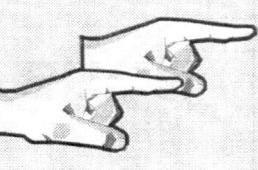

5.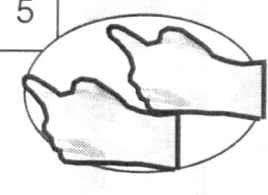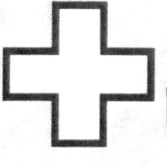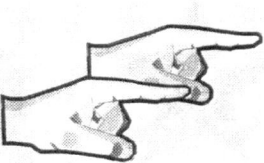

6.   de

34

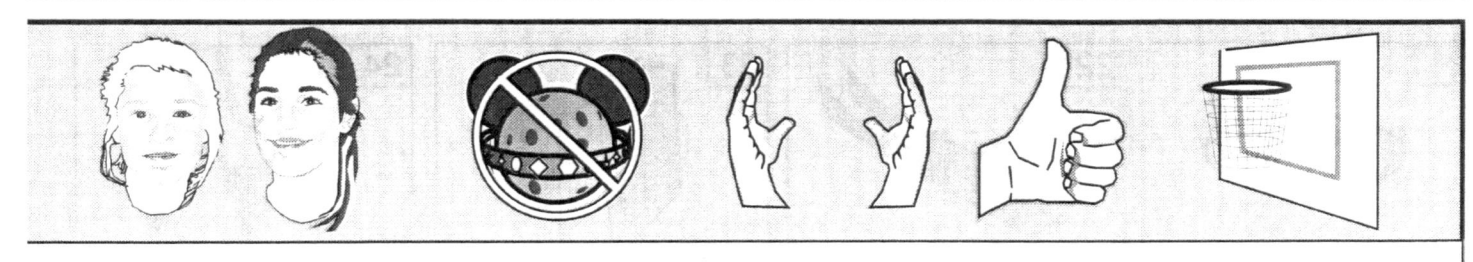

Lesson 8 — Dans la maison

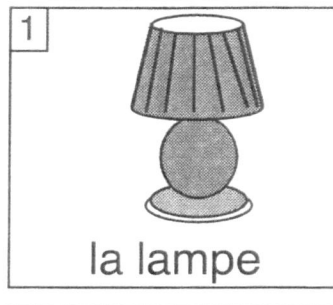

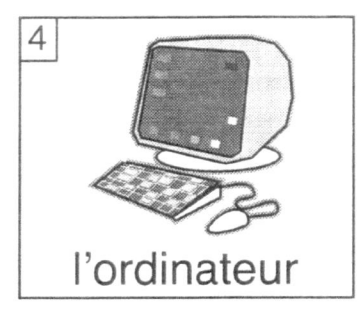

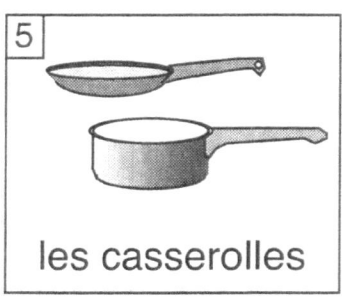

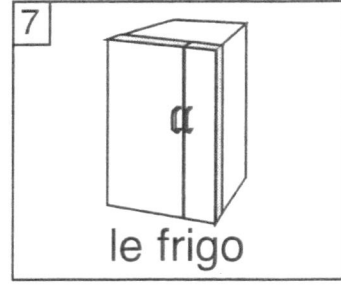

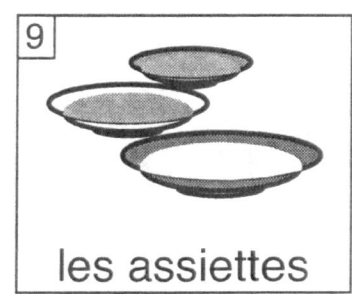

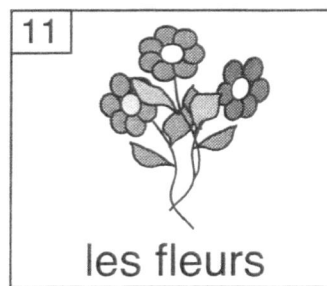

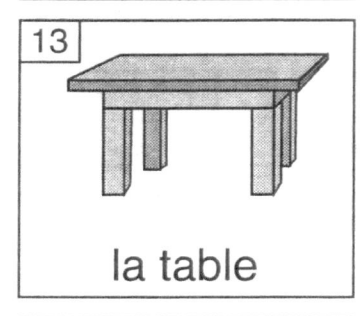

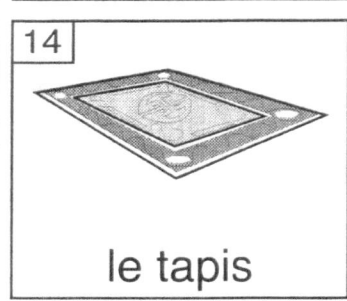

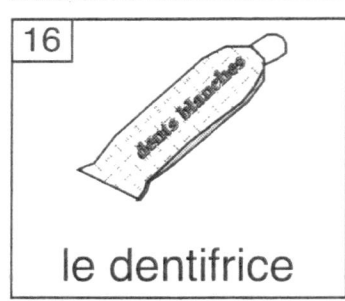

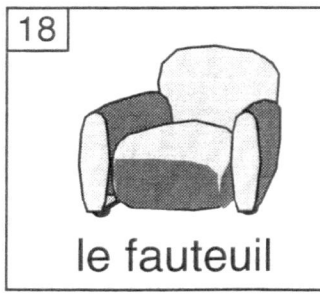

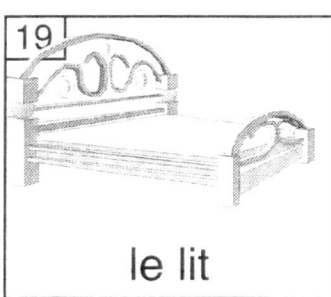

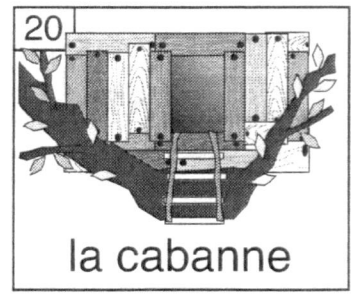

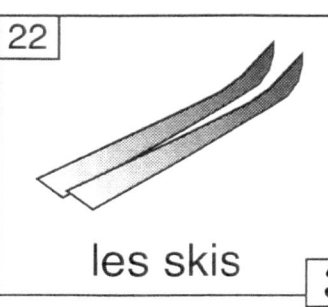

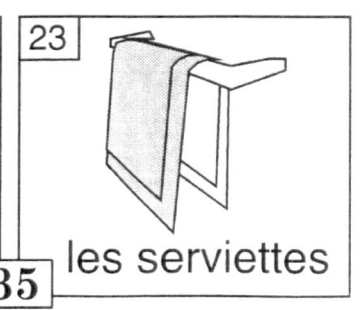

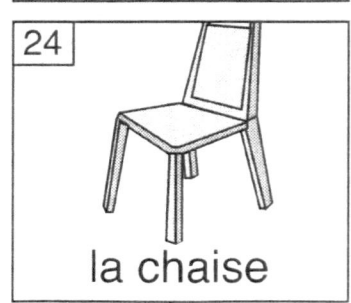

1. la lampe	2. les tasses	3. les jouets	4. l'ordinateur
5. les casseroles	6. la peinture	7. le frigo	8. les couverts
9. les assiettes	10. les outils	11. les fleurs	12. la cuisinière
13. la table	14. le tapis	15. la commode	16. le dentifrice
17. l'arbre	18. le fauteuil	19. le lit	20. la cabanne
21. le savon	22. les skis	23. les serviettes	24. la chaise

Complete the sentences and tell us where we can find the following objects at home.

1 Les jouets sont dans ......la chambre............
2 La commode est dans ....
3 La cabanne est ....
4 La peinture ....
5 Les skis ....
6 La lampe ....
7 La chaise ....
8 Les outils ....
9 Les casserolles ....
10 Le savon ....
11 Les fleurs ....
12 Le dentifrice ....
13 Le frigo ....
14 L'ordinateur ....
15 Les couverts ....
16 Le lit ....
17 La cuisinière ....
18 Les assiettes ....
19 La table ....
20 Les serviettes ....
21 Le tapis ....
22 Le fauteuil ....
23 L'arbre ....
24 Les tasses ....

mon	ton	son	son
ma	ta	sa	sa
mes	tes	ses	ses

mon	ma	mes
le = ton	la = ta	les = tes
son	sa	ses

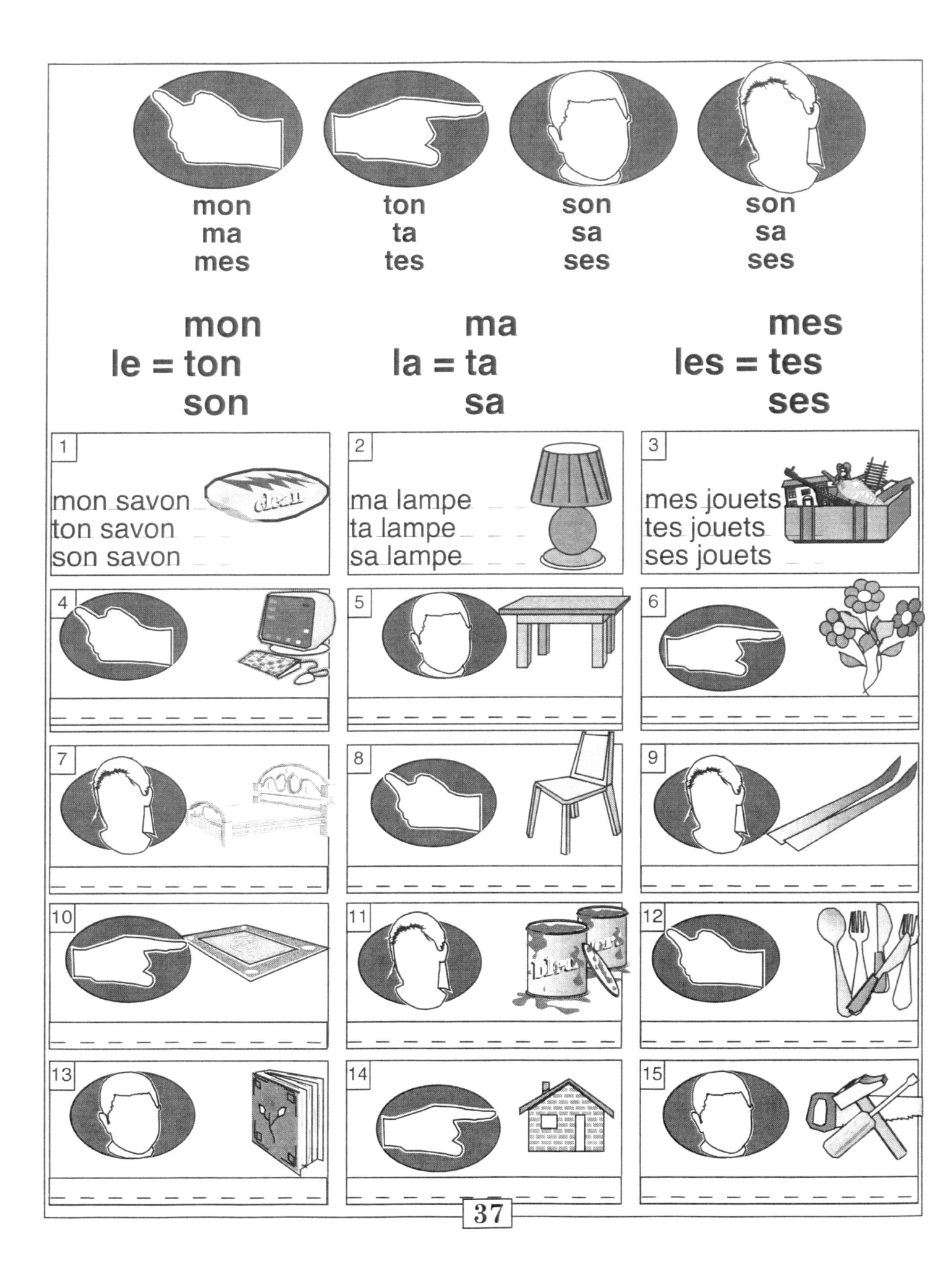

1. mon savon / ton savon / son savon
2. ma lampe / ta lampe / sa lampe
3. mes jouets / tes jouets / ses jouets

37

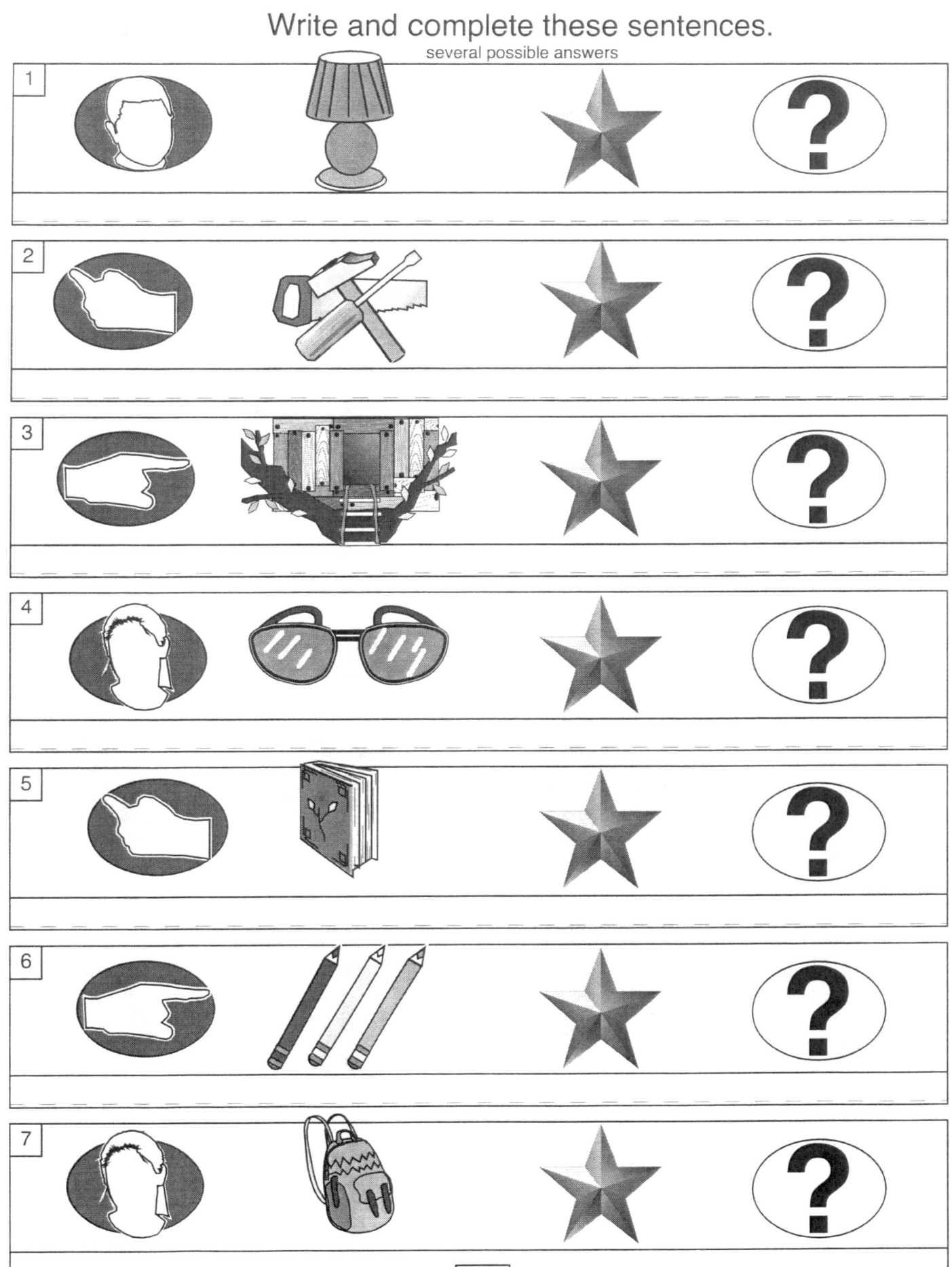

Write and complete these sentences.
several possible answers

38

Lesson 9

La famille Charpentier

Cécile — André

Anne — Robert — Françoise — Yves

Corrine — Antoine — Alain — Sophie

les grands-parents
- le grand-père
- la grand-mère

les parents
- le père
- la mère

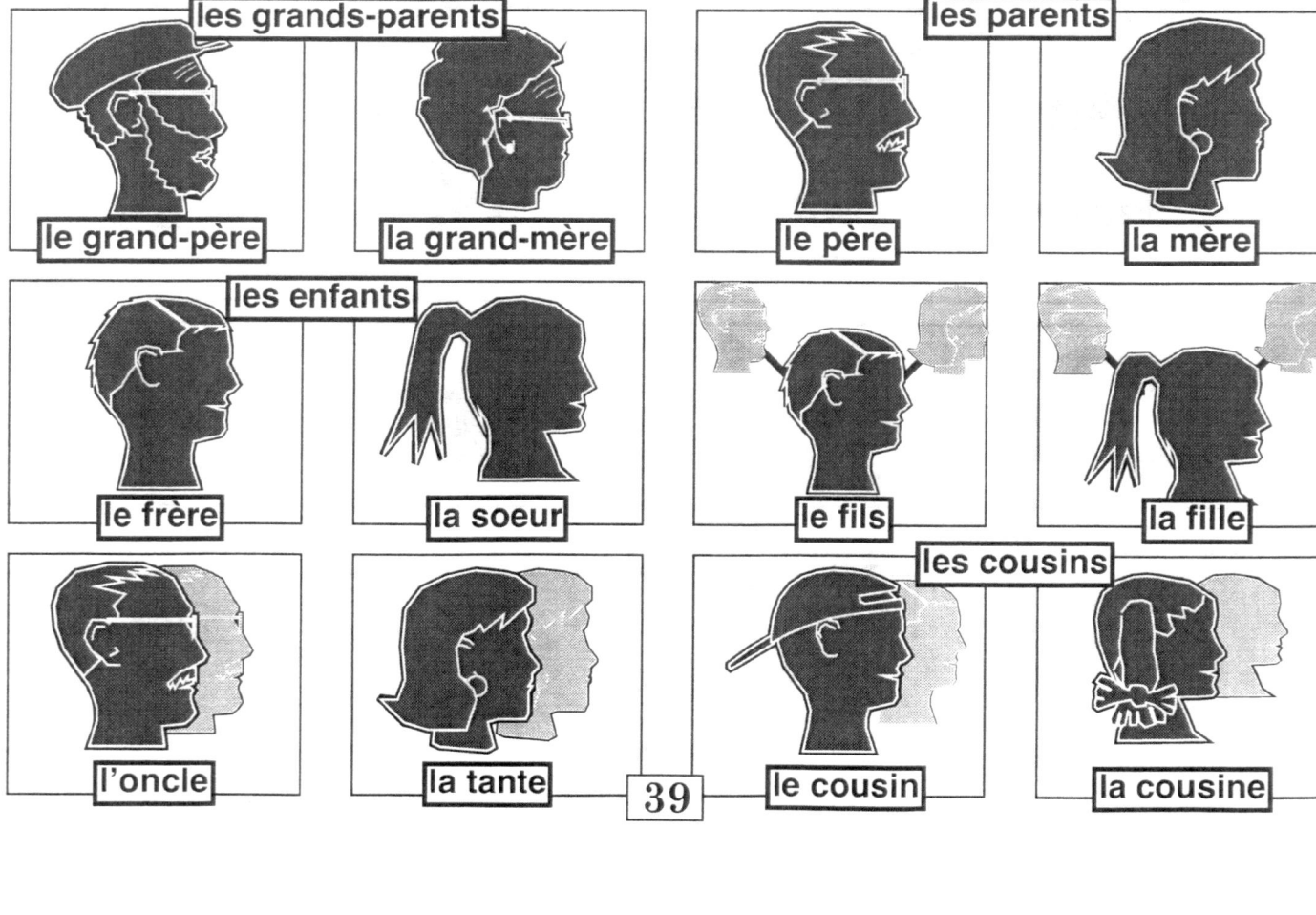

les enfants
- le frère
- la sœur
- le fils
- la fille

- l'oncle
- la tante

les cousins
- le cousin
- la cousine

39

1		★		de	
2		★		de	
3		★		de	
4		★		d'	
5		★		de	
6		★		d'	
7		★		d'	

Complete the sentences

Complete the sentences

mon   ma   mes

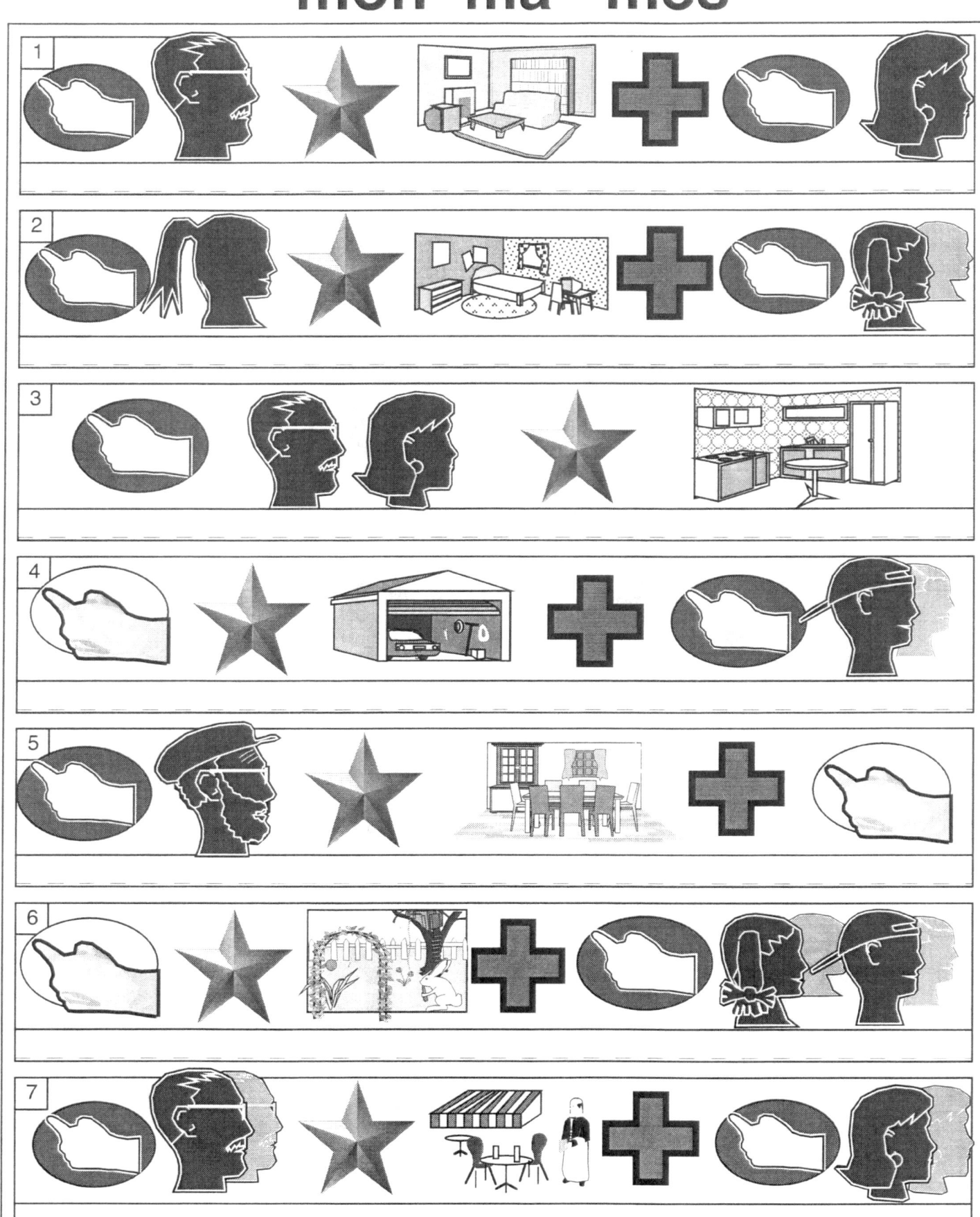

Lesson 10

chercher

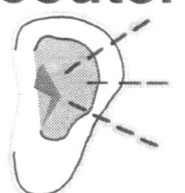

je cherche
tu cherches
il / elle cherche
on cherche

nous cherchons
vous cherchez
ils / elles cherchent

écouter

j'écout.......
tu écout.......
il / elle écout.......
on écout.......

nous écout.......
vous écout.......
ils / elles écout.......

acheter

j'achèt.......
tu achèt.......
il / elle achèt.......
on achèt.......

nous achet.......
vous achet.......
ils / elles achèt.......

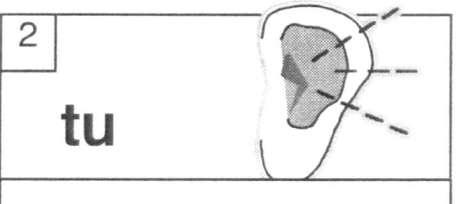

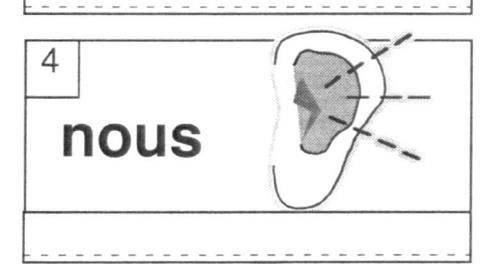

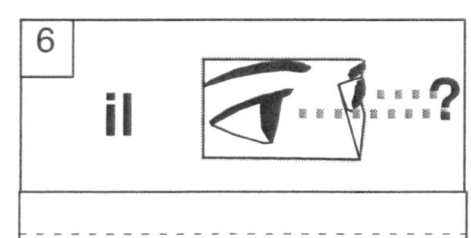

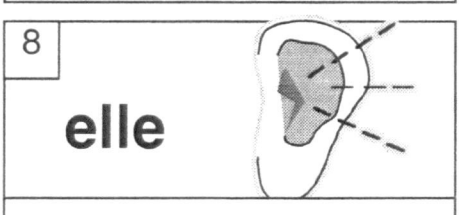

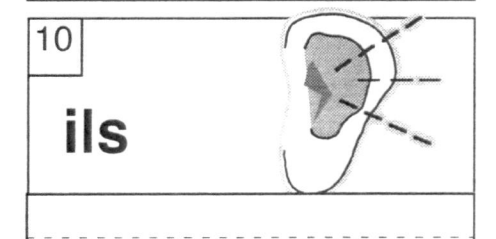

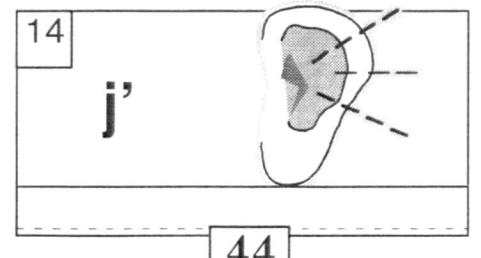

1. je [chercher]
2. tu [écouter]
3. on [acheter]
4. nous [écouter]
5. elles [acheter]
6. il [chercher]
7. tu [acheter]
8. elle [écouter]
9. vous [chercher]
10. ils [écouter]
11. nous [chercher]
12. j' [acheter]
13. vous [acheter]
14. j' [écouter]
15. on [chercher]

Read and write the sentences.

Read and write the sentences.

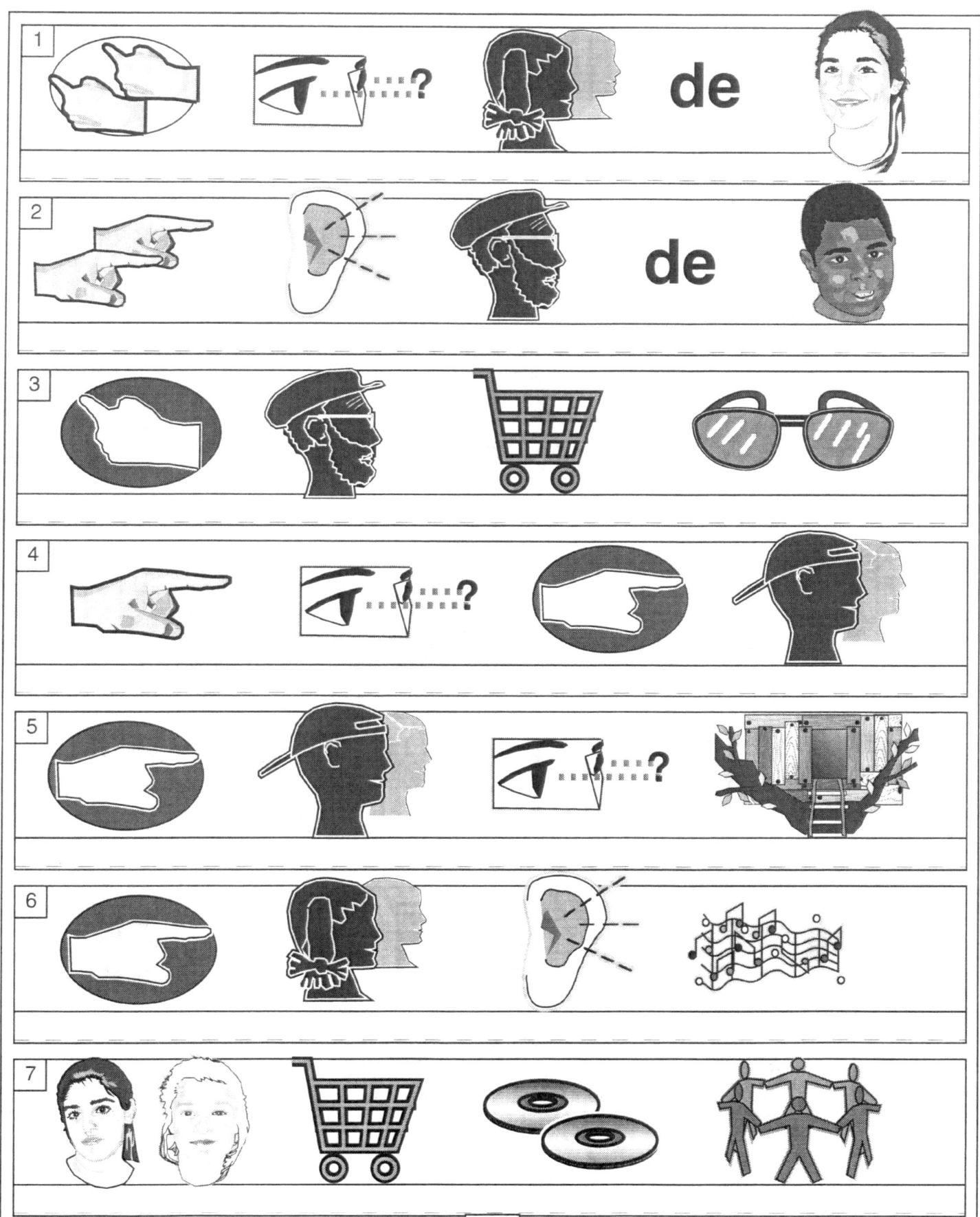

la prof
ma prof

le prof
mon prof

1. ... de ...
2. ... de ...
3. ... de ...
4. ... de ...
5. ... d' ...
6. ... d' ...

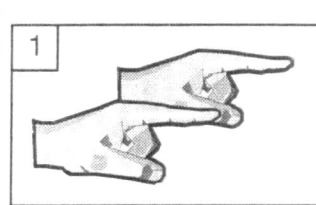

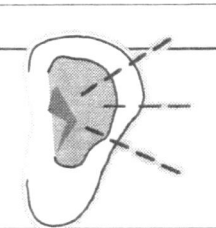

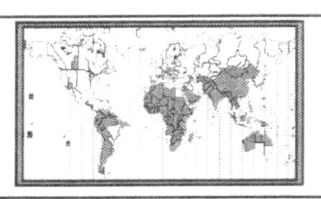

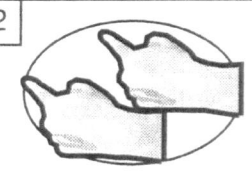

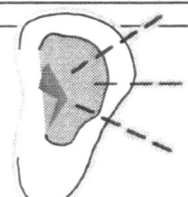

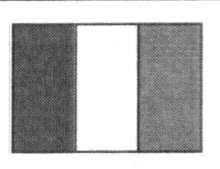

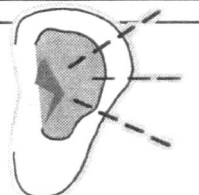

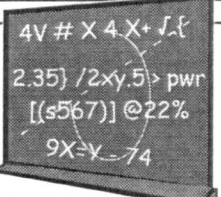

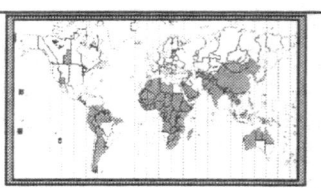

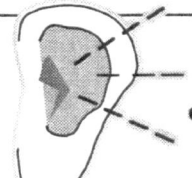

47

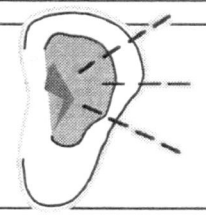

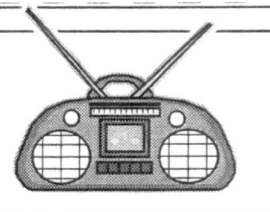

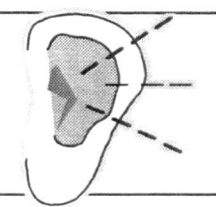

7

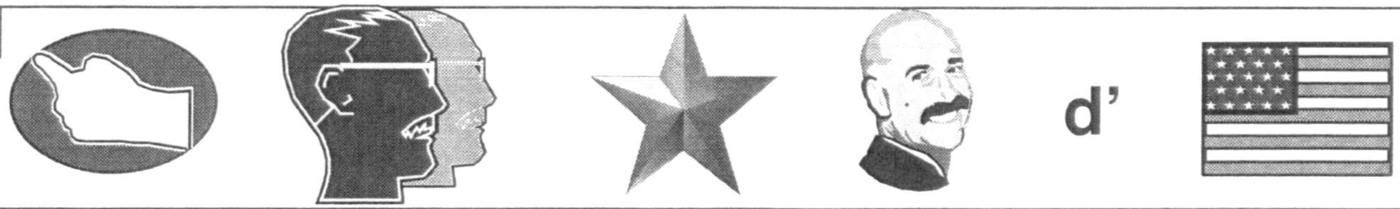

8

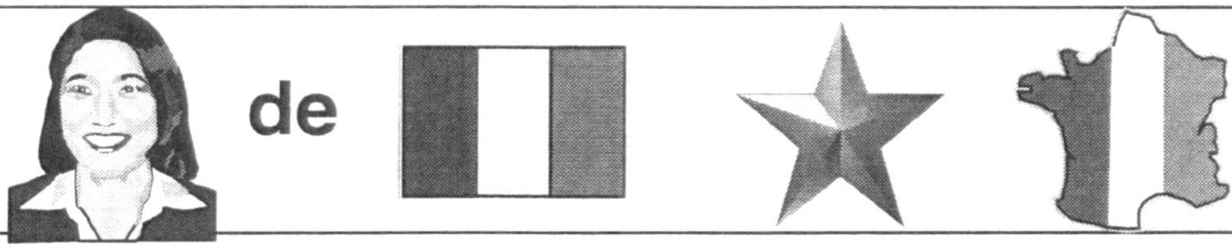

9

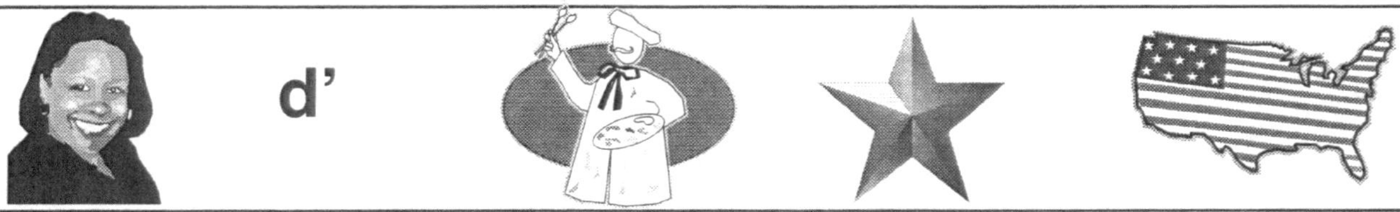

10

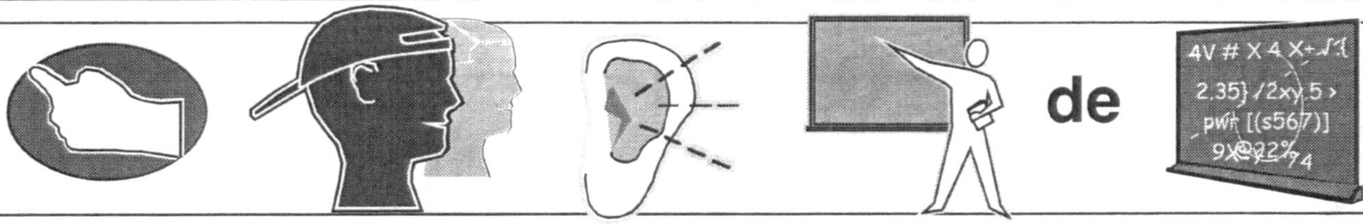

11

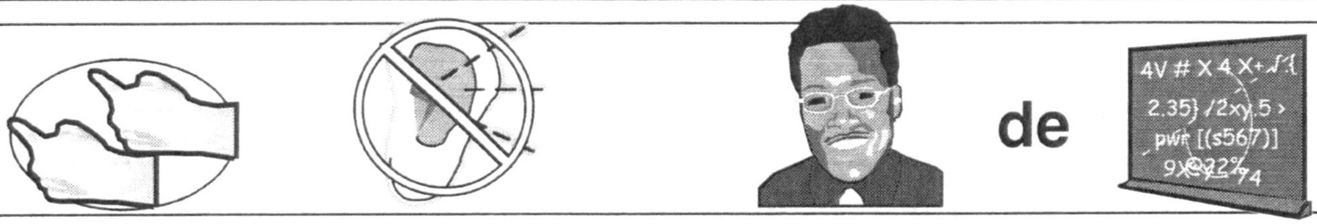

12

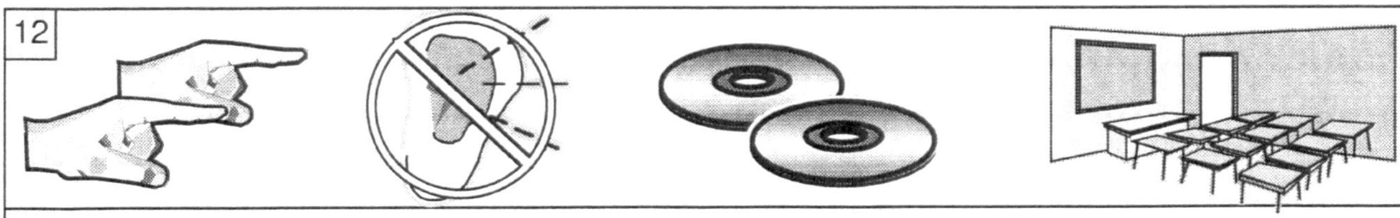

13

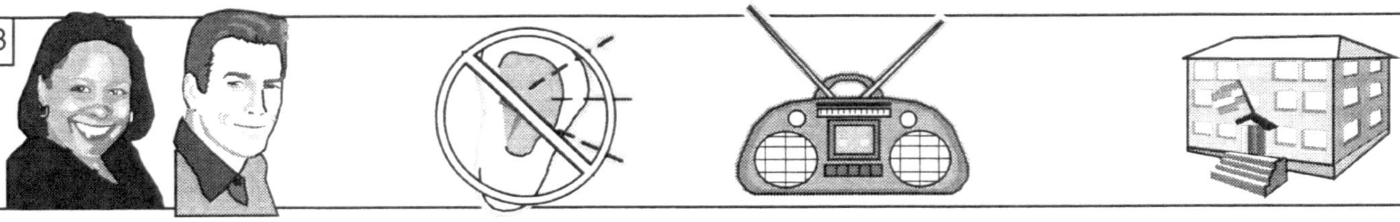

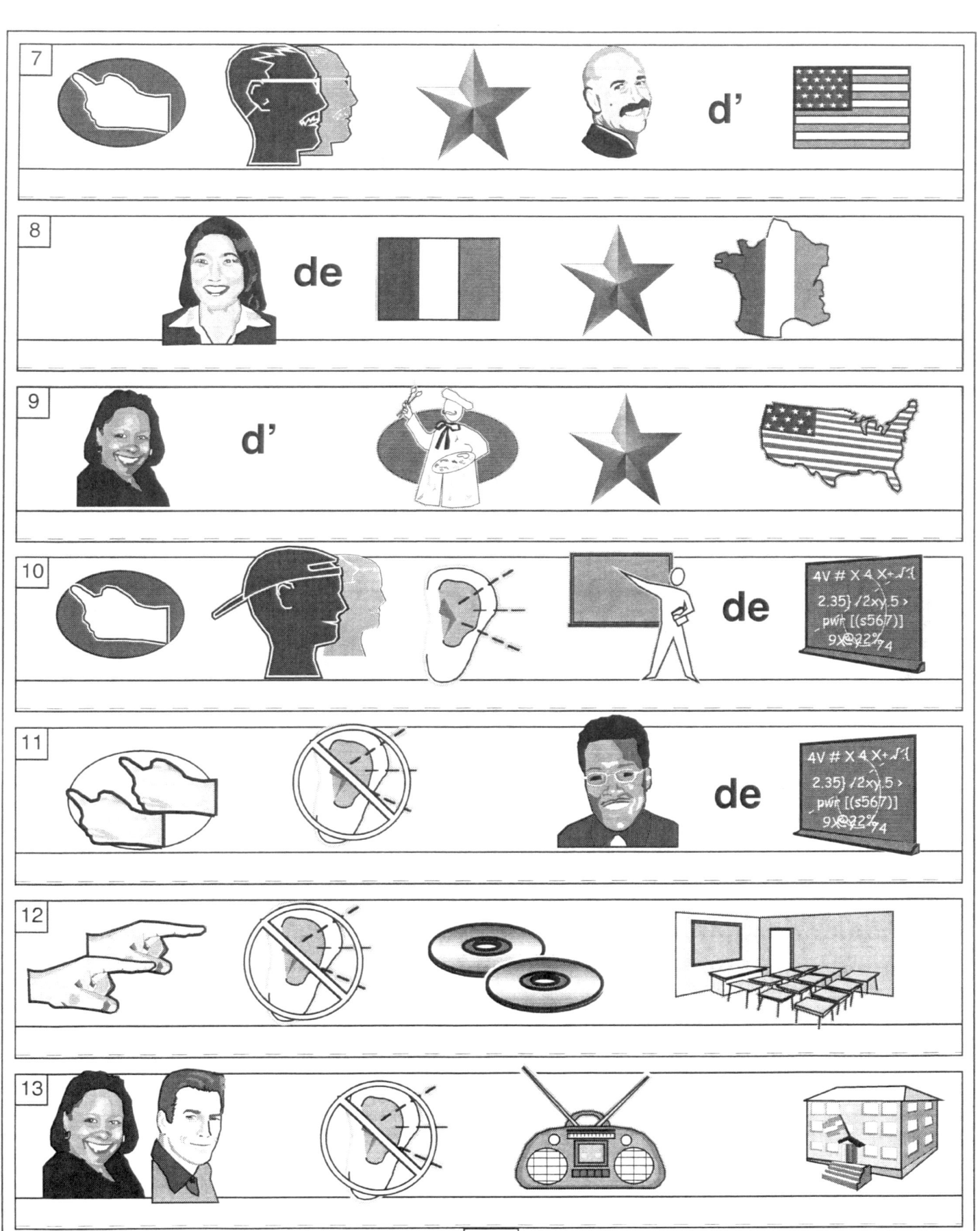

Imagine these dialogues: Qu'est-ce que vous.................?

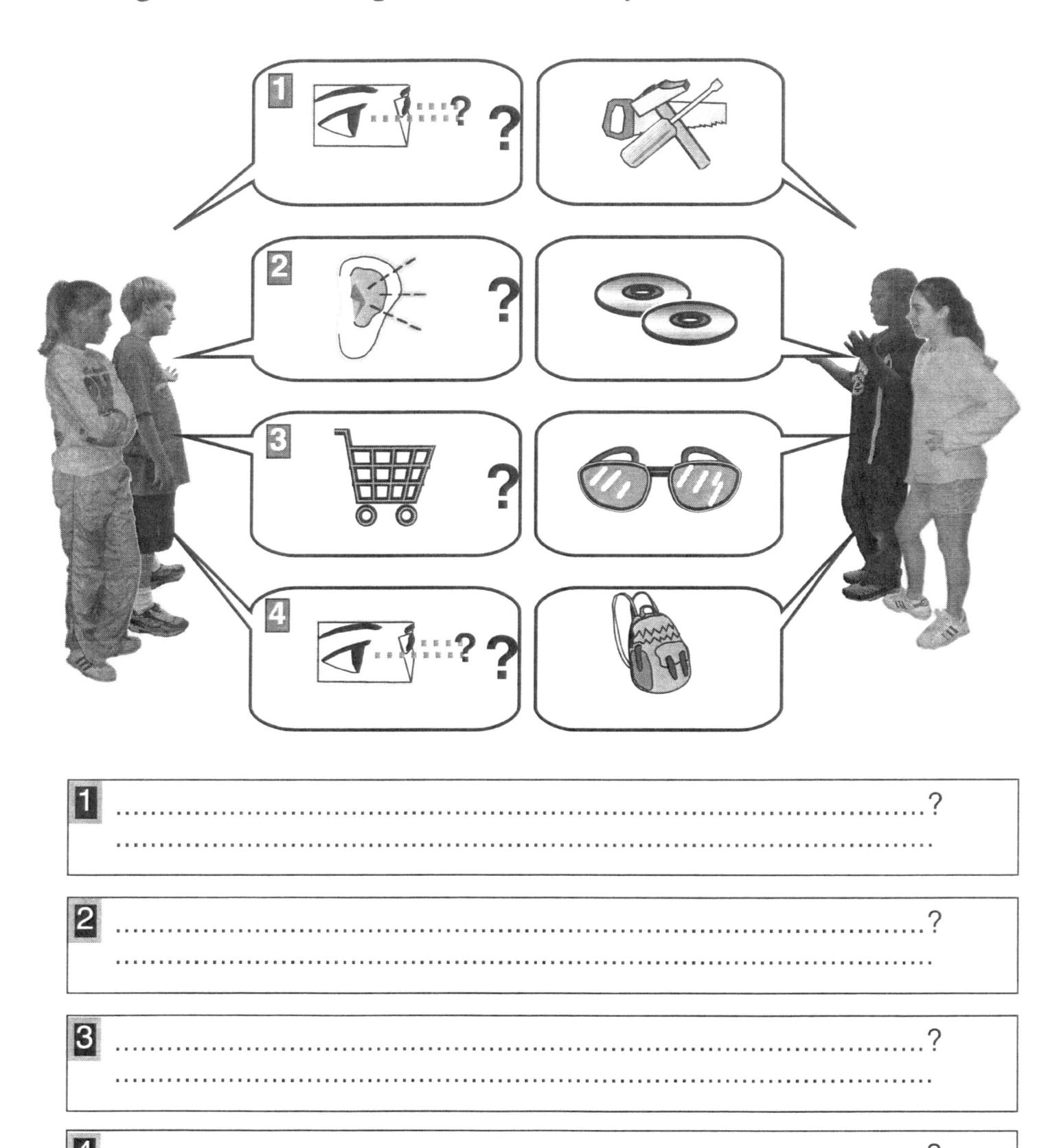

1 ....?
  ....

2 ....?
  ....

3 ....?
  ....

4 ....?
  ....

49

create sentences
use one word of each box to make a sentence

1. ....
2. ....
3. ....
4. ....

Many other combinations apply

50

create sentences
use one word of each box to make a sentence

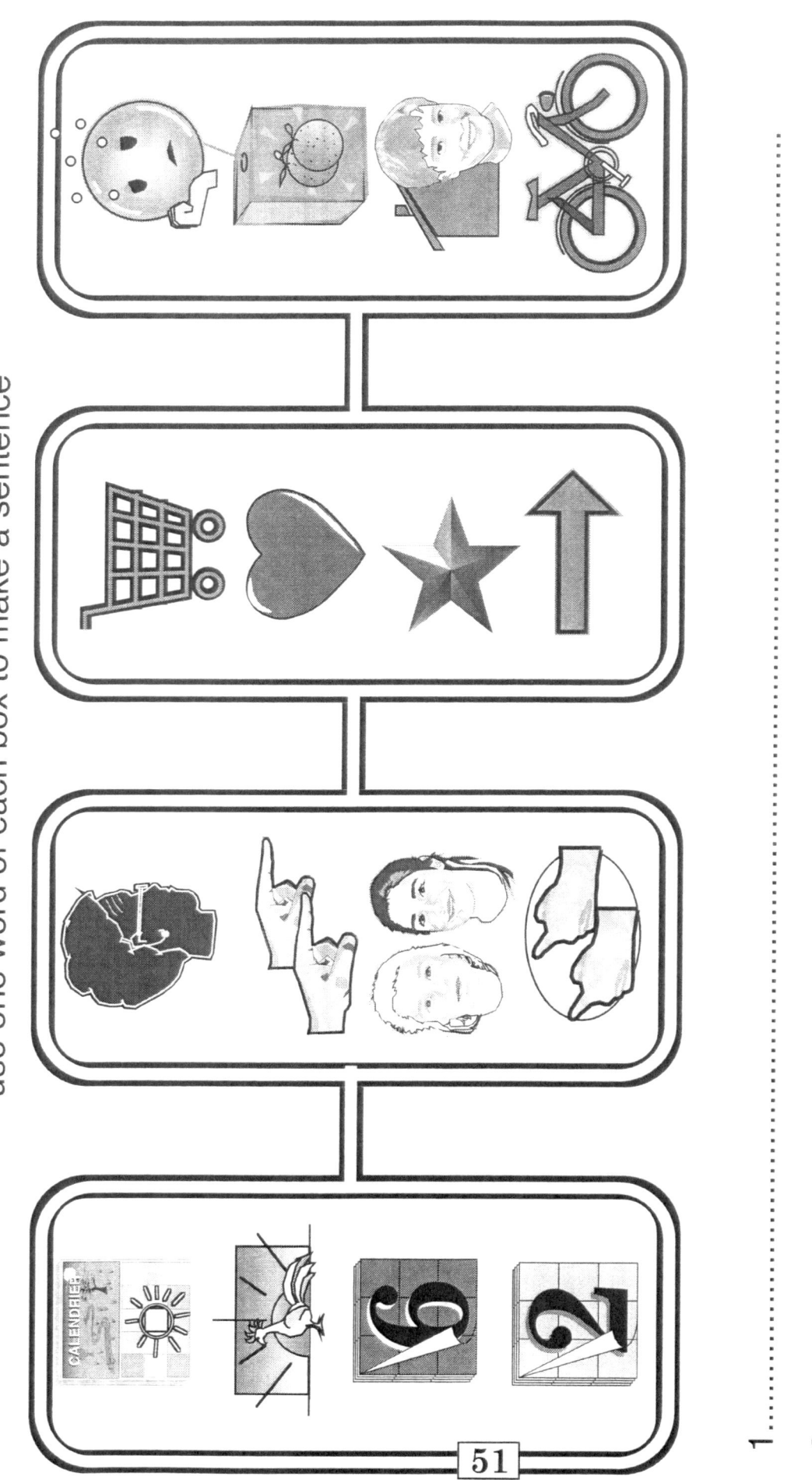

1. ....
2. ....
3. ....
4. ....

Many other combinations apply

Lesson 11

porter

je porte
tu portes
il / elle porte
on porte

nous portons
vous portez
ils portent
elles portent

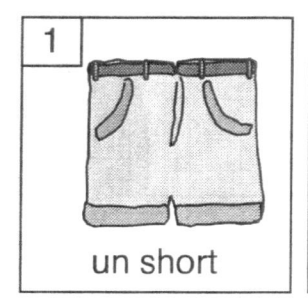

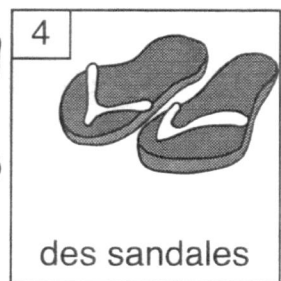

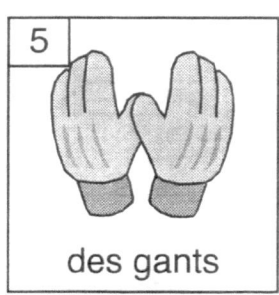

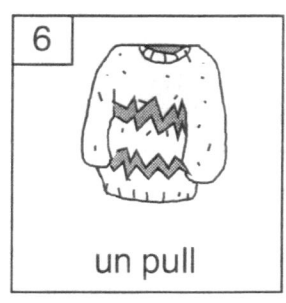

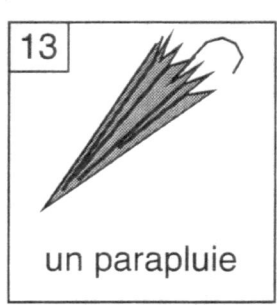

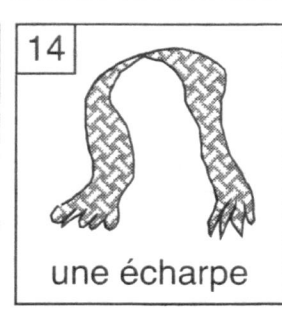

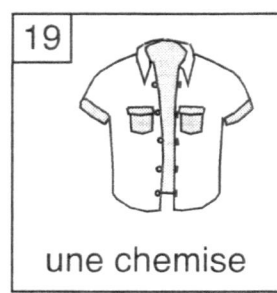

1	un short
2	un tee-shirt
3	un maillot
4	des sandales
5	des gants
6	un pull
7	des tennis
8	des lunettes de soleil
9	des chaussures
10	un imperméable
11	un bonnet
12	un chapeau
13	un parapluie
14	une écharpe
15	des bottes
16	un survêtement
17	une jupe
18	une robe
19	une chemise
20	un pantalon

1

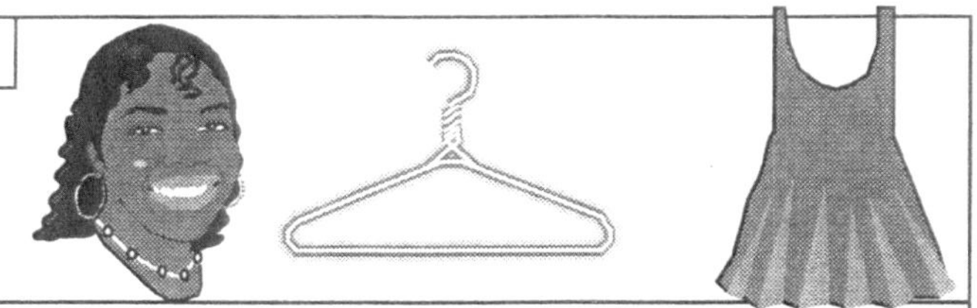

2

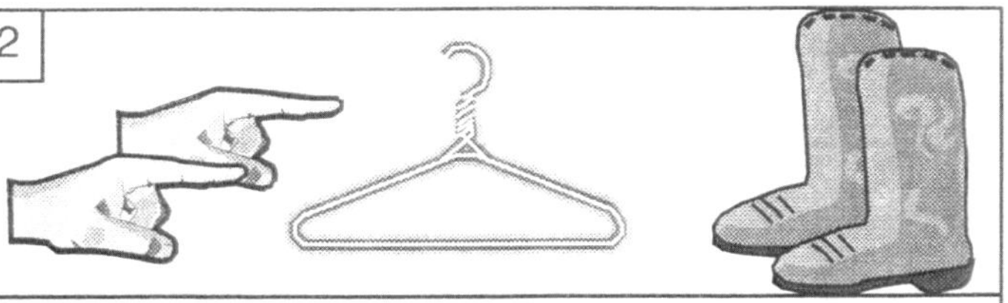

3

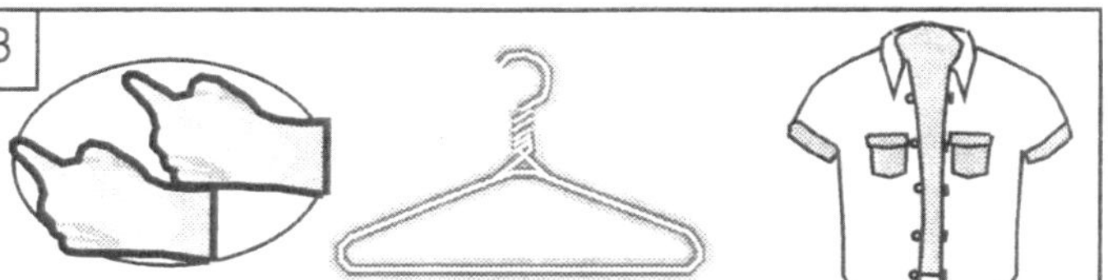

4

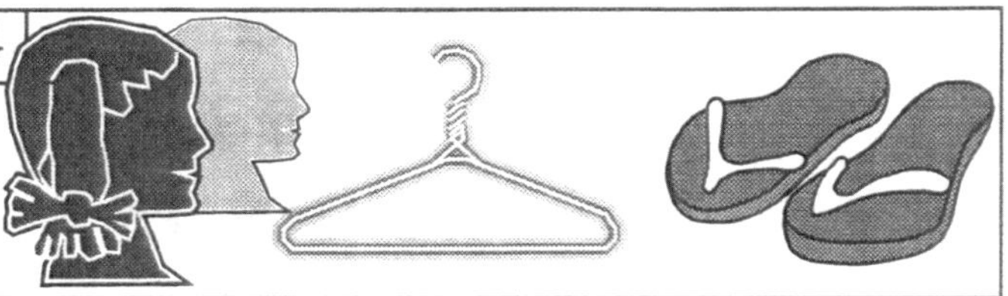

5

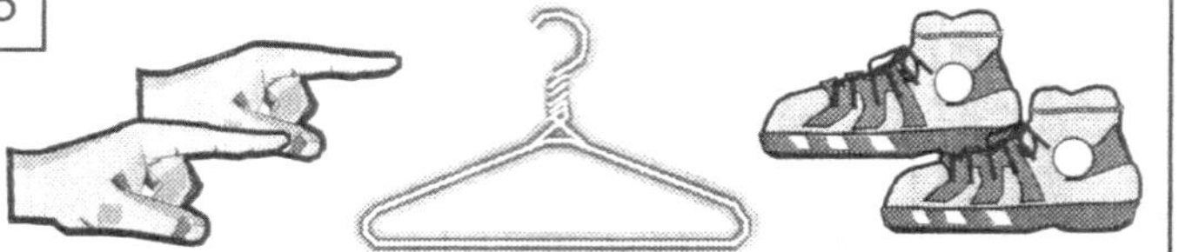

6

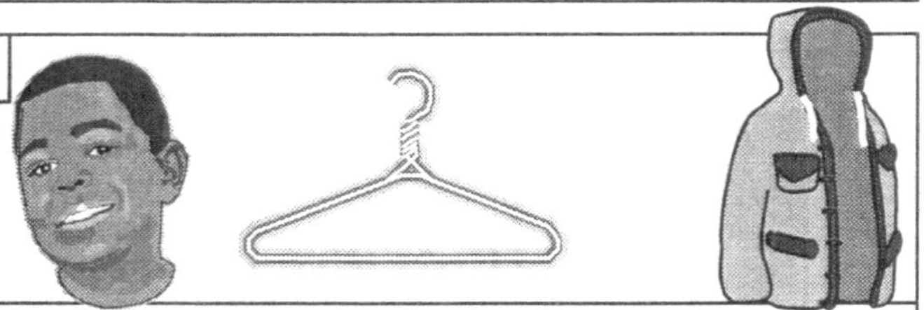

7

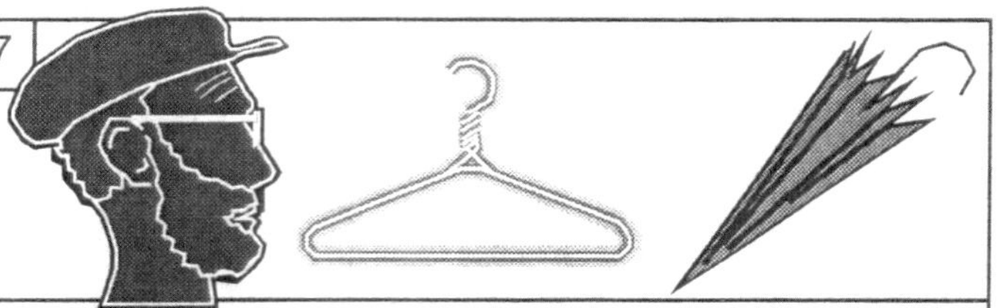

8

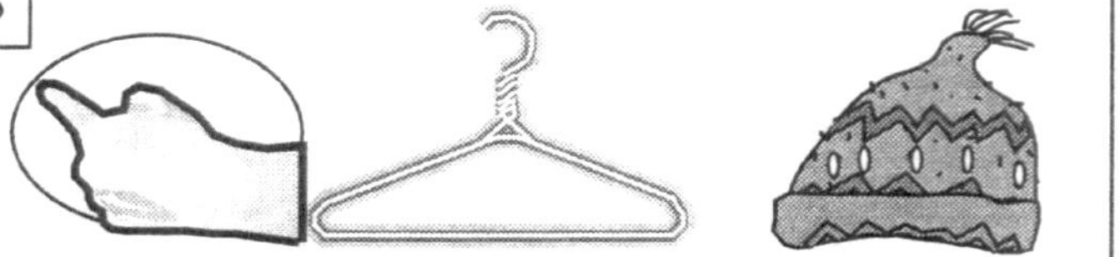

9

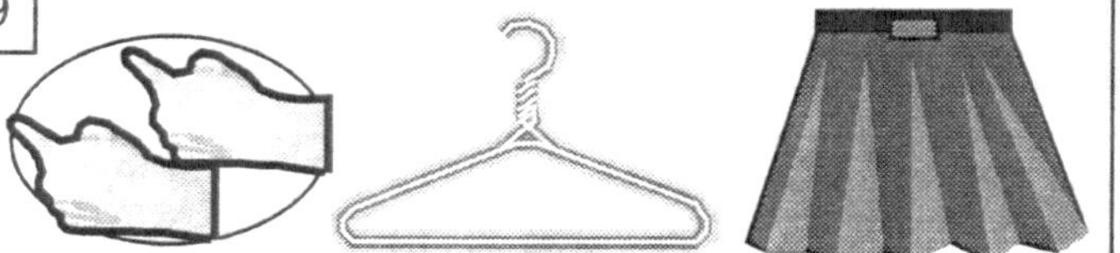

10

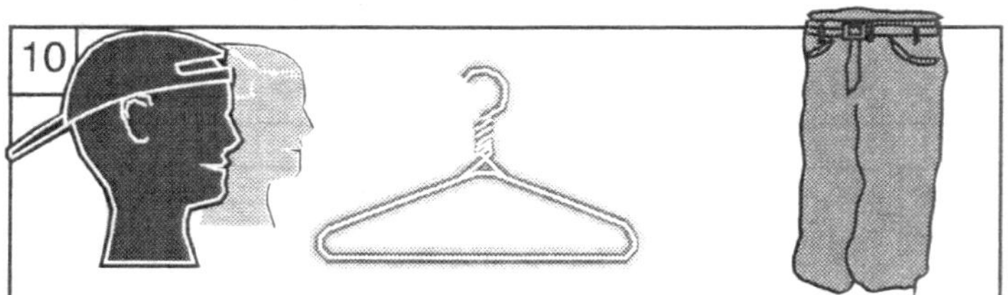

11

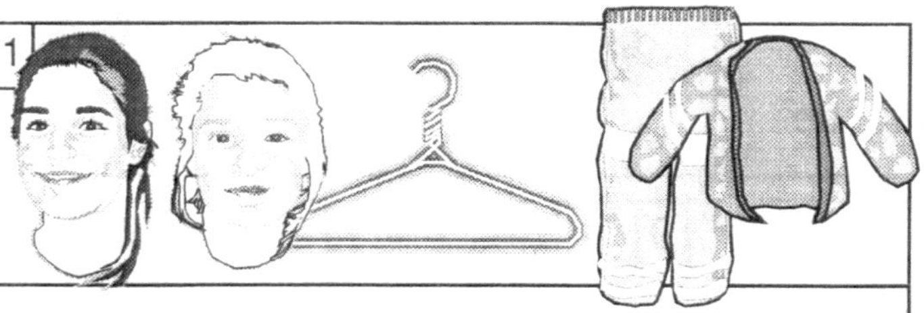

12

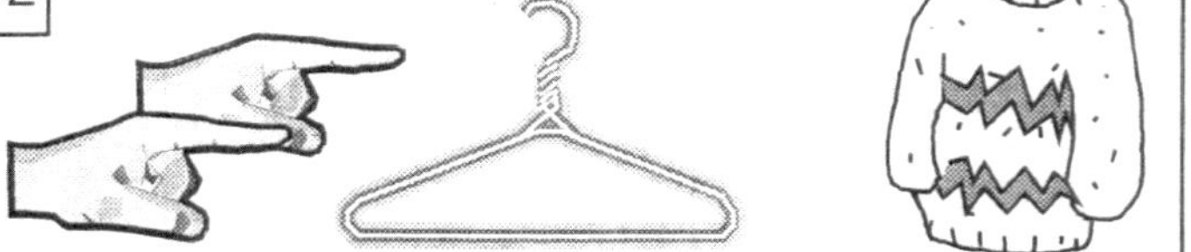

13

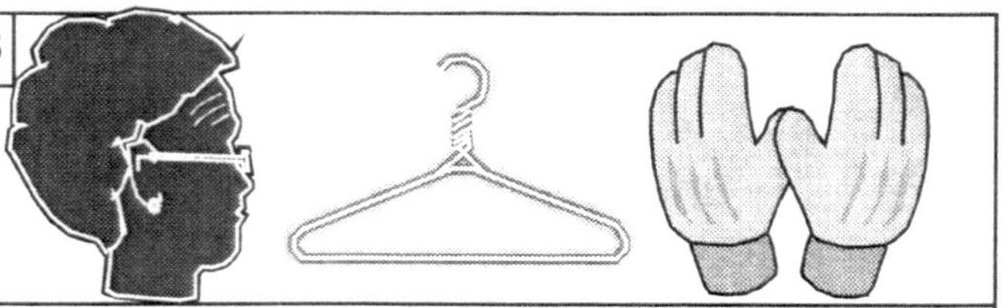

14

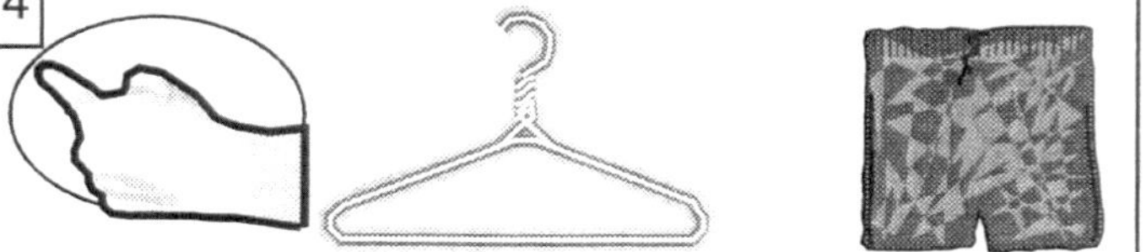

Oral exercise. Describe what these people are wearing

1

2

3

4

5

6

54

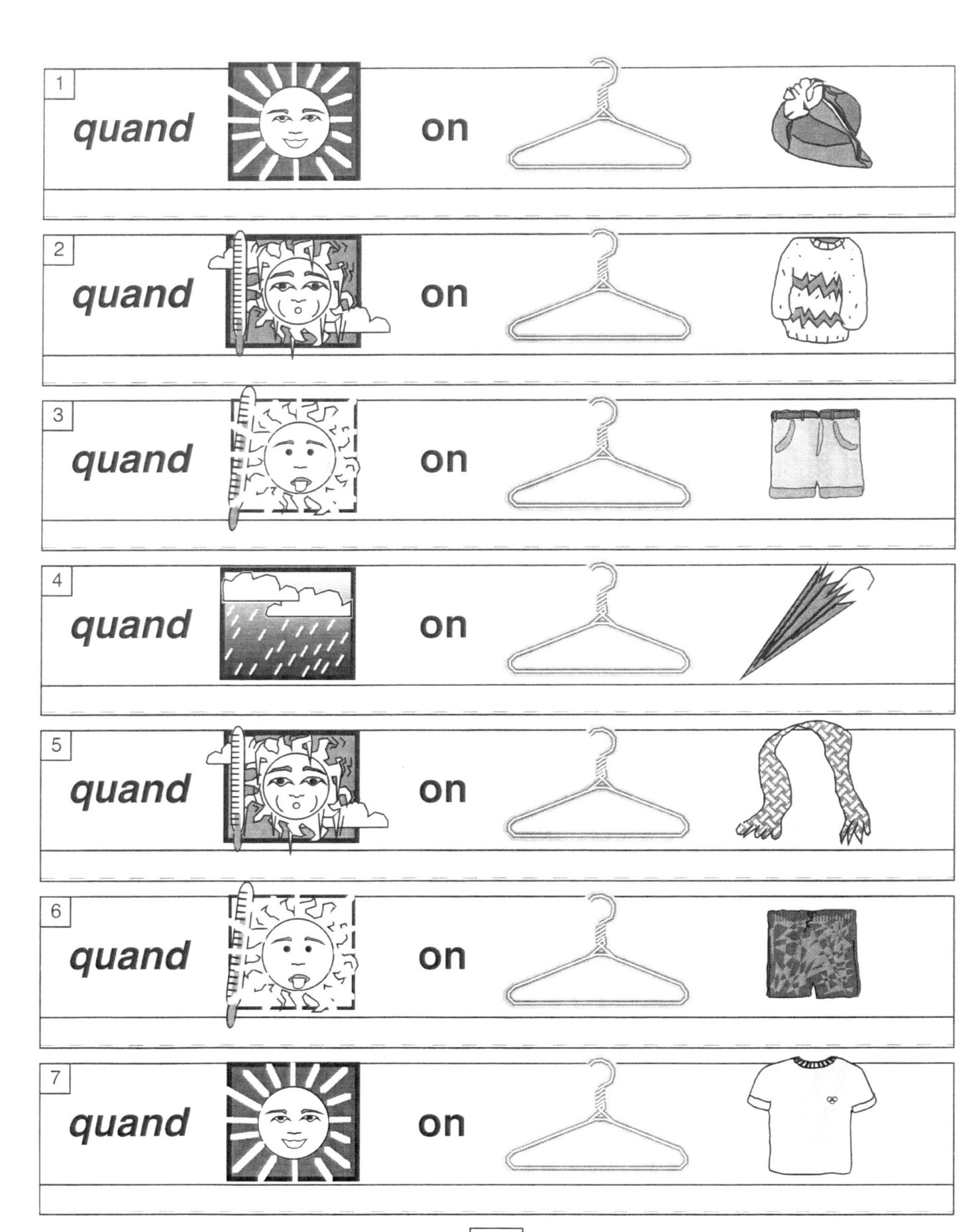

1	*quand* ☀	on	🧥hanger	bonnet
2	*quand*	on	hanger	pull
3	*quand*	on	hanger	short
4	*quand* 🌧	on	hanger	parapluie
5	*quand*	on	hanger	écharpe
6	*quand*	on	hanger	short
7	*quand* ☀	on	hanger	t-shirt

55

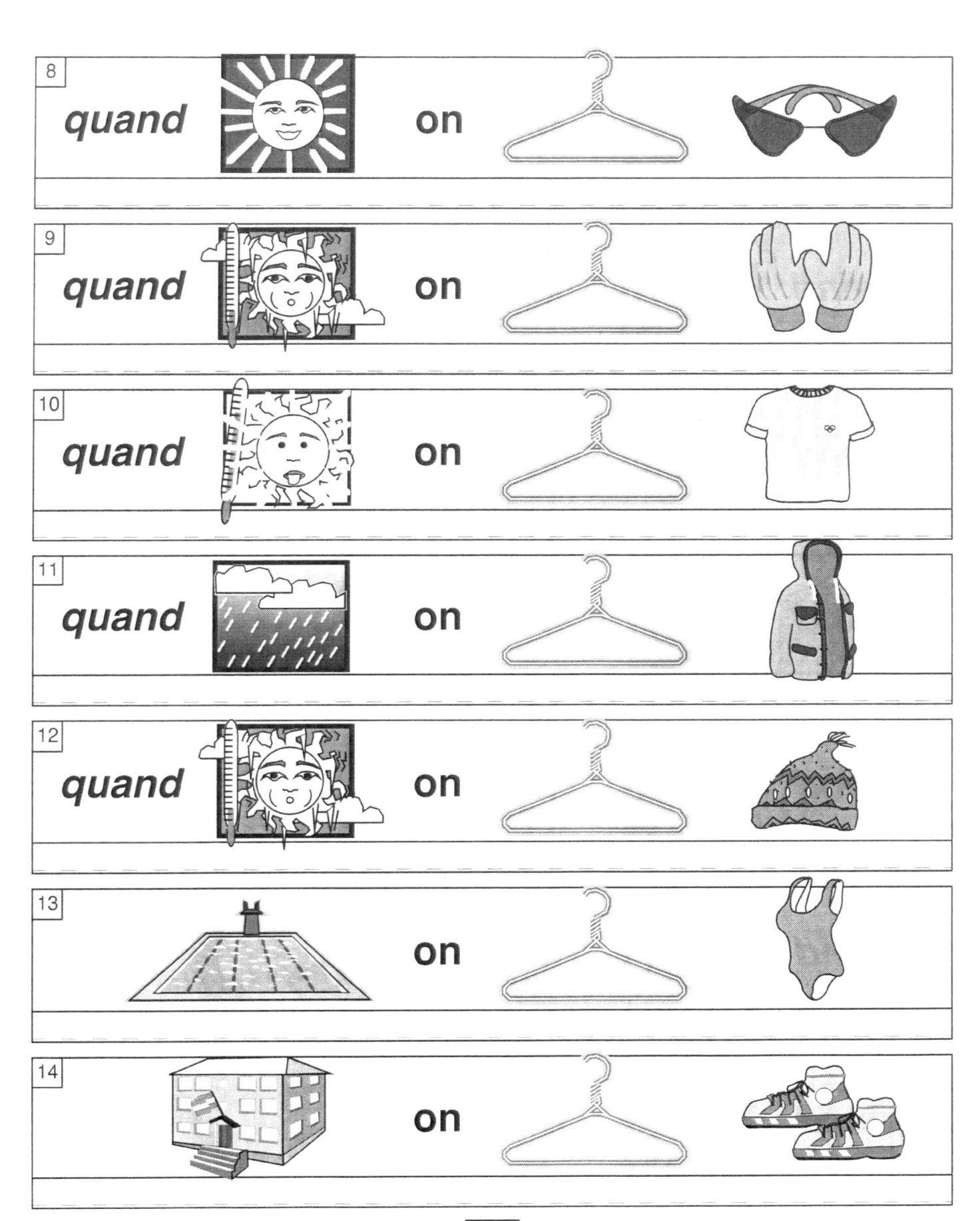

8	*quand*	☀	on	👔	🕶
9	*quand*	❄☀	on	🧤
10	*quand*	🌞	on	👕
11	*quand*	🌧	on	🧥
12	*quand*	❄☀	on	🎿🧢
13		🏊	on	👙
14		🏫	on	👟

on ne porte pas de ....

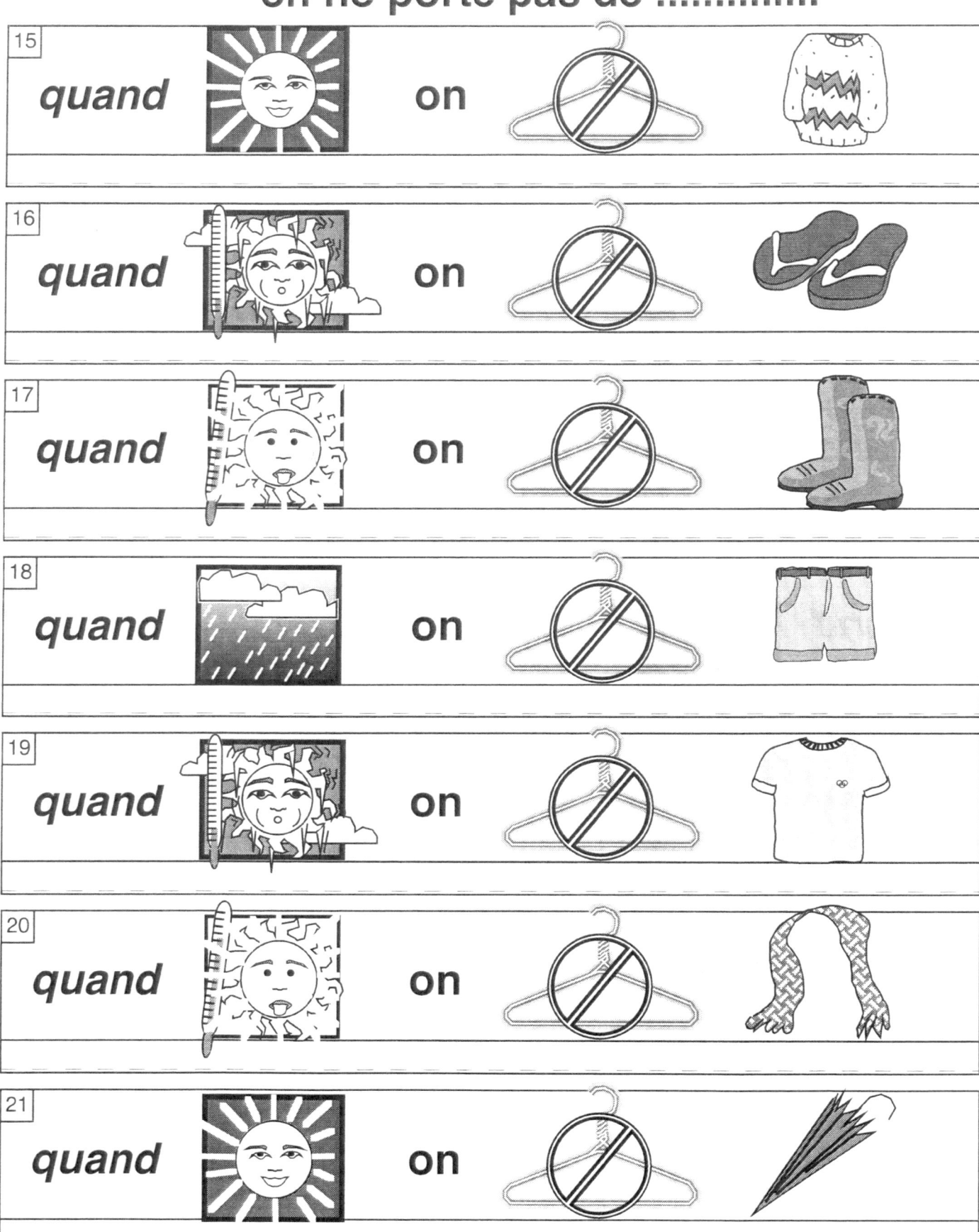

15. *quand* ☀ *on* 🚫 pull

16. *quand* ☀ *on* 🚫 tongs

17. *quand* ☀ *on* 🚫 bottes

18. *quand* 🌧 *on* 🚫 short

19. *quand* ☀ *on* 🚫 t-shirt

20. *quand* ☀ *on* 🚫 écharpe

21. *quand* ☀ *on* 🚫 parapluie

Questions in the negative and the "SI" affirmation.

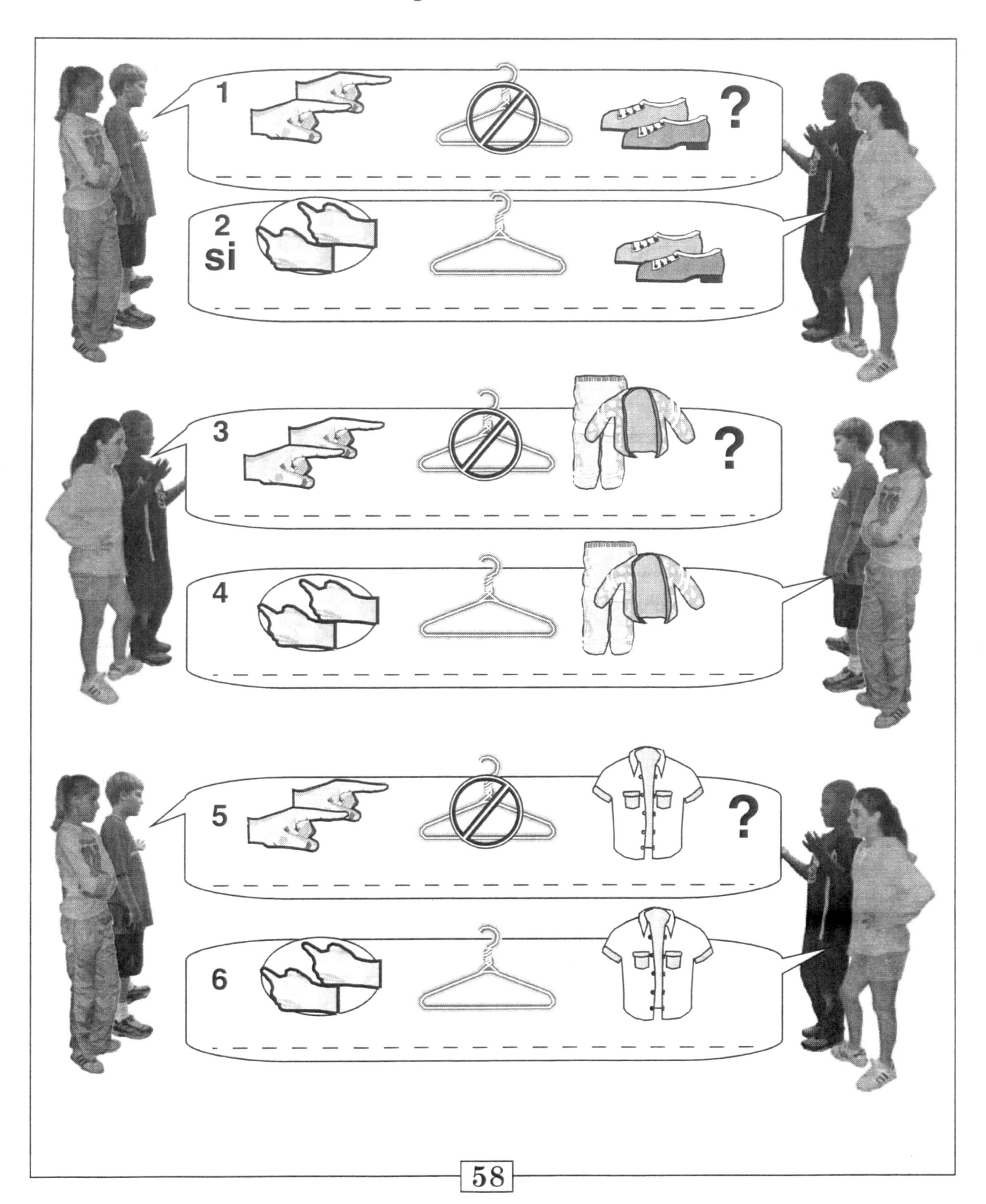

avoir

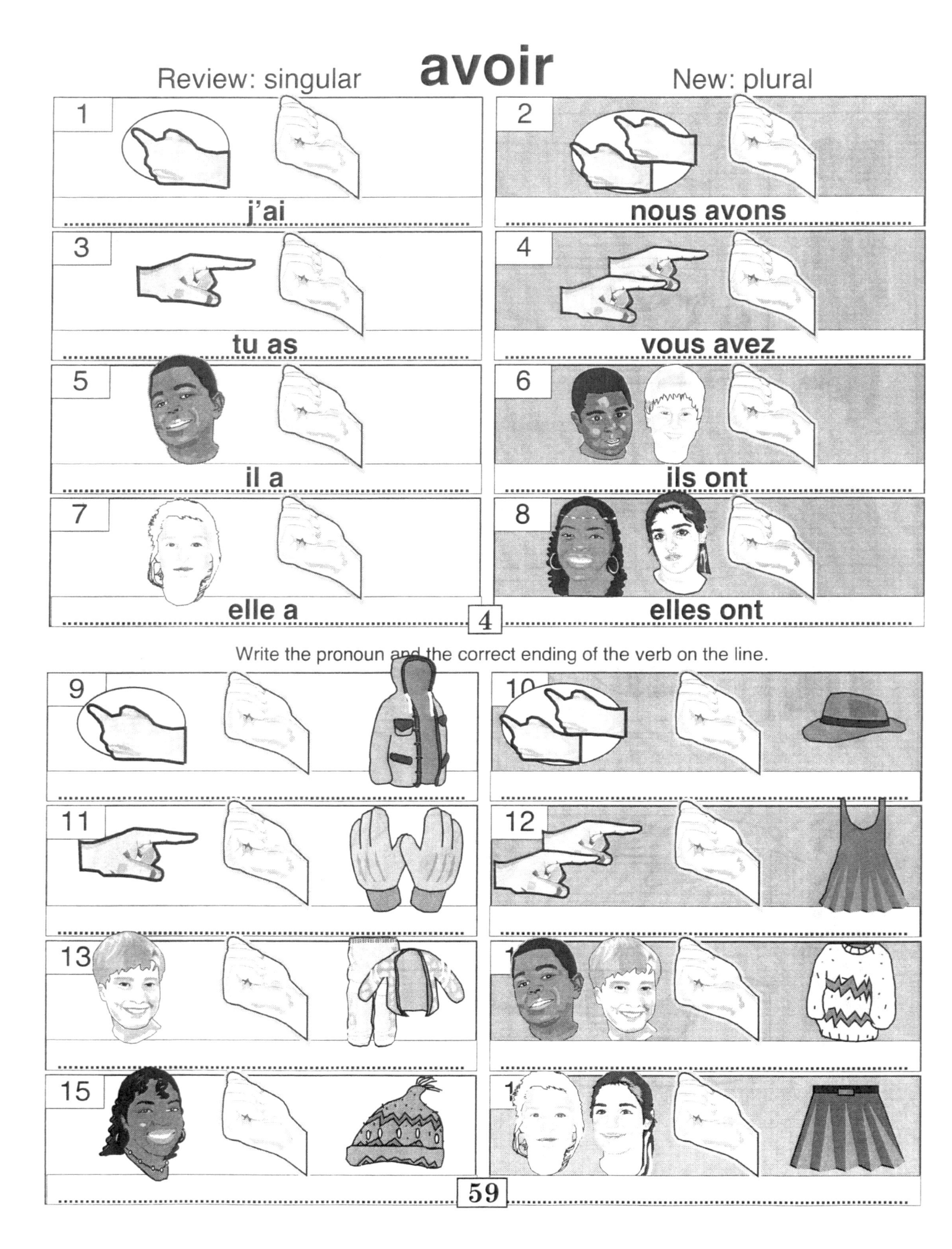

Review: singular   New: plural

1 j'ai	2 nous avons
3 tu as	4 vous avez
5 il a	6 ils ont
7 elle a	8 elles ont

Write the pronoun and the correct ending of the verb on the line.

9.
10.
11.
12.
13.
14.
15.
16.

59

MON MA MES and the verb AVOIR

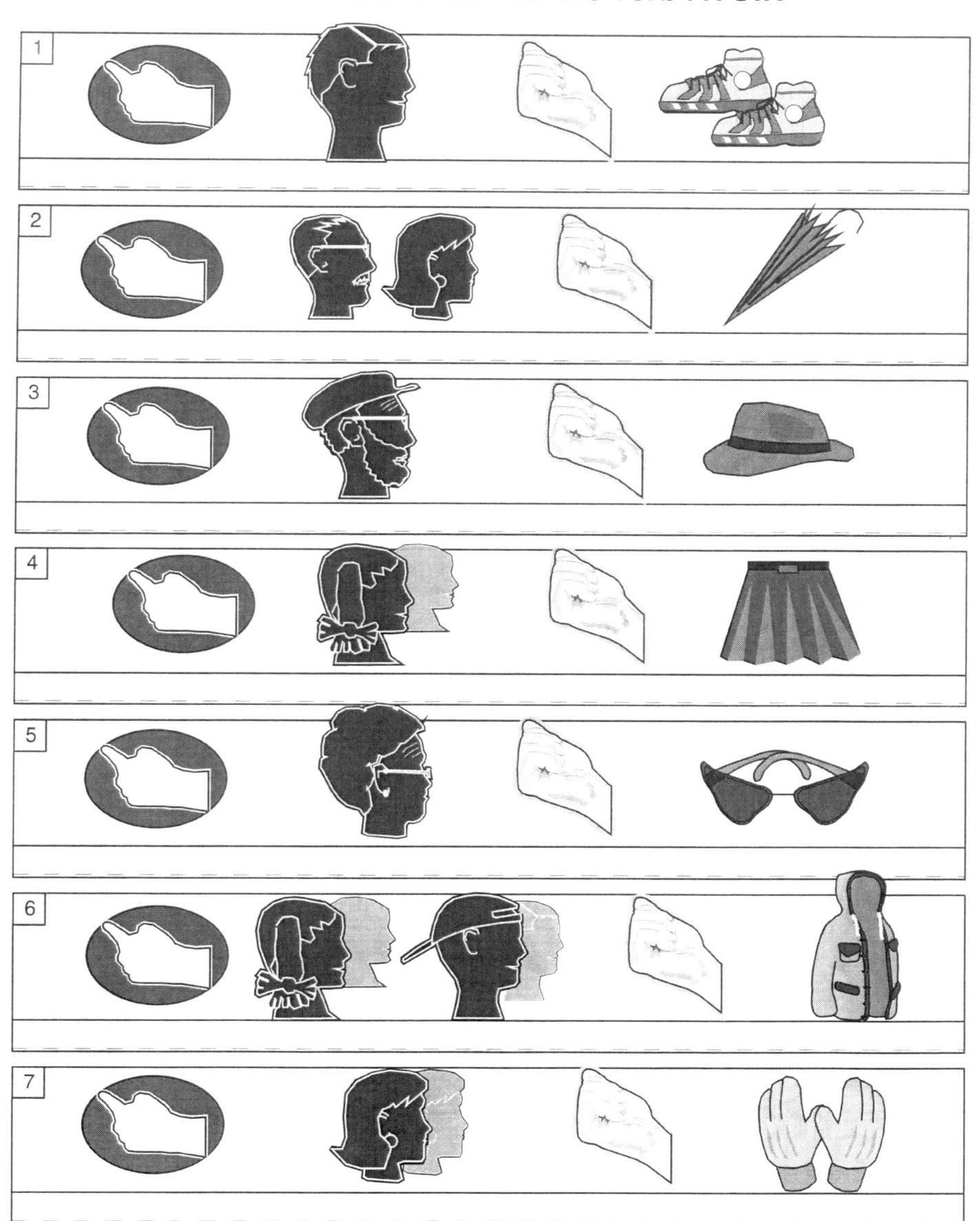

Questions and answers with AVOIR
ne pas avoir de...

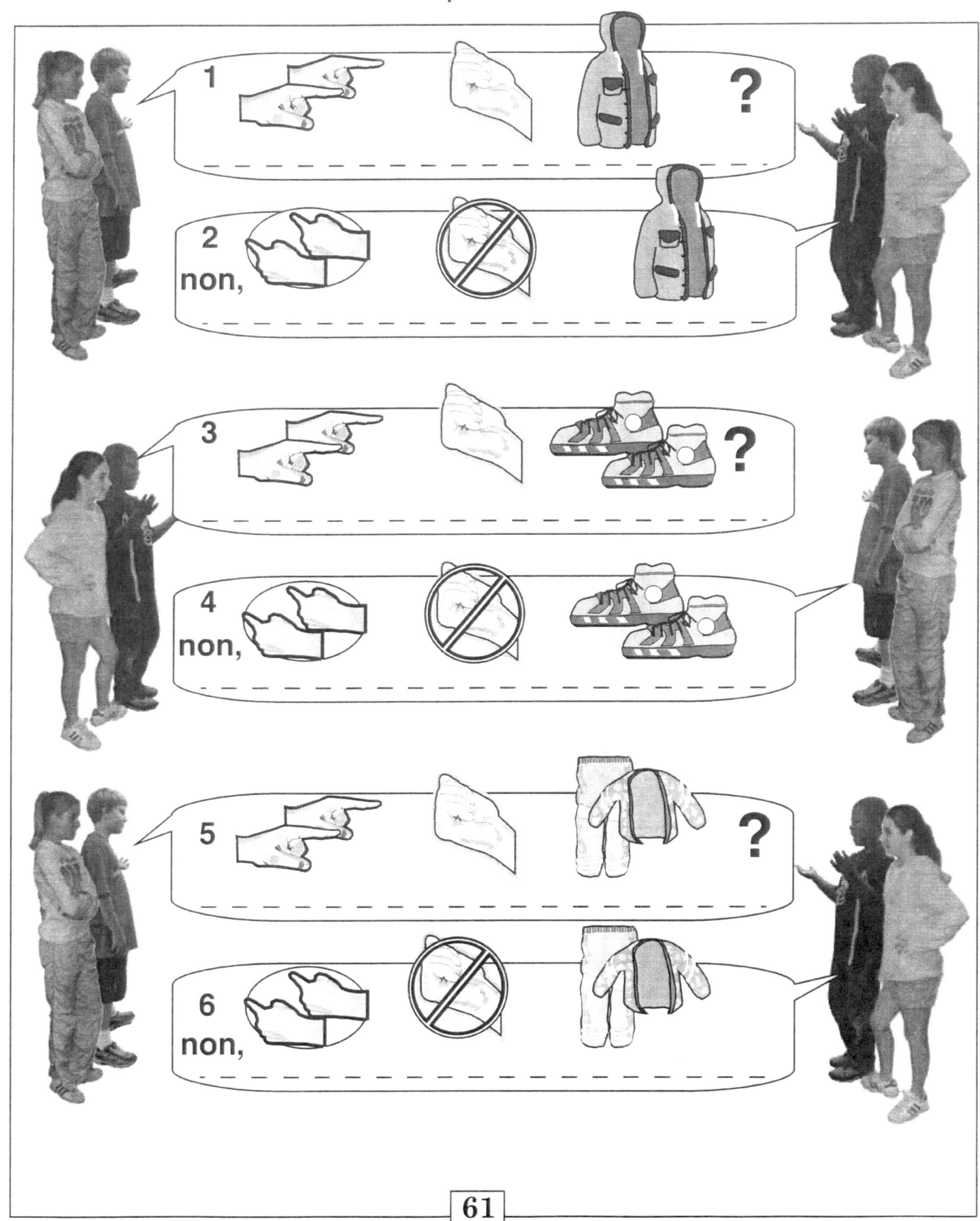

boire

Review: singular — New: plural

1. je bois
2. nous buvons
3. tu bois
4. vous buvez
5. il boit
6. ils boivent
7. elle boit
8. elles boivent

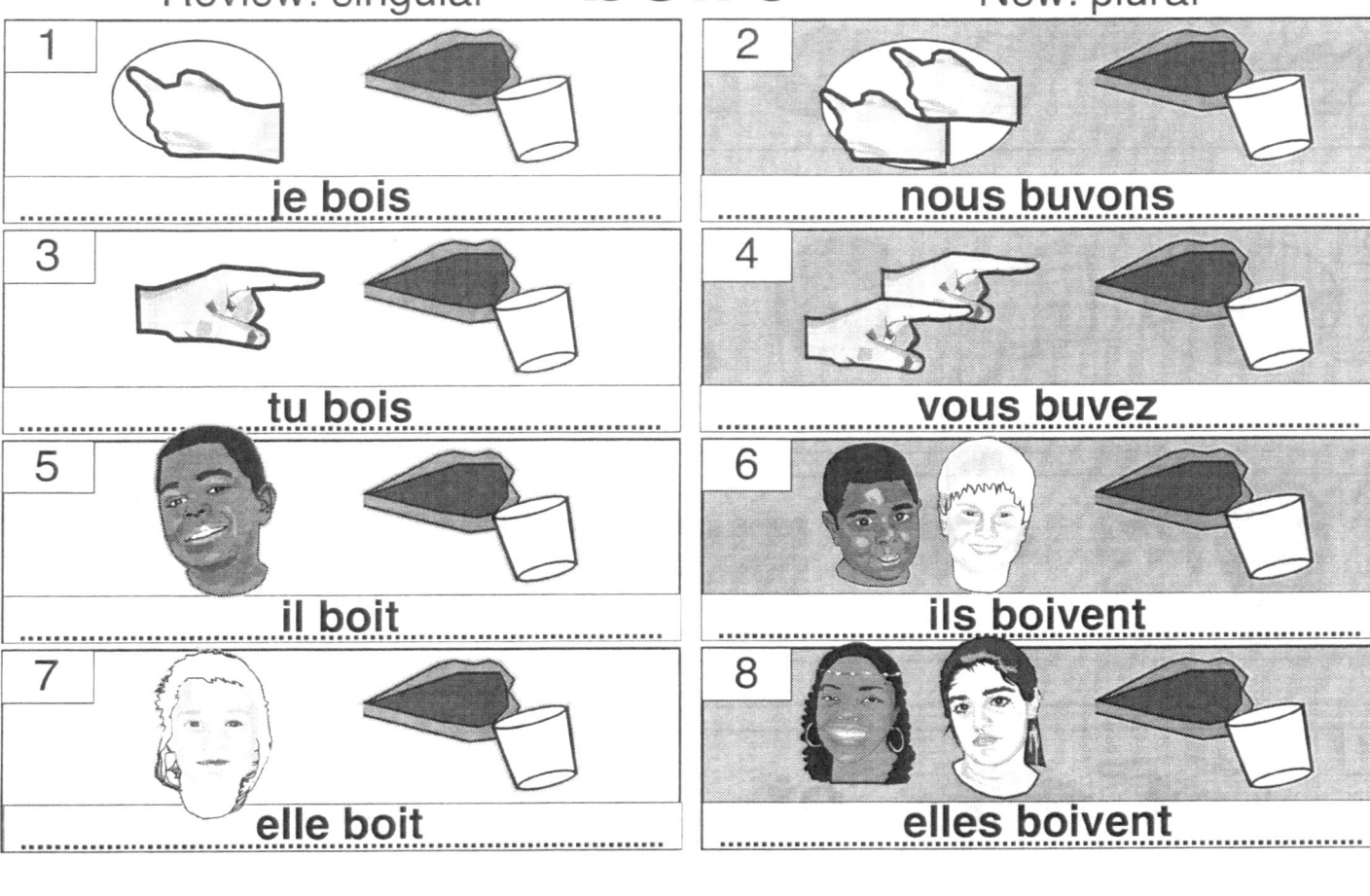

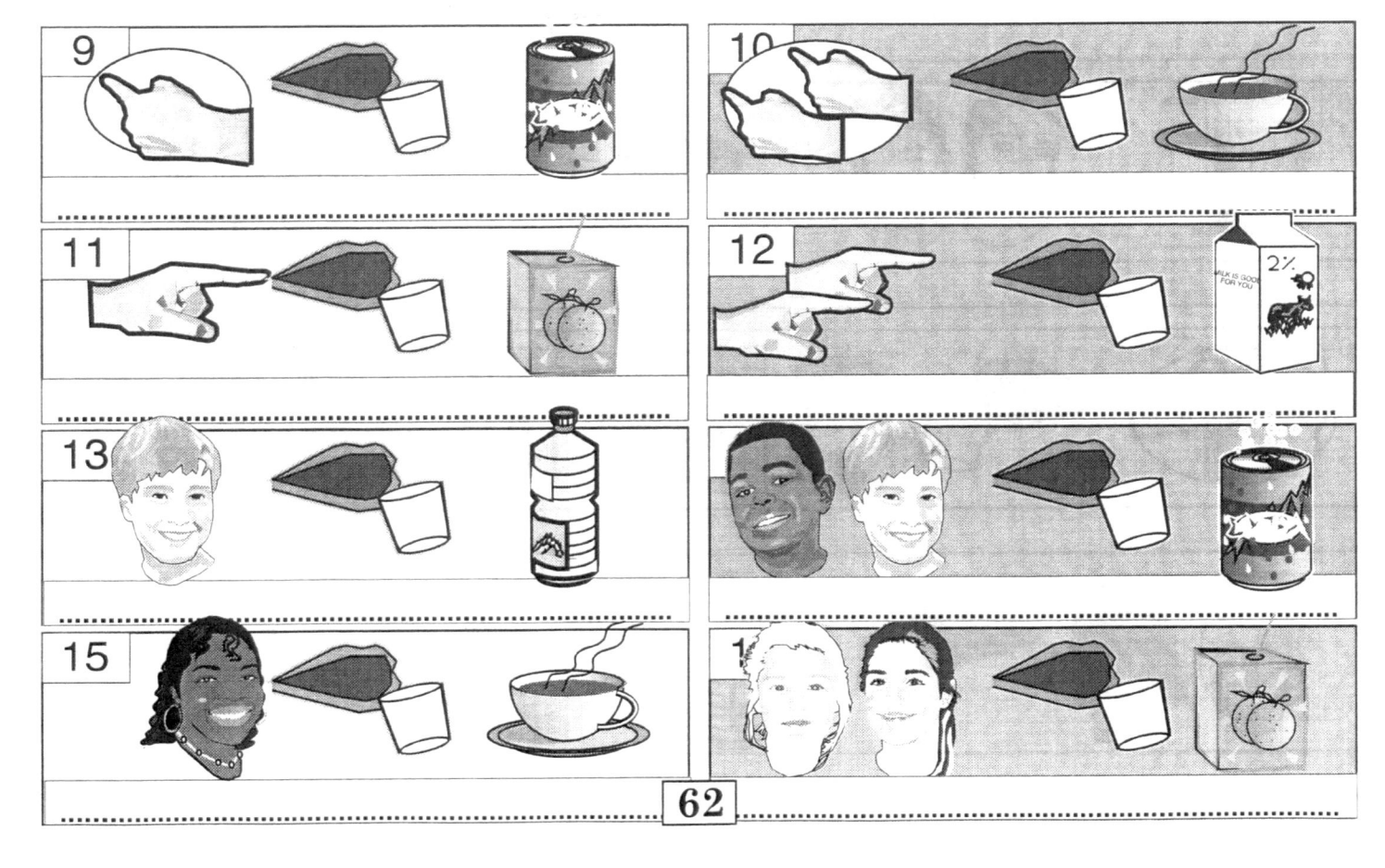

62

63

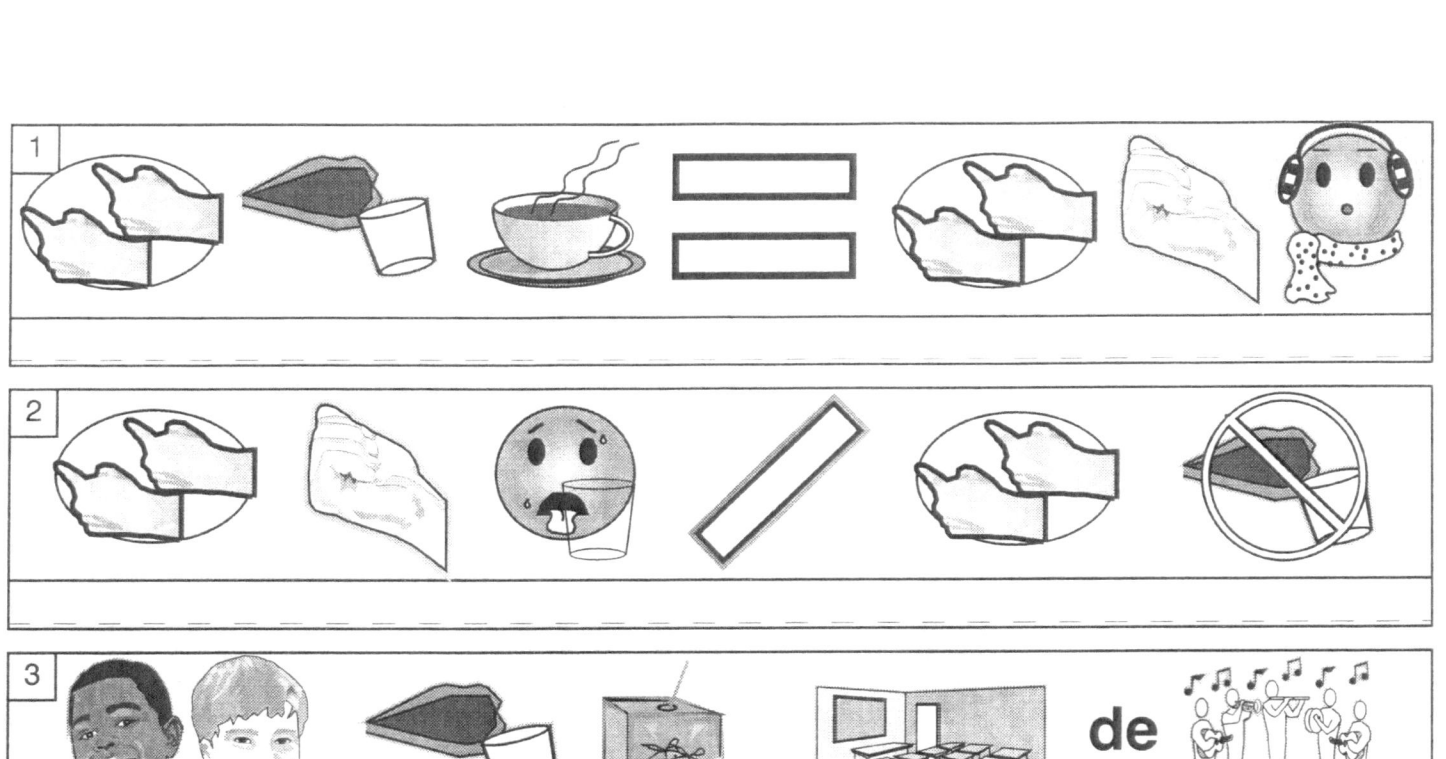

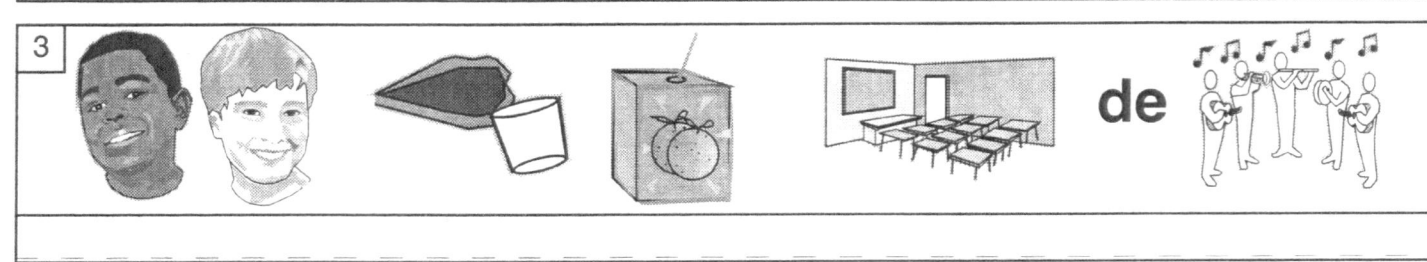

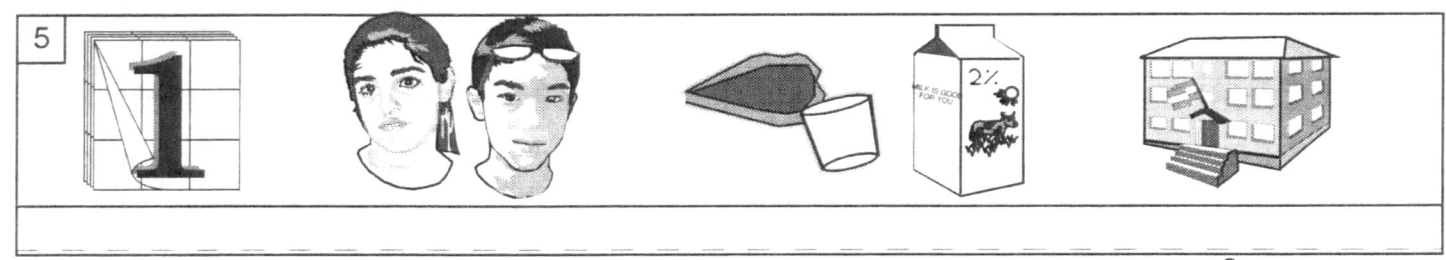

VOULOIR

POUVOIR

VOULOIR	POUVOIR
je v**eux**	je p.................
tu v**eux**	tu p.................
il v**eux**	il p.................
elle v**eux**	elle p.................
on v**eux**	on p.................
nous voul**ons**	nous pouv............
vous voul**ez**	vous pouv............
ils veul**ent**	ils peuv............
elles veul**ent**	elles peuv............

Let's practice

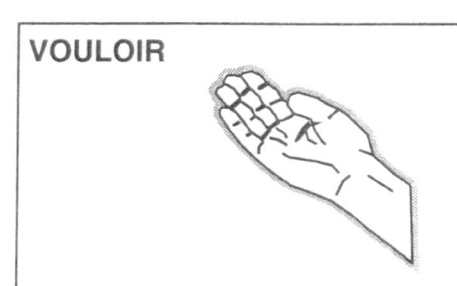

VOULOIR	je veux tu veux il veut elle veut on veut nous voulons vous voulez ils veulent elles veulent	je peux tu peux il peut elle peut on peut nous pouvons vous pouvez ils peuvent elles peuvent	POUVOIR

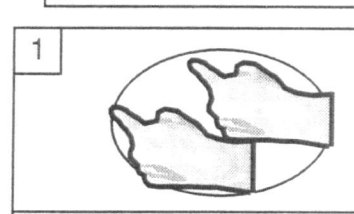

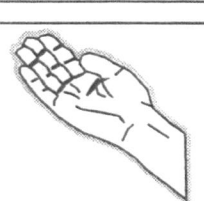

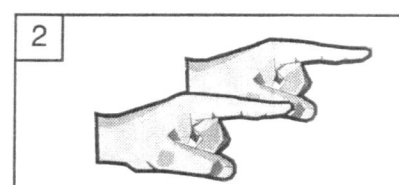

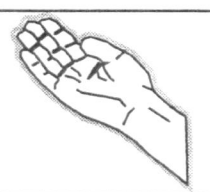

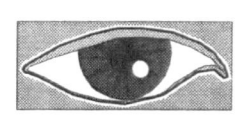

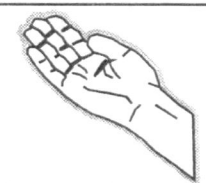

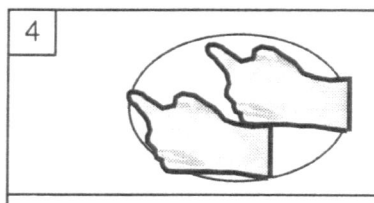

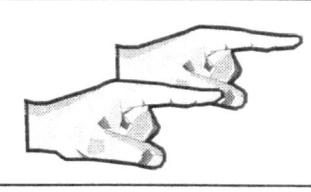

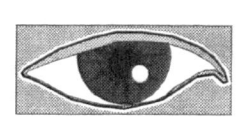

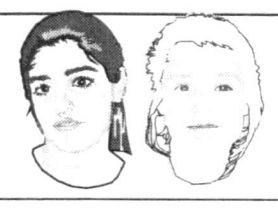

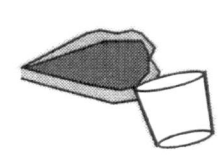

65

7

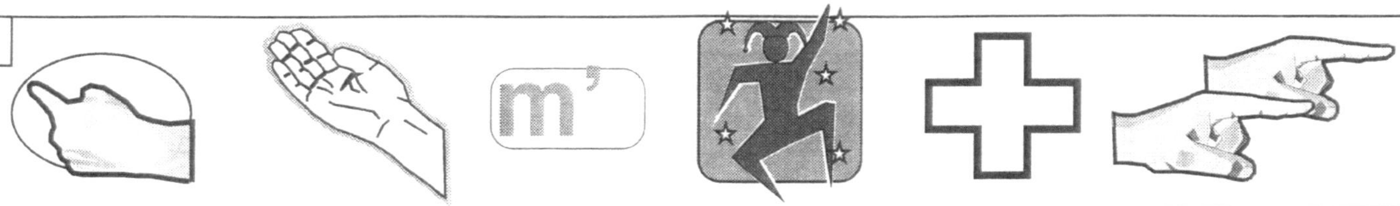

8

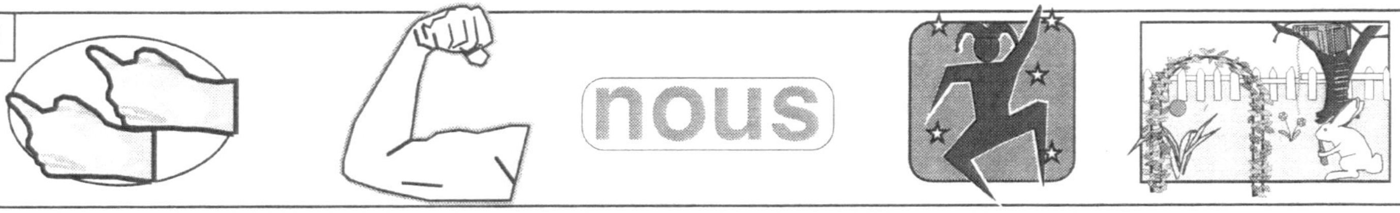

9

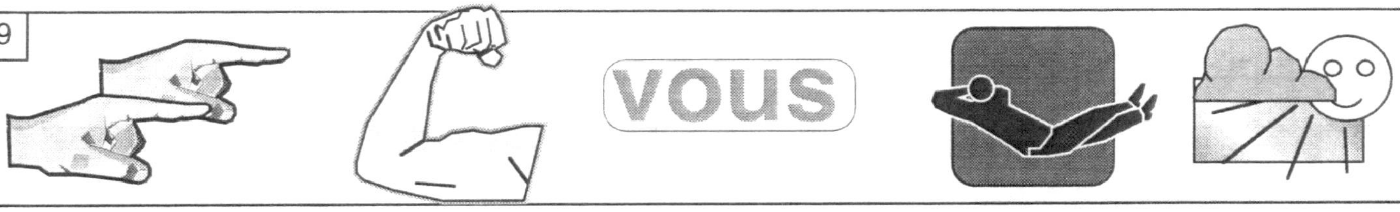

10

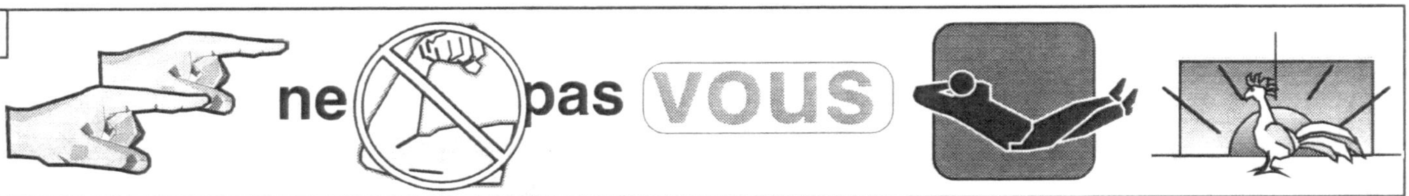

11

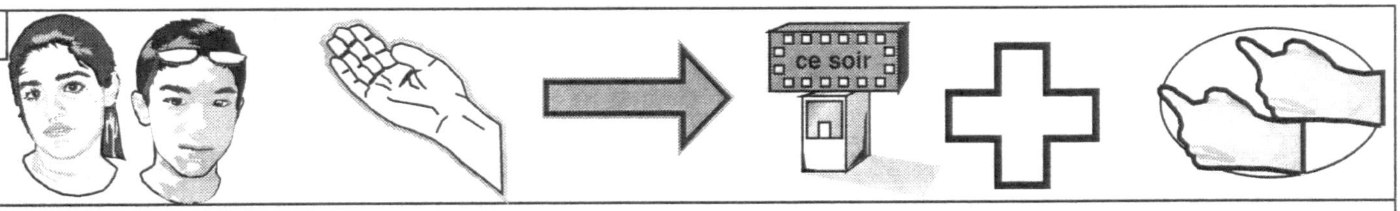

12

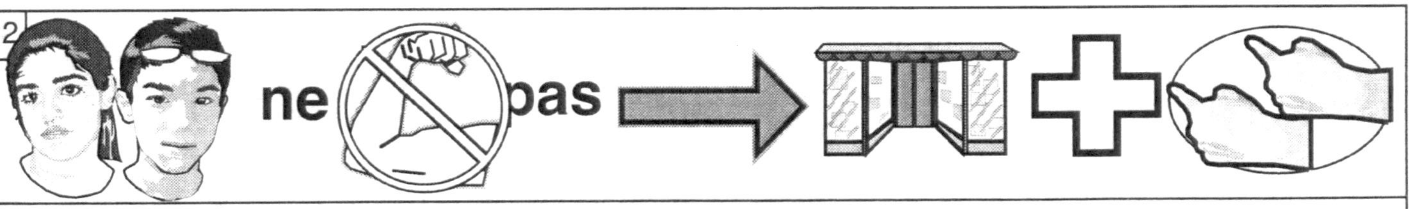

13

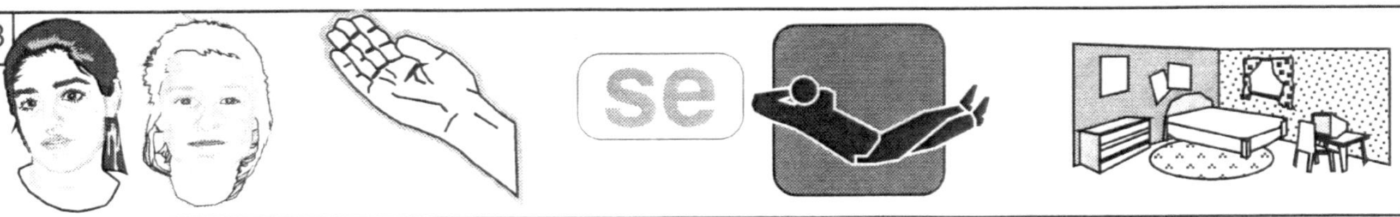

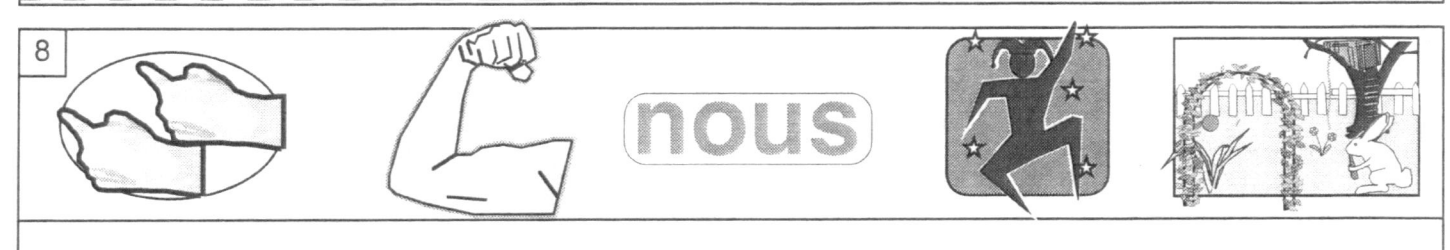

Questions and answers

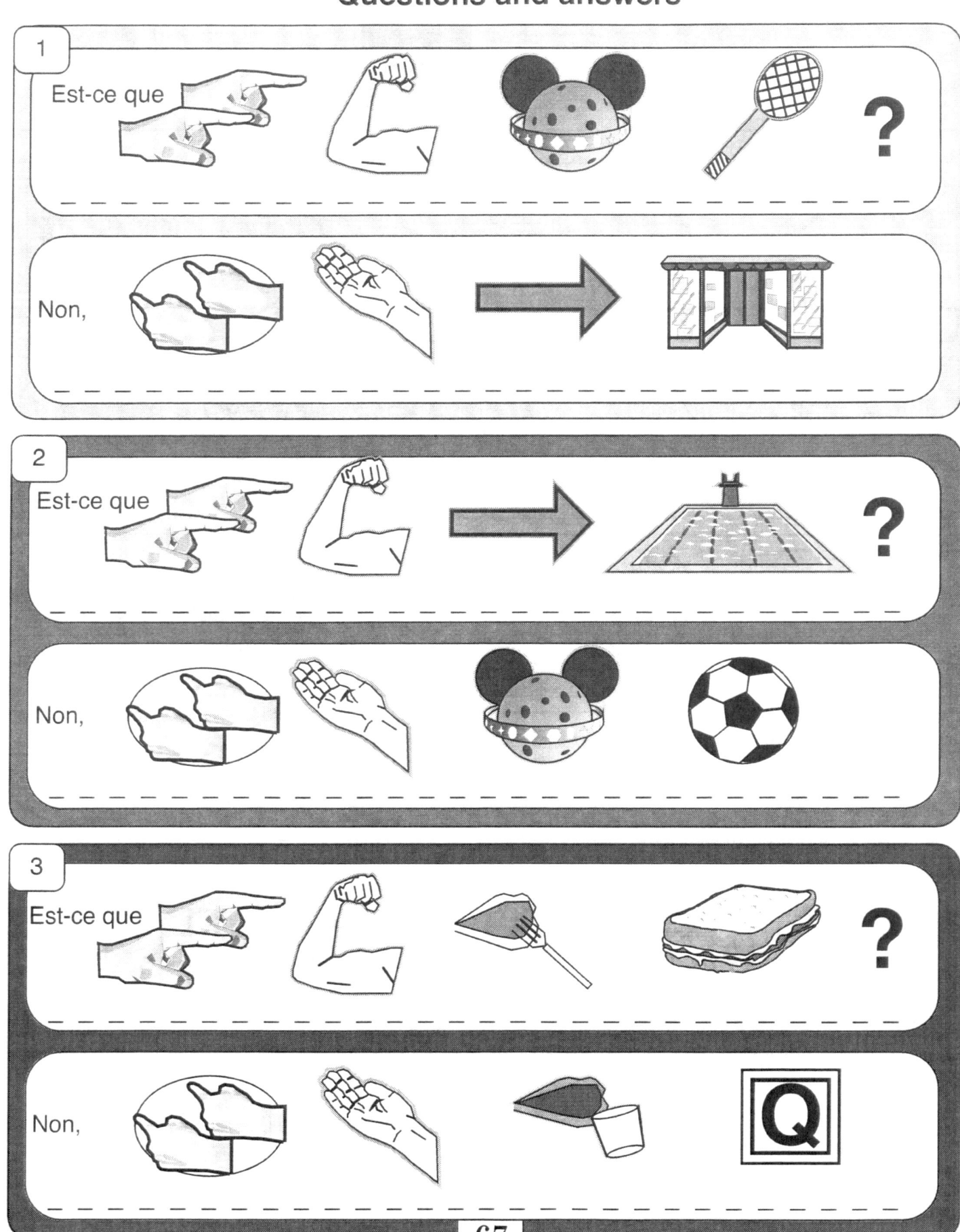

1
Est-ce que ...

Non, ...

2
Est-ce que ...

Non, ...

3
Est-ce que ...

Non, ...

Look at Christine and Nathalie, describe the pictures orally and then match them with the text on page 69.

Match the sentences to the captions on page 68 and write them below.

Elles repartent* dans le chambre.
Est-ce que tu as des biscuits?
On va dans ma chambre.
Est-ce que tu veux boire quelque chose ?
Christine et Nathalie regardent la télé dans la chambre.
D'accord.*
Elles ouvrent* le frigo.
Oui. Est-ce que tu veux venir* avec moi ?
Tiens.* J'ai des biscuits au chocolat.
Super ! Est-ce que je peux prendre la boite avec moi ?
Oui, j'ai soif. Est-ce que tu as du jus d'orange ?
D'accord.
Je regarde.

*repartent...return
*ouvrent....open
*venir........come
*Tiens........here, take this...
*d'accord... sure, fine, OK.

1:..
2:..
3:..
4:..
5:..
6:..
7:..
8:..
9:..
10:...
11:...
12:...
13:...

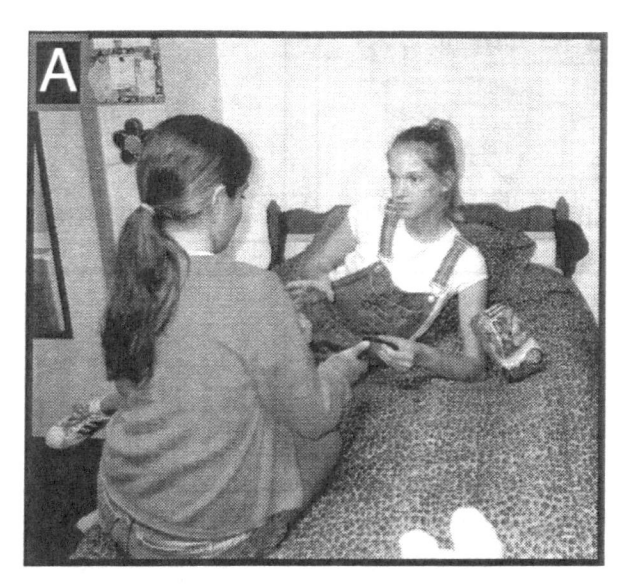

A   Answer in full sentences.

1   Est-ce qu'elles sont dans le cuisine ?

....

2   Est-ce qu'elles mangent des frites ?

....

3   Est-ce qu'elles lisent quelque chose ?

....

4   Est-ce qu'elles sont amies ?

....

B   Check the correct sentences.
(watch for typos)

1   Christine et Nathalie mange dans le chambre.
2   Nathalie est l'amie de Christine.
3   Christine et Nathalie mangent des biscuits.
4   La télé est dans la cuisine.
5   Elles regardent l'ordinateur.
6   Elles vont dans la chambre.
7   Elles sont dans la chambre.

C   Fill the blanks.

Na..........ie est con.............e parce que C............ne a des bis..........ts au chocolat. E......s rep..........ent d......s la ch...........re de Christine et elles vont re.............er la télé et boire du j..... d'................e ensemble.

Des objects dans la classe.

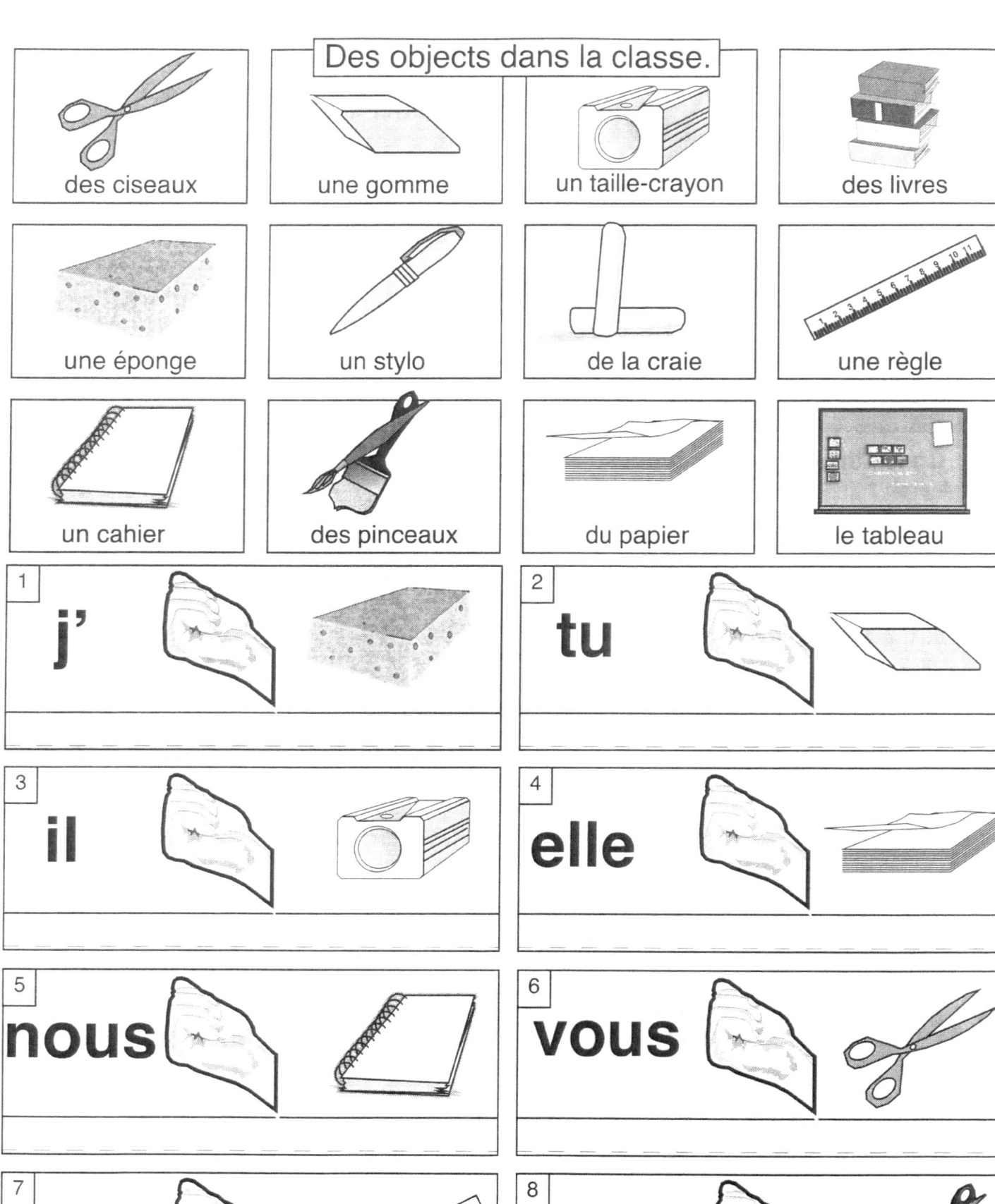

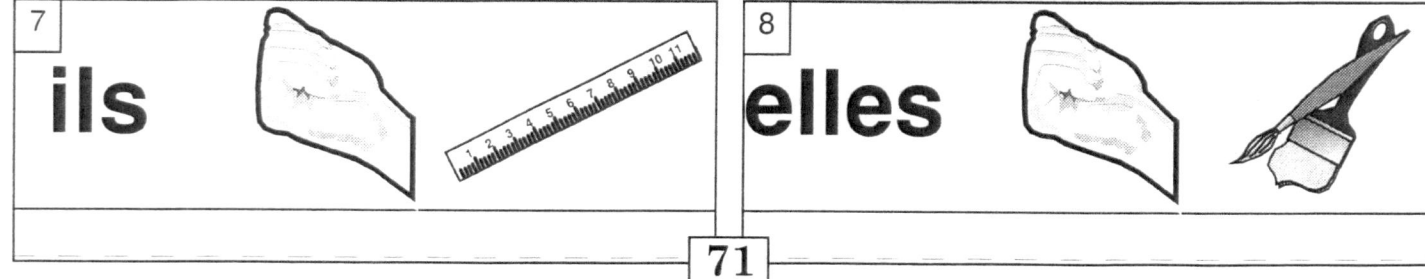

des ciseaux	une gomme	un taille-crayon	des livres
une éponge	un stylo	de la craie	une règle
un cahier	des pinceaux	du papier	le tableau

1. j'
2. tu
3. il
4. elle
5. nous
6. vous
7. ils
8. elles

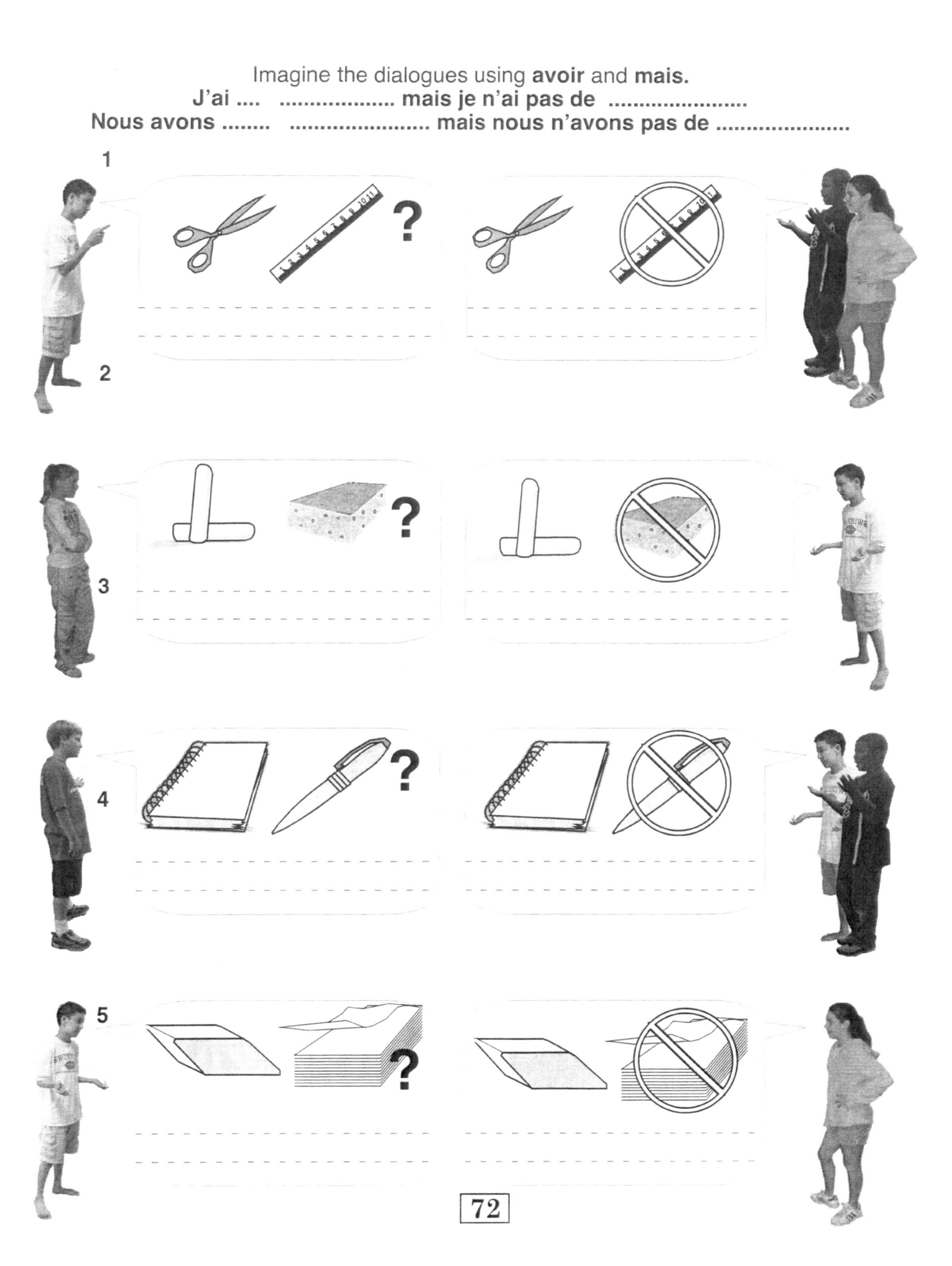

Imagine the dialogues using **avoir** and **mais**.

J'ai .... mais je n'ai pas de ....

Nous avons .... mais nous n'avons pas de ....

72

je voudrais .... , vous avez .... ?
Oui, nous avons................., non nous n'avons pas de............
imagine the dialogues below and write them on the next page.

je voudrais .... , vous avez .... ?
Oui, nous avons................., non nous n'avons pas de...........

1...
.... ?
Oui, ...
Non, ...

2...
.... ?
Oui, ...
Non, ...

3...
.... ?
Oui, ...
Non, ...

4...
.... ?
Oui, ...
Non, ...

5...
.... ?
Oui, ...
Non, ...

6...
.... ?
Oui, ...
Non, ...

* with elementary students, live the sentences as : " Vous avez une éponge ?"
"Oui, nous avons une éponge."

personal questions

students will read the questions about themselves and answer them.

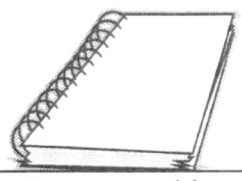

1. Est-ce que tu as un cahier ?

2. Est-ce que tu as des lunettes de soleil ?

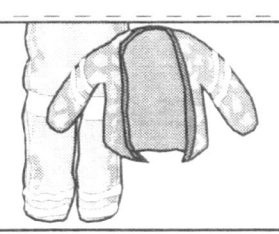

3. Est-ce que tu as un survêtement ?

4. Est-ce que tu as un ordinateur ?

5. Est-ce que tu as une soeur ?

6. Est-ce que tu as un stylo ?

7. Est-ce que tu as un jardin ?

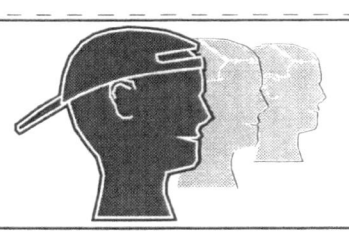

8. Est-ce que tu as un cousin ?

9. Est-ce que tu as une cousine ?

10. Est-ce que tu as des outils ?

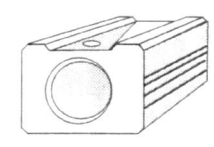

11. Est-ce que tu as un taille crayon ?

12. Est-ce que tu as un frère ?

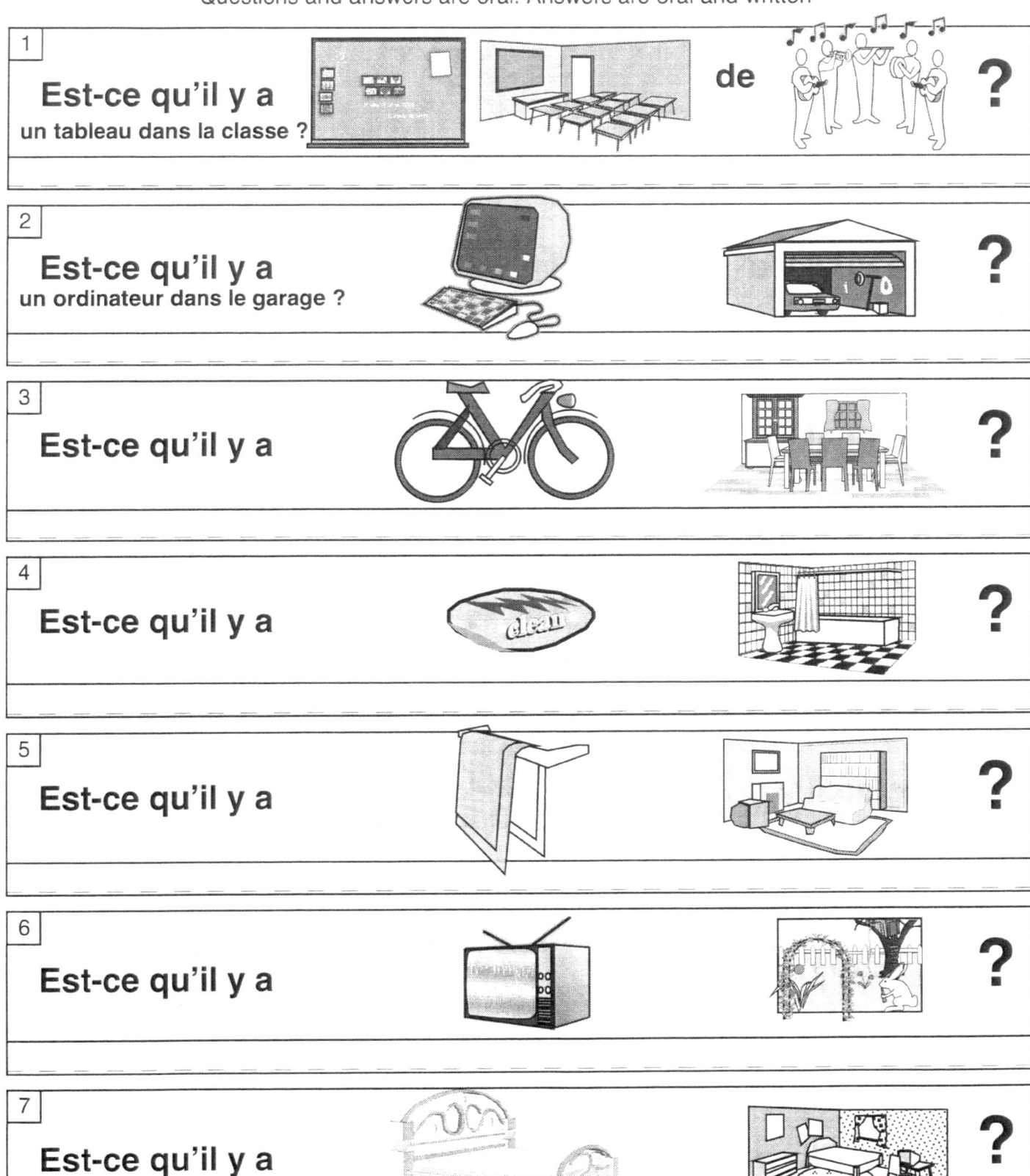

il y a...
il n'y a pas de

en classe
dans la classe

Questions and answers are oral. Answers are oral and written

1. **Est-ce qu'il y a** un tableau dans la classe ? ... de ... ?

2. **Est-ce qu'il y a** un ordinateur dans le garage ?

3. **Est-ce qu'il y a** ... ?

4. **Est-ce qu'il y a** ... ?

5. **Est-ce qu'il y a** ... ?

6. **Est-ce qu'il y a** ... ?

7. **Est-ce qu'il y a** ... ?

il y a...
il n'y a pas de

Write the most logical answers to these questions.

8. Est-ce qu'il y a [arbre] [terrain de jeu] ?

9. Est-ce qu'il y a [gâteau] [réfrigérateur] ?

10. Est-ce qu'il y a [couverts] [cuisine] ?

11. Est-ce qu'il y a [salle de bains] [maison] ?

12. Est-ce qu'il y a [?] [salle de classe] de [drapeau français] ?

13. Est-ce qu'il y a [éponge] [garage] ?

14. Est-ce qu'il y a [casseroles] [jardin] ?

révision

A Write the infinitives of these verbs.
Clue: they are below the pictures, upside down.

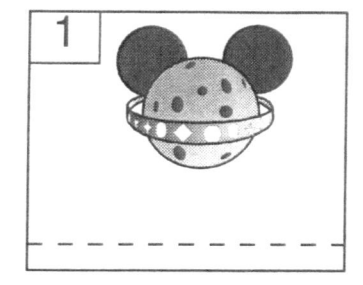

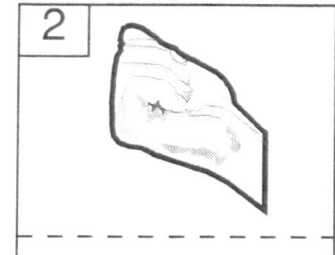

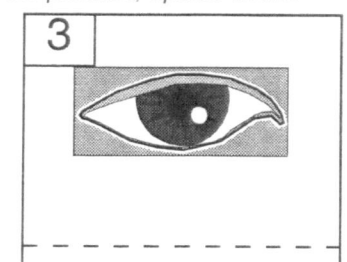

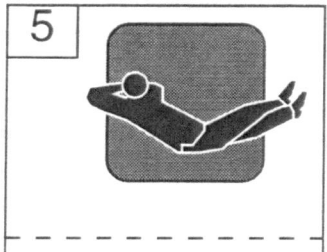

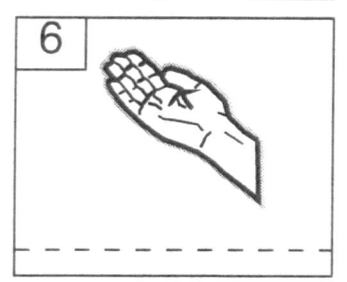

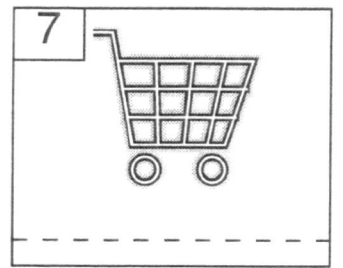

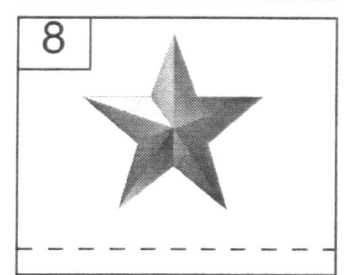

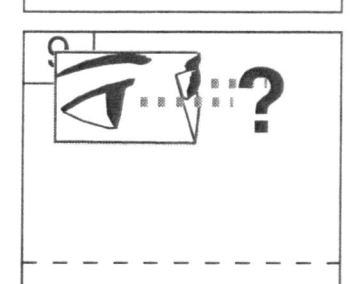

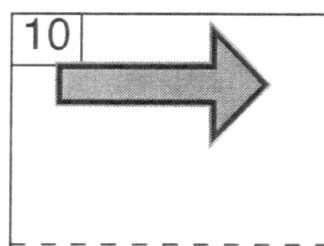

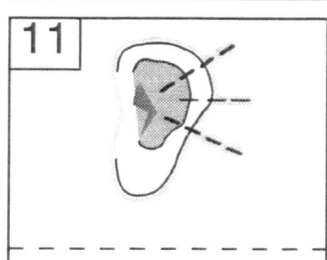

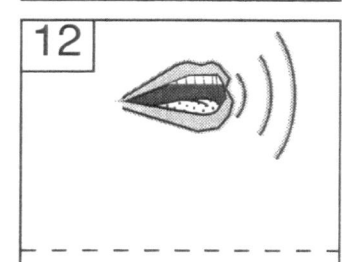

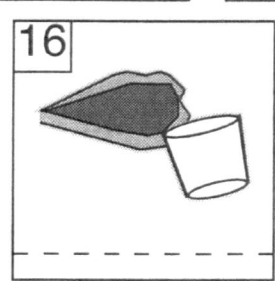

vouloir---boire----se reposer----acheter----aimer-----aller-----être-----porter----écouter
pouvoir----s'amuser----chercher------manger----regarder----jouer-----avoir---parler

B Match the appropriate pronoun to these verbs.

1	.... mangent	7	.... a
2	.... vas	8	....'amusent
3	.... suis	9	.... ont
4	.... aimez	10	.... sommes
5	.... joue	11	.... allons
6	.... achetons	12	.... êtes

13	.... achètes	23	.... amusez
14	.... jouent	24	.... parles
15	.... avez	25	.... vont
16	.... regardes	26	.... portent
17	.... avons	27	.... reposez
18	.... est	28	.... sont
19	.... es	29	.... amuse
20	.... ai	30	.... allez
21	.... parlez	31	.... écoutez
22	.... écoutons	32	.... reposons

C Conjugate the following verbs

1 **nous** être ....
2 **j'** avoir ....
3 **vous** aller ....
4 **tu** être ....
5 **ils** aller ....
6 **nous** aimer ....
7 **nous** avoir ....
8 **on** manger ....
9 **elles** être ....
10 **nous** aller ....

11 **nous** jouer ....
12 **je** être ....
13 **on** aller ....
14 **elles** aimer ....
15 **vous** manger ....
16 **il** avoir ....
17 **ils** jouer ....
18 **je** aller ....
19 **tu** aimer ....
20 **vous** avoir ....

D Place the words in the correct order

1 ce   vous   amusez   au   vous   parc   matin
....

2   le   les   de   sont   Philippe   dans   garage   outils
....

3   la   que avez de   est-ce   craie ?   vous
....

4   elles   reposent   se   parce   sont   fatiguées   qu'elles
....

Lesson 12

an
- un banc
- des sandales
- du jus d'orange
- des rangs

am
- une chambre
- une jambe
- une lampe
- une rampe

ai
- du lait
- je sais
- une maison
- un balais

ain
- un train
- une main
- du pain
- un bain

aill
- un taille-crayon
- une paille
- un maillot
- je travaille

eau
- des pinceaux
- un bureau
- des ciseaux
- un tableau

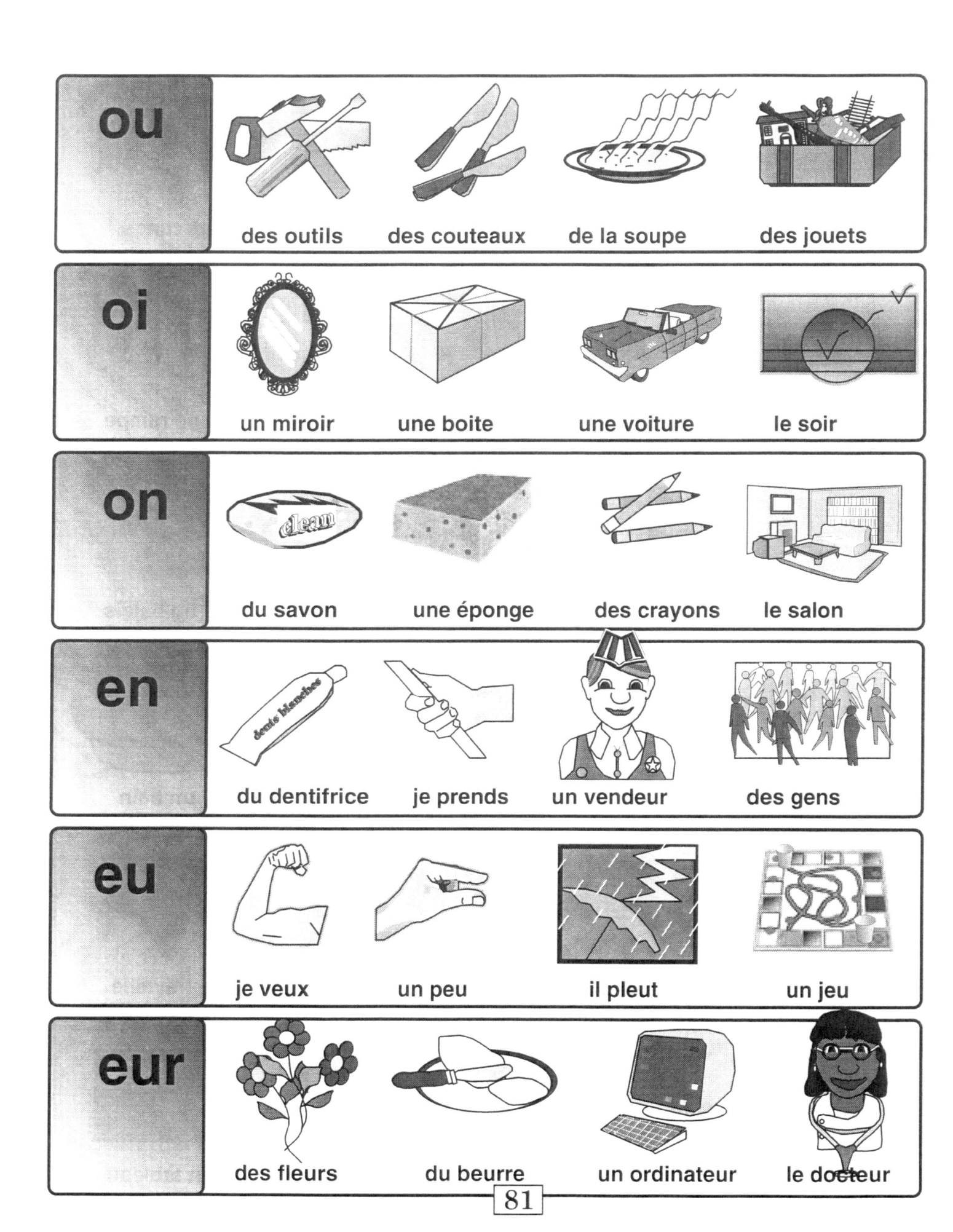

ou	des outils	des couteaux	de la soupe	des jouets
oi	un miroir	une boite	une voiture	le soir
on	du savon	une éponge	des crayons	le salon
en	du dentifrice	je prends	un vendeur	des gens
eu	je veux	un peu	il pleut	un jeu
eur	des fleurs	du beurre	un ordinateur	le docteur

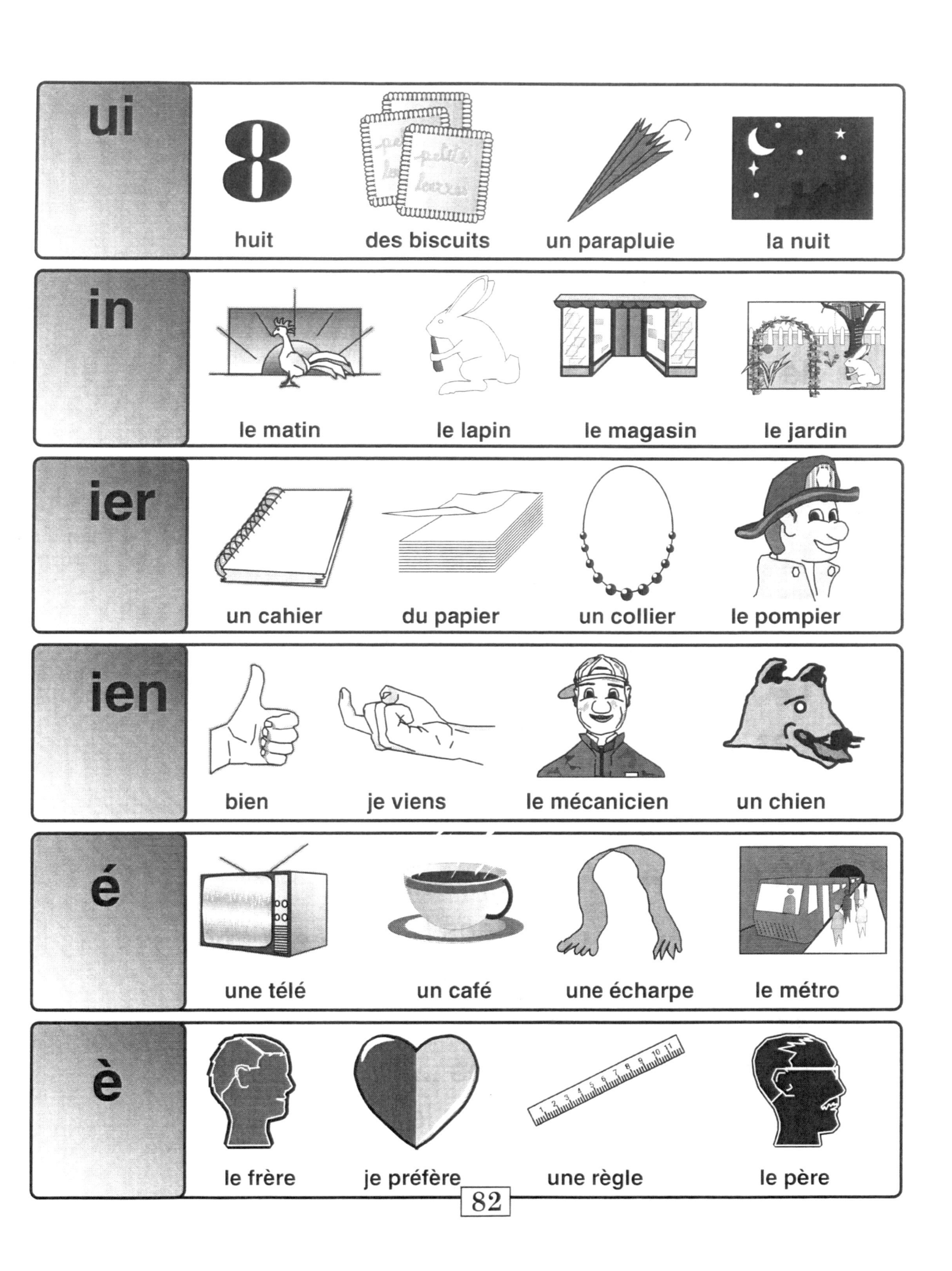

ui	huit	des biscuits	un parapluie	la nuit
in	le matin	le lapin	le magasin	le jardin
ier	un cahier	du papier	un collier	le pompier
ien	bien	je viens	le mécanicien	un chien
é	une télé	un café	une écharpe	le métro
è	le frère	je préfère	une règle	le père

Dictée
Ecoutez et écrivez

1 Le .... est dans le parc
2 Le .... boit un ....
3 Les .... sont dans la ....
4 le .... prend le ....
5 Le .... est dans la ....
6 Le .... est dans la salle de ....
7 Je .... avec un ....
8 Le .... est dans le frigo.
9 Le .... a un ....
10 Les .... sont dans le ....
11 Le .... est dans la cuisine.
12 Les .... sont dans le parc.
13 Je regarde le ....
14 Aujourd'hui il ....
15 La fille porte un ....
16 La .... est dans le ....
17 Le .... est dans la ....
18 Je .... le ....
19 Le .... a des ....
20 La .... est dans le ....

Refer to pages 80 to 82 and complete this crossword puzzle.

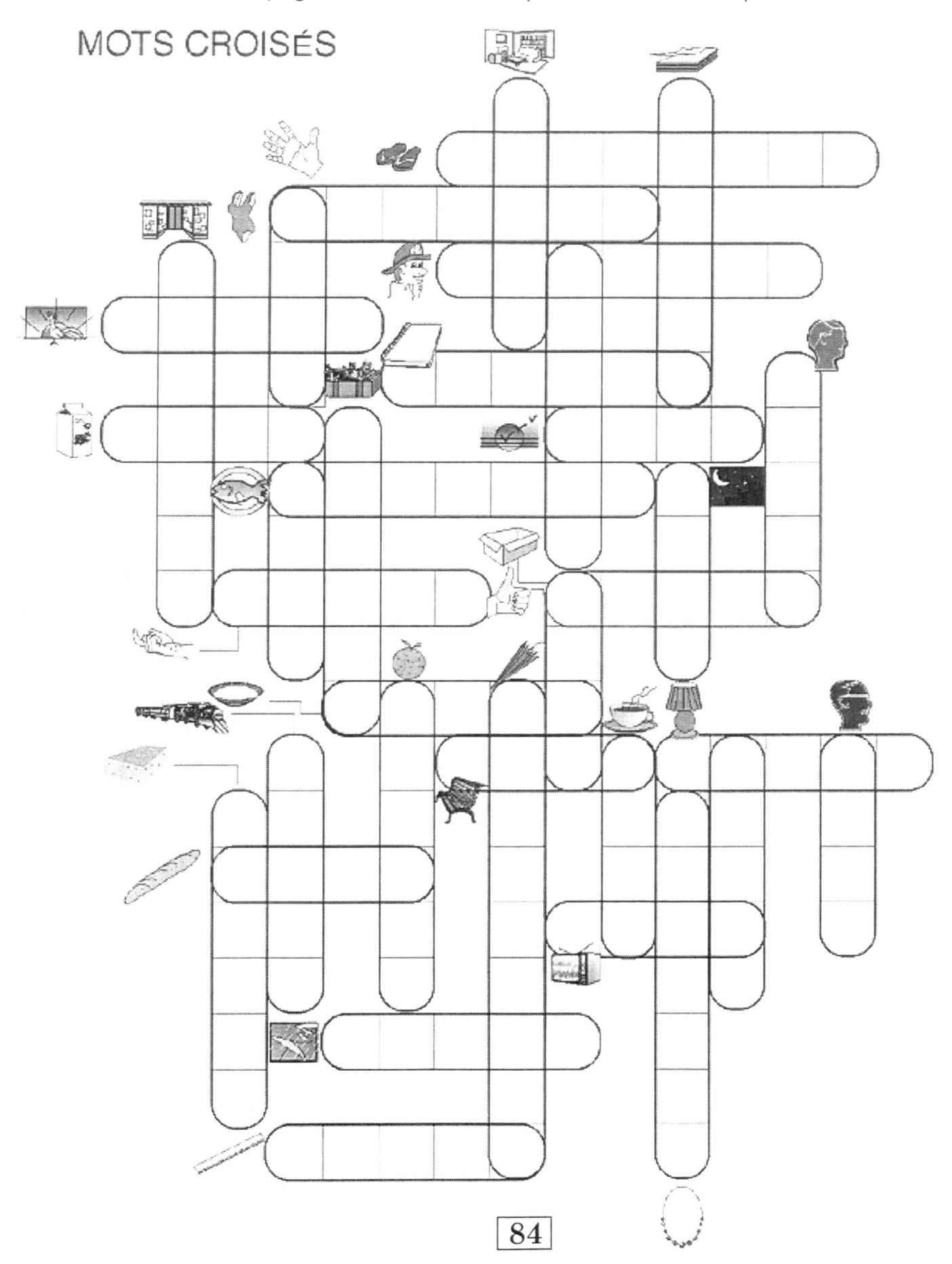

MOTS CROISÉS

Un dîner chez Sophie

Sylvie est chez Sophie.
Elles jouent au jeu de monopoly.
La mère de Sophie arrive* et demande*:

..........*arrives..........*asks

La mère	Est-ce que vous voulez manger quelque chose ?
Sophie	Oui, nous avons très faim.
La mère	J'ai du poulet* ou une quiche lorraine. Qu'est-ce que vous préférez*? ....*chicken ....*prefer
Sylvie	Moi je préfère la quiche lorraine.
Sophie	Moi je préfère le poulet. Est-ce que nous pouvons faire* des frites ?
La mère	D'accord,* si vous voulez faire la cuisine. ....*OK
Sylvie	Oui, moi j'aime beaucoup faire la cuisine.
La mère	Est-ce que tu peux rester chez nous ce soir ?
Sylvie	Je vais demander à ma mère.
Sylvie	Allo maman ? C'est moi, Sylvie. Est-ce que je peux rester chez Sophie ce soir ?
Sa mère	Ce soir ? Mais vous allez à l'école demain*. ....*tomorrow
Sylvie	Non maman, demain c'est mercredi. On n'a pas classe.
Sa mère	D'accord, à demain.
Sylvie	Je peux ? Super, à demain maman.

Complétez:
1. Les amies .... à un jeu.
2. Elles font des frites dans la ....
3. Sylvie téléphone à sa ....
4. Sylvie peut .... chez Sophie.
5. Sylvie préfère ....
6. Sophie .... le poulet mais elle veut .... des frites.
7. Demain elles ne .... pas à .... parce que c'est ....

85

Listen to the teacher and check the appropriate number for each sentence.

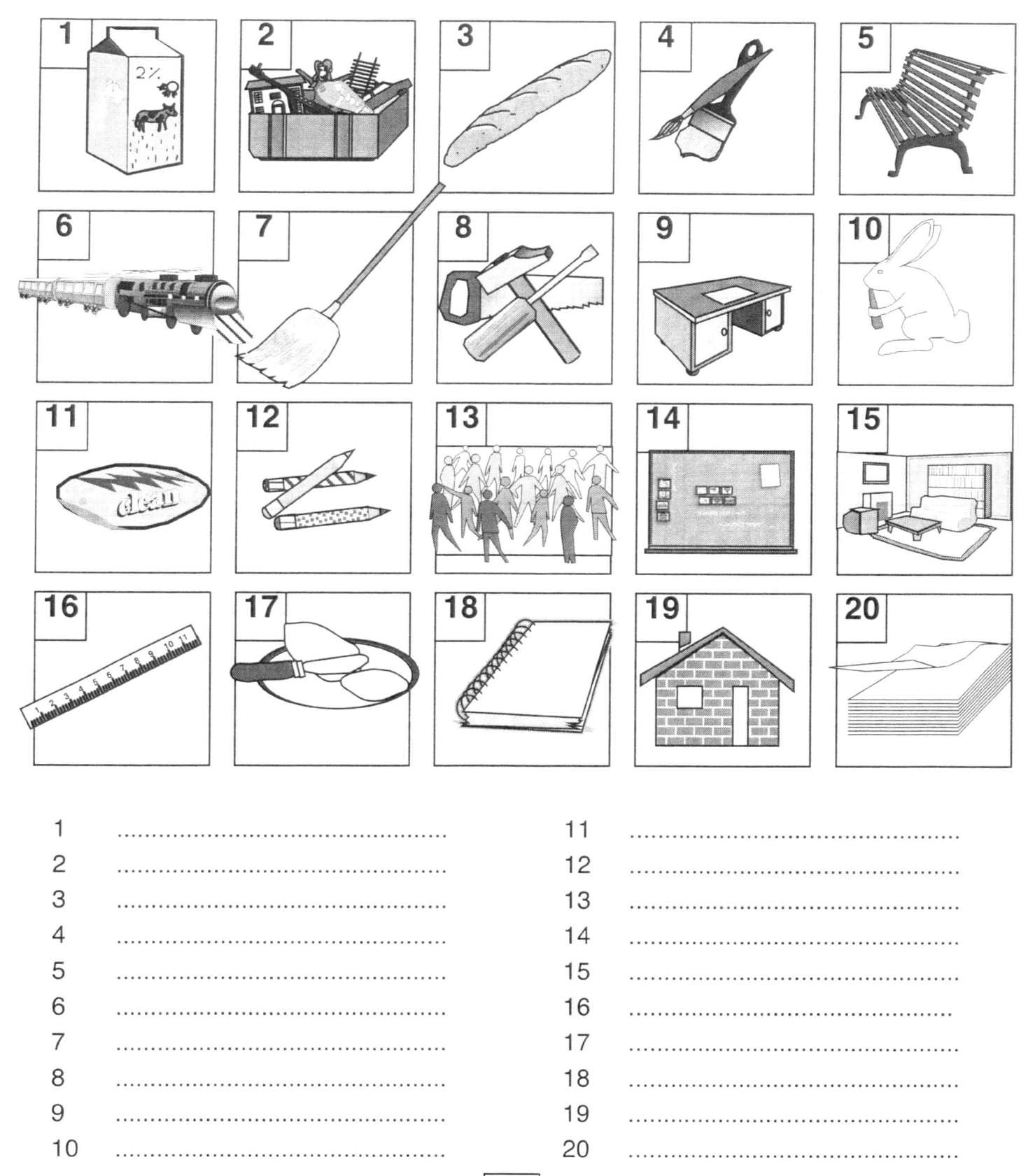

1	....	11	....
2	....	12	....
3	....	13	....
4	....	14	....
5	....	15	....
6	....	16	....
7	....	17	....
8	....	18	....
9	....	19	....
10	....	20	....

Lesson 13 Verbs in *"ENDRE"*

comprendre — attendre — prendre

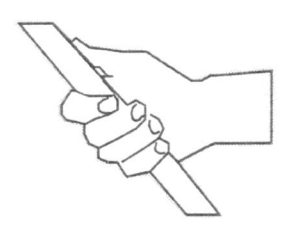

je compr**ends**	j'att.............	je pr.............
tu compr**ends**	tu att.............	tu pr.............
il compr**end**	il att.............	il pr.............
elle compr**end**	elle att.............	elle pr............
on compr**end**	on att.............	on pr.............
nous compren**ons**	nous attend......	nous pren........
vous compren**ez**	vous attend........	vous pren..........
ils comprenn**ent**	ils attend...........	ils prenn.........
elles comprenn**ent**	elles attend......	elles prenn......

87

Practicing **COMPRENDRE**

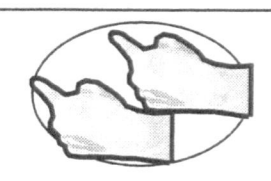

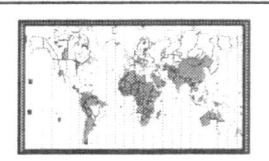

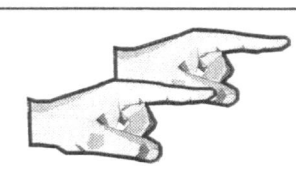

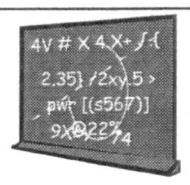

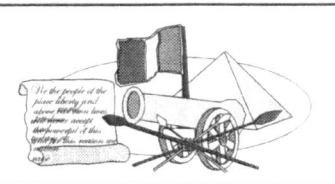

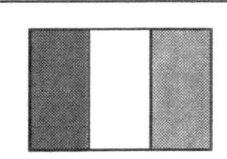

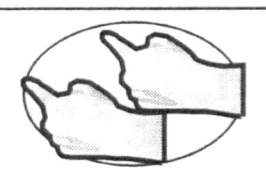

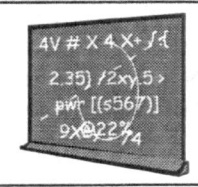

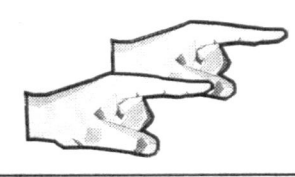

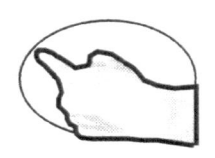

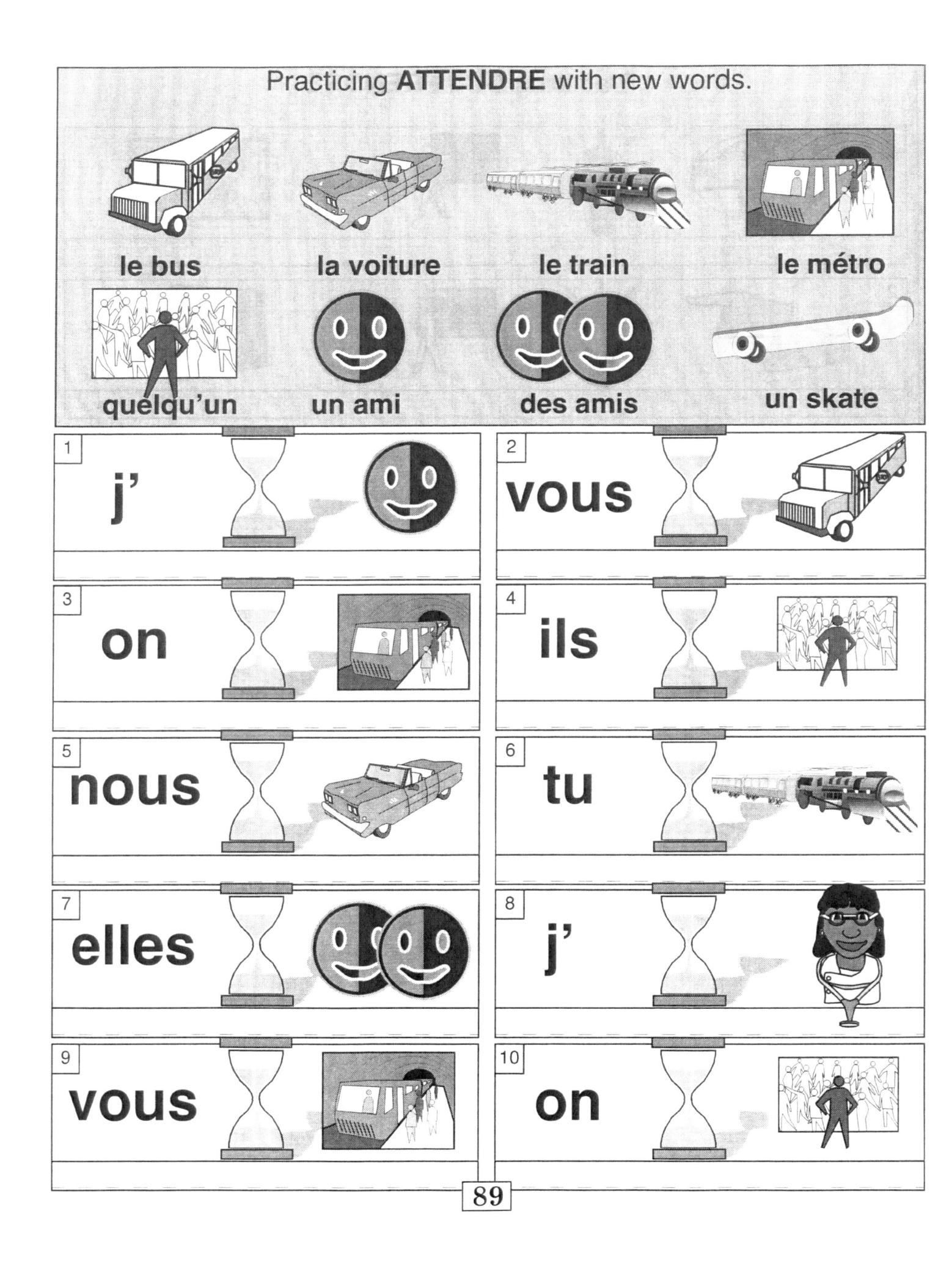

Practicing **ATTENDRE** with new words.

le bus — **la voiture** — **le train** — **le métro**

quelqu'un — **un ami** — **des amis** — **un skate**

1. j' … un ami
2. vous … le bus
3. on … le métro
4. ils … quelqu'un
5. nous … la voiture
6. tu … le train
7. elles … des amis
8. j' …
9. vous … le métro
10. on … quelqu'un

Practicing PRENDRE with new words.

#	Subject	Image
1	je	bus
2	vous	saw
3	on	bathtub
4	ils	subway/train tunnel
5	nous	car
6	tu	train
7	elles	football (clean)
8	je	notebook
9	vous	ruler
10	on	skateboard
11	nous	board game
12	il	can (of fish)
13	elles	skateboard
14	vous	tissue box

90

Use either PRENDRE, COMPRENDRE or ATTENDRE.

1. il ? (blackboard/math)
2. nous ? (bus)
3. elles ? (sponge)
4. on ? (train)
5. vous ? (doctor)
6. je ? (French flag)
7. tu ? (American flag)
8. vous ? (notebook)
9. nous ? (bus/taxi)
10. ils ? (broom)
11. elle ? (soap)
12. vous ? (crowd)
13. elles ? (world map)
14. nous ? (masks)

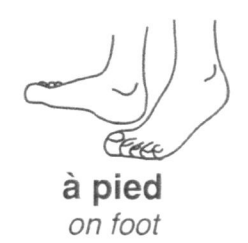

Comment allez-vous...?
Imagine these dialogues

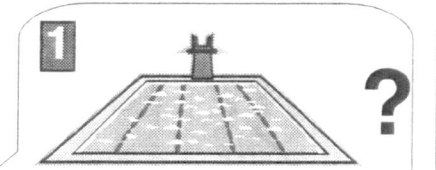

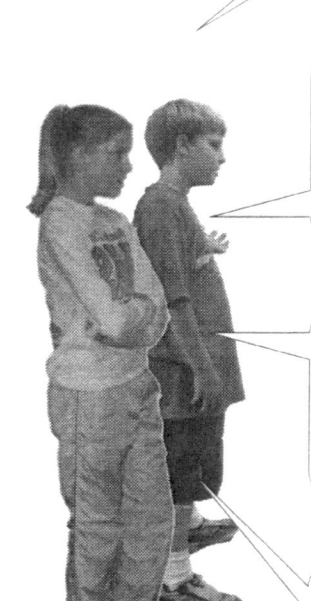

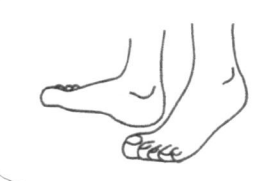

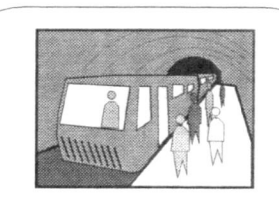

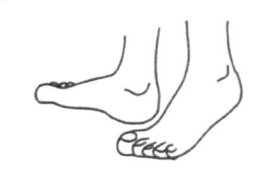

à pied
on foot

marcher
to walk

1	....?
	....

2	....?
	....

3	....?
	....

4	....?
	....

mais

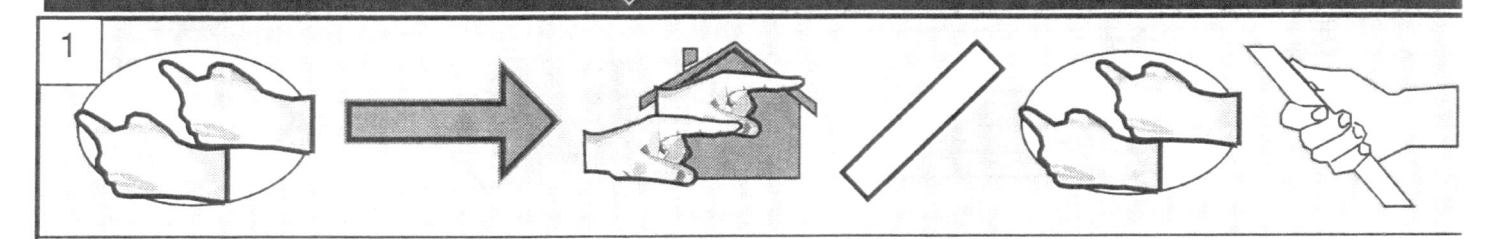

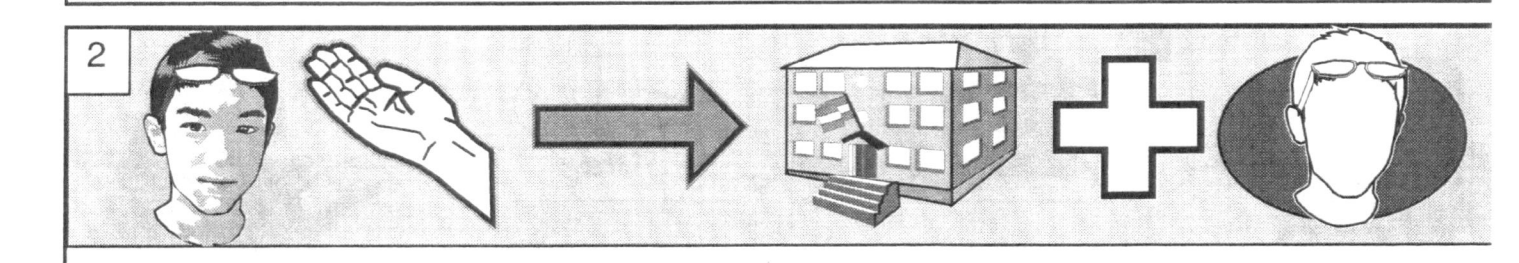

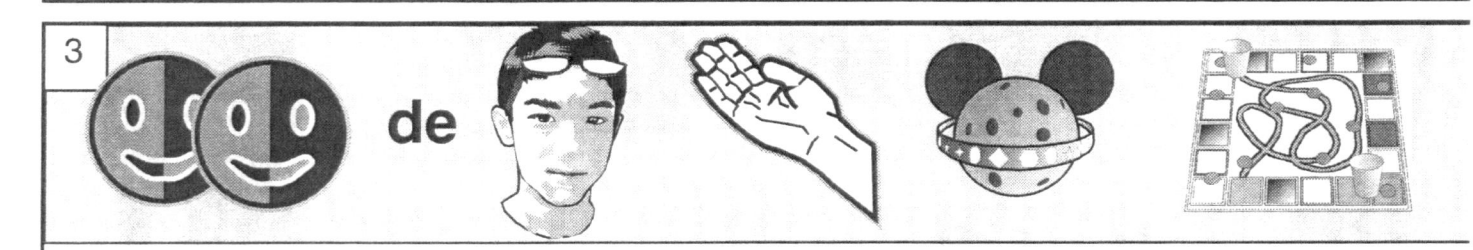

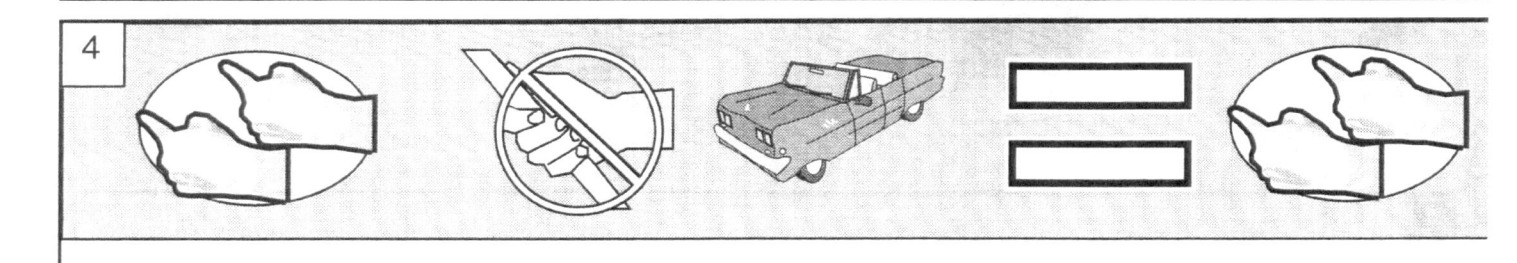

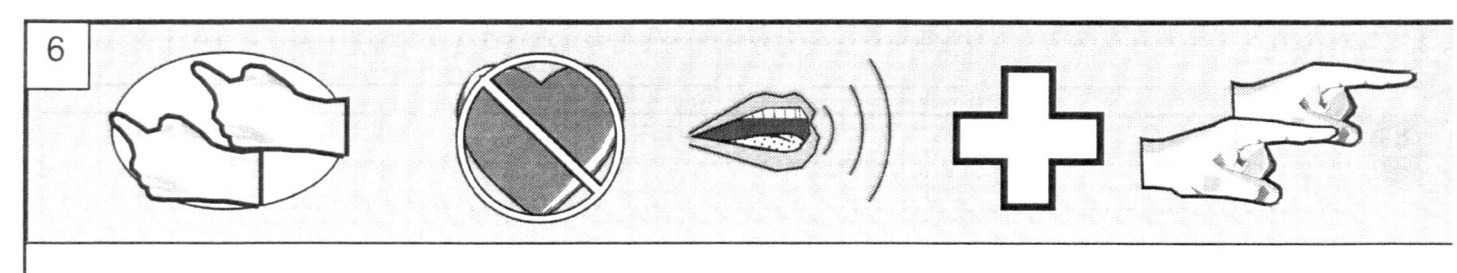

parce que

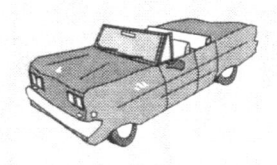

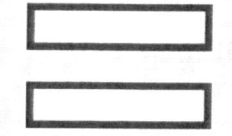

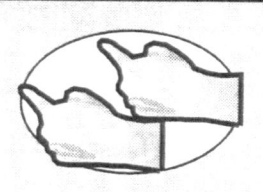

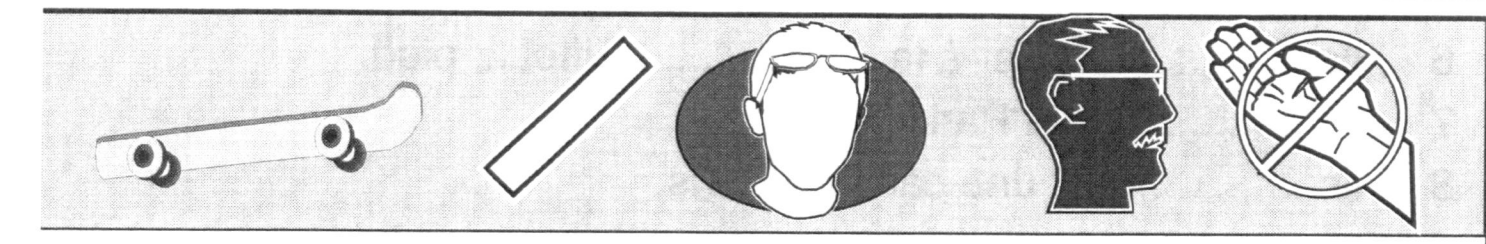

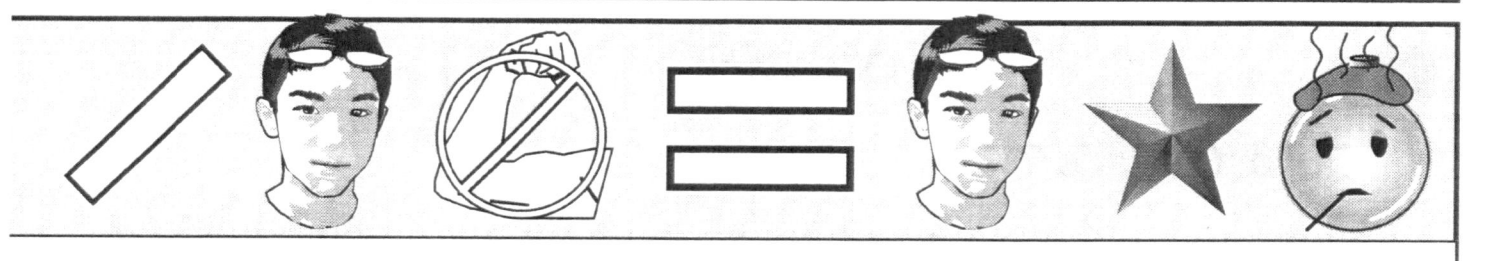

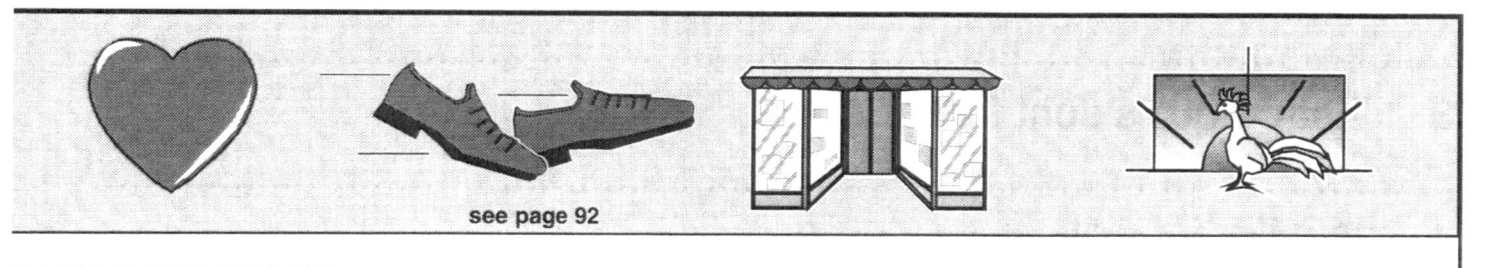

Deux touristes à Paris

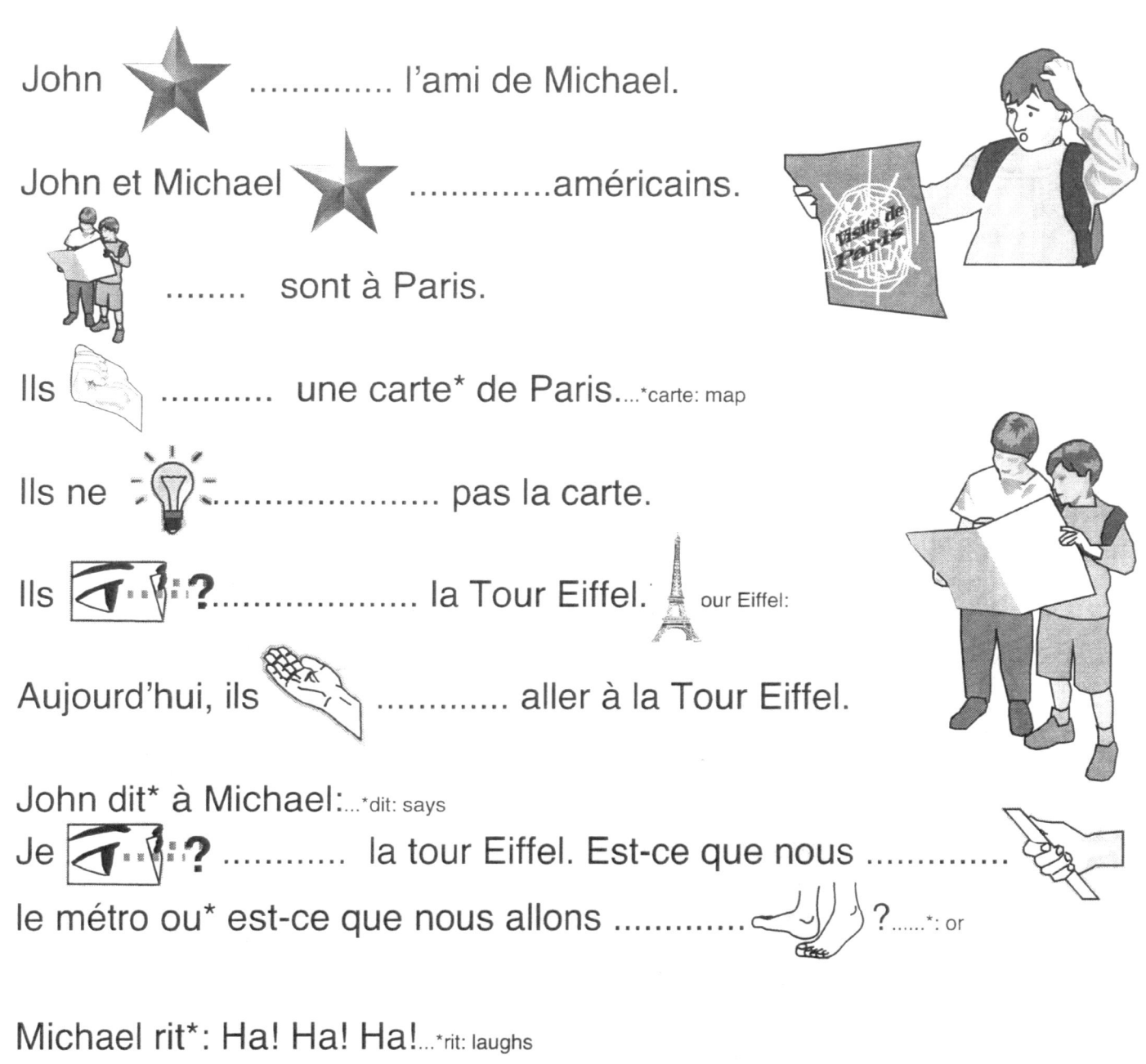

John ⭐ .... l'ami de Michael.

John et Michael ⭐ ....américains.

.... sont à Paris.

Ils ✋ .... une carte* de Paris. ...*carte: map

Ils ne 💡 .... pas la carte.

Ils 👁? .... la Tour Eiffel. 🗼 our Eiffel:

Aujourd'hui, ils ✋ .... aller à la Tour Eiffel.

John dit* à Michael: ...*dit: says
Je 👁? .... la tour Eiffel. Est-ce que nous ....
le métro ou* est-ce que nous allons .... 🦶? ......*: or

Michael rit*: Ha! Ha! Ha! ...*rit: laughs

John dit: Pourquoi est-ce que tu ris ?

Michael dit: 👁 ....! La Tour Eiffel
est ici.* ...*ici: here Nous 👁? .... la Tour Eiffel et
nous ⭐ .... à la Tour Eiffel !

95

1

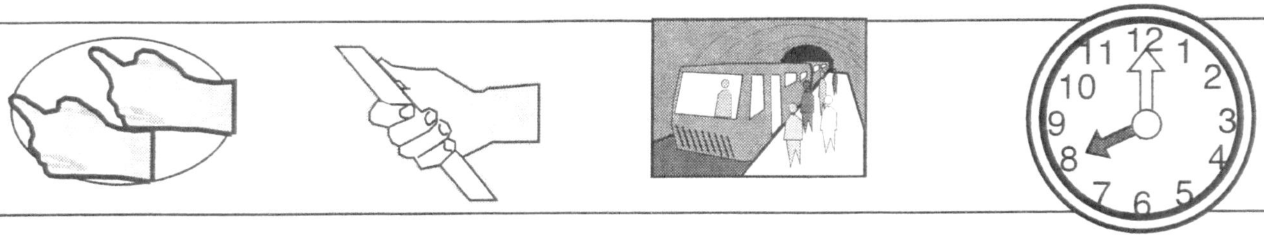

2

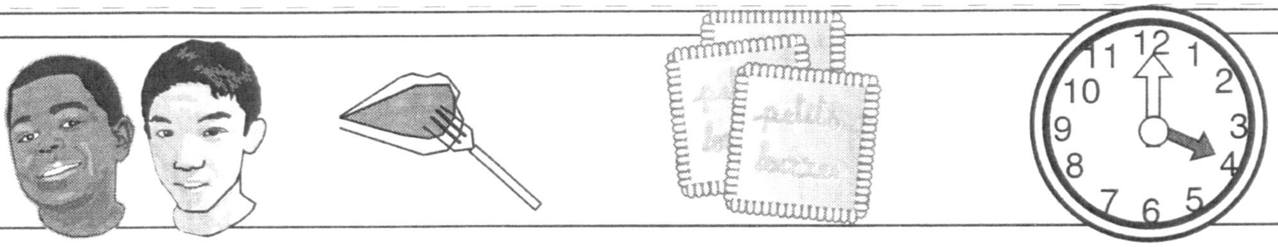

3

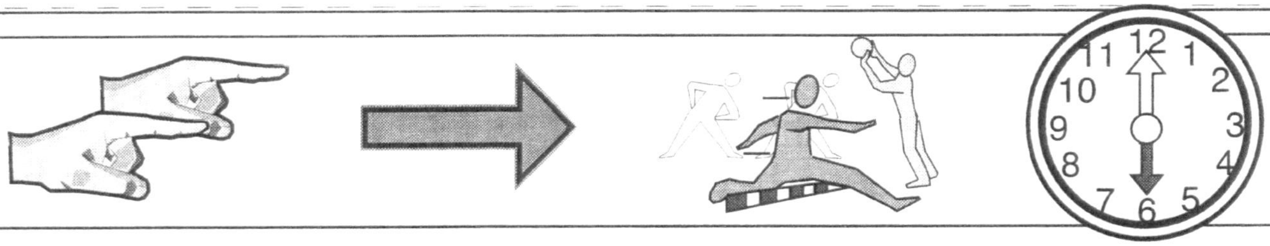

4

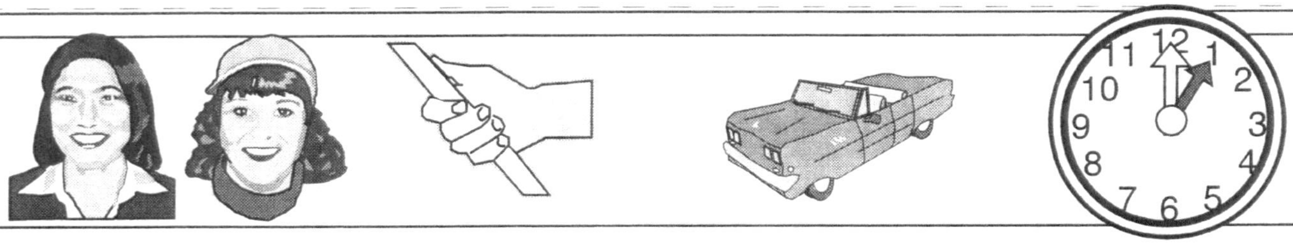

5

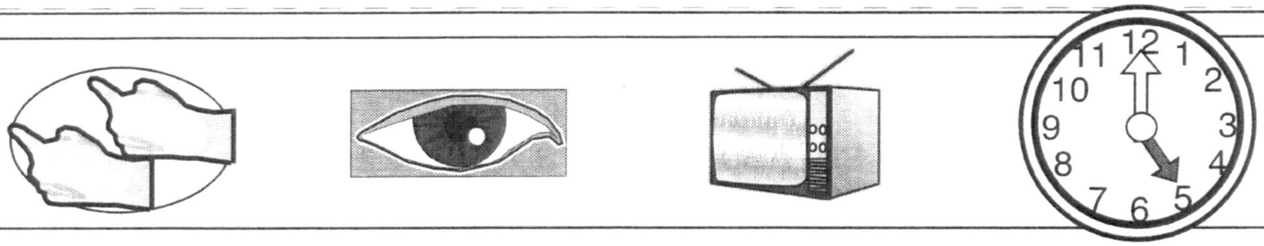

6

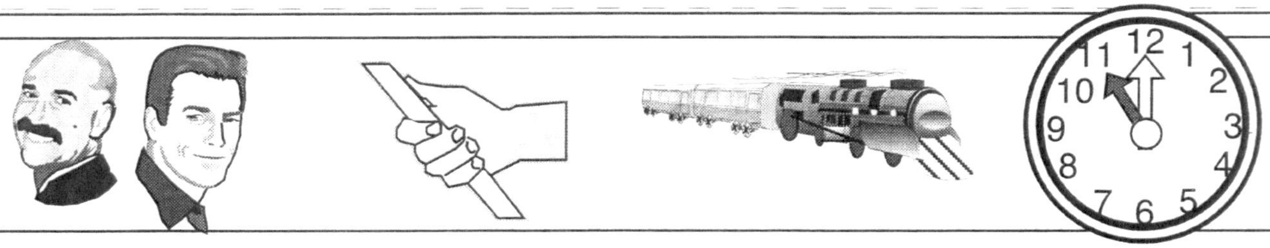

7

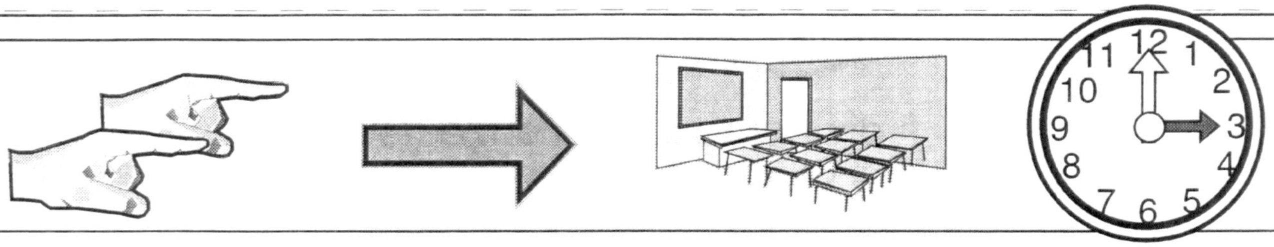

lesson 14

L'HEURE

Quelle heure est-il ?

à une heure
à treize heures

à deux heures
à quatorze heures

à trois heures
à quinze heures

à quatre heures
à seize heures

à cinq heures
à dix-sept heures

à six heures
à dix-huit heures

à sept heures
à dix-neuf heures

à huit heures
à vingt heures

à neuf heures
à vingt et une heures

à dix heures
à vingt-deux heures

à onze heures
à vingt trois heures

à midi
à minuit

97

A Complete the sentences

1. John est .... de Michael
2. John ne .... pas la carte.
3. John et Michael .... américains.
4. Michael ....: Ha! Ha! Ha!
5. John ....: Pourquoi est-ce que .... ris ?
6. Ils .... aller à la .... Eiffel ... pied.
7. Ils .... à Paris.
8. Ils .... une carte de Paris.

B Questions

1. Qui est à Paris ?

....

2. Est-ce qu'ils comprennent la carte ?

....

3. Est-ce qu'ils sont français ?

....

4. Qu'est-ce qu'ils cherchent ?

....

5. Pourquoi est-ce que Michael rit ?

....

C Place the words in the correct order.

| prennent | ils | le | et | métro | à la Tour | vont | ils | Eiffel |

| une carte | ils ont | de | mais | ils | Paris | comprennent | pas | ne |

Memory Exercise

l'après-midi — 5 heures • 4 heures • 3 heures • 2 heures • 1 heure

le matin — 9 heures • 10 heures • 11 heures • midi

Qu'est-ce qu'ils font aujourd'hui ?
Didier & Michel are having a busy day. In this exercise, you will memorize what they did and the time they did it. Example: À neuf heures ils prennent le bus, à dix heures ils...
Once you memorize it, you will tell the teacher without looking at this page.

Lesson 15

LIRE

je lis	nous lisons
tu lis	vous lisez
il / elle lit	ils lisent
on lit	elles lisent

ÉCRIRE

j'écris	nous écrivons
tu écris	vous écrivez
il / elle écrit	ils écrivent
on écrit	elles écrivent

LIRE
conjugate this verb with these pronouns

nous	ils ....
on	elle ....
vous	tu ....
elles	je ....

ÉCRIRE
conjugate this verb with these pronouns

tu	vous ....
j'	on ....
nous	ils ....
elle	il ....

100

Practicing LIRE & ÉCRIRE with these words.

- un magazine 
- une lettre 
- une bande dessinée
- un livre 
- une note
- une phrase

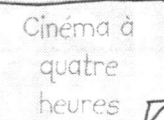

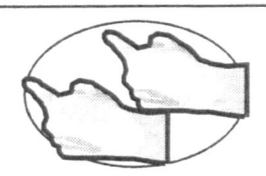

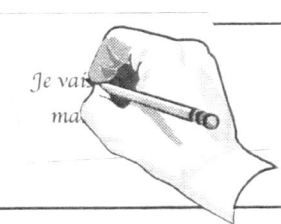

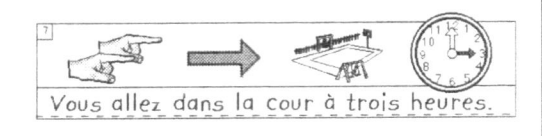

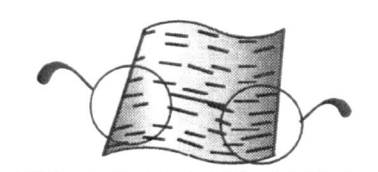

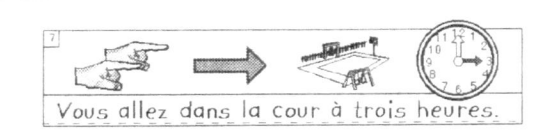

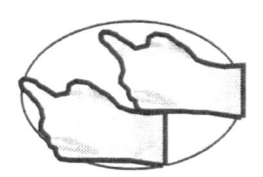

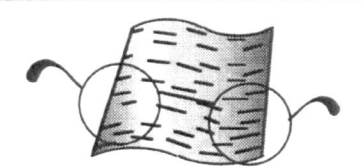

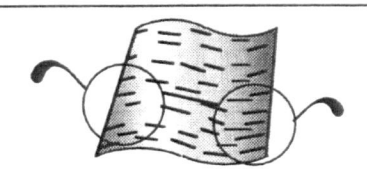

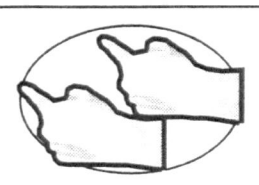

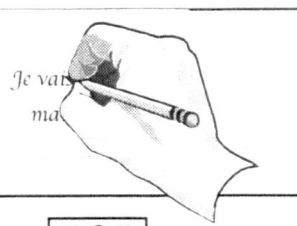

102

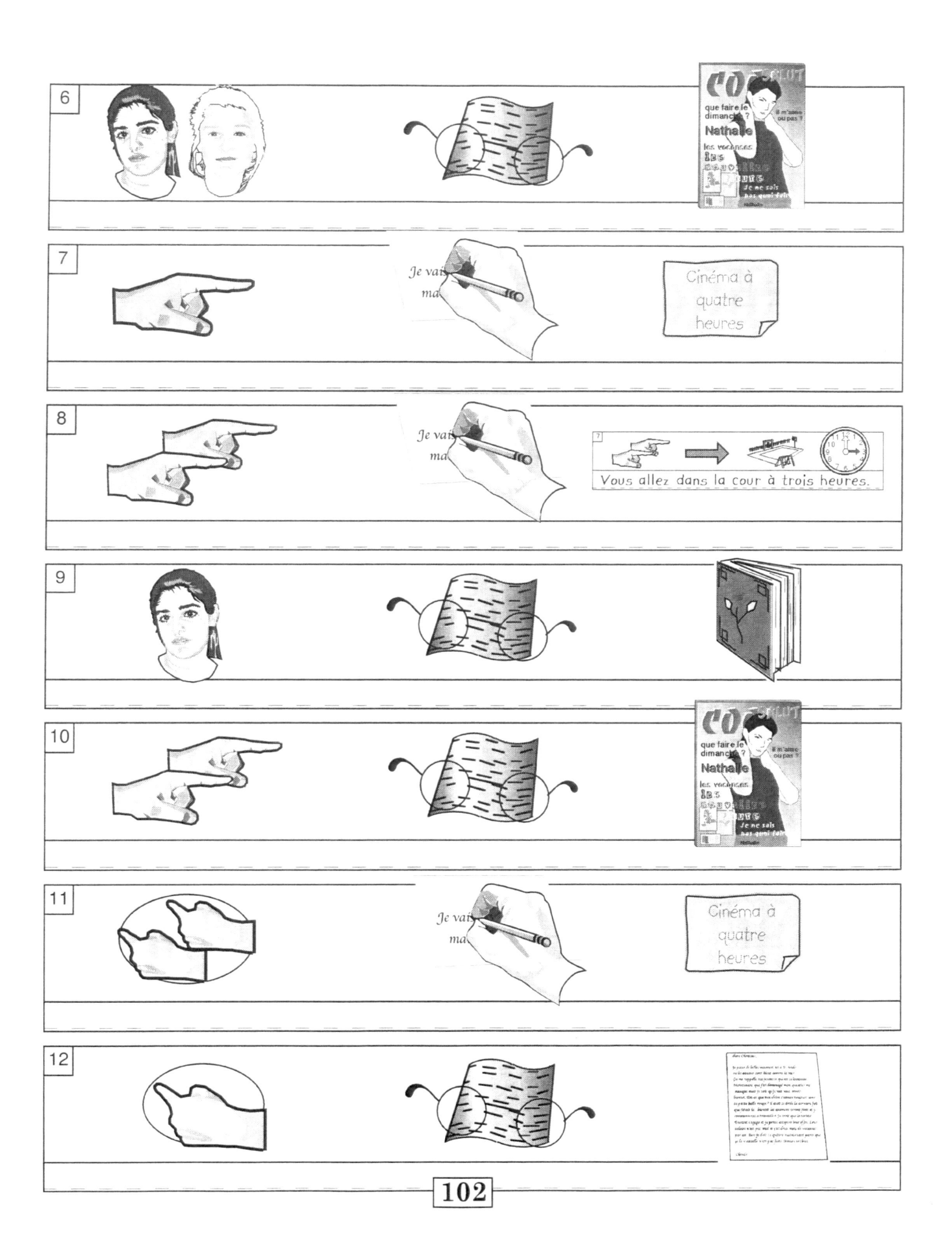

103

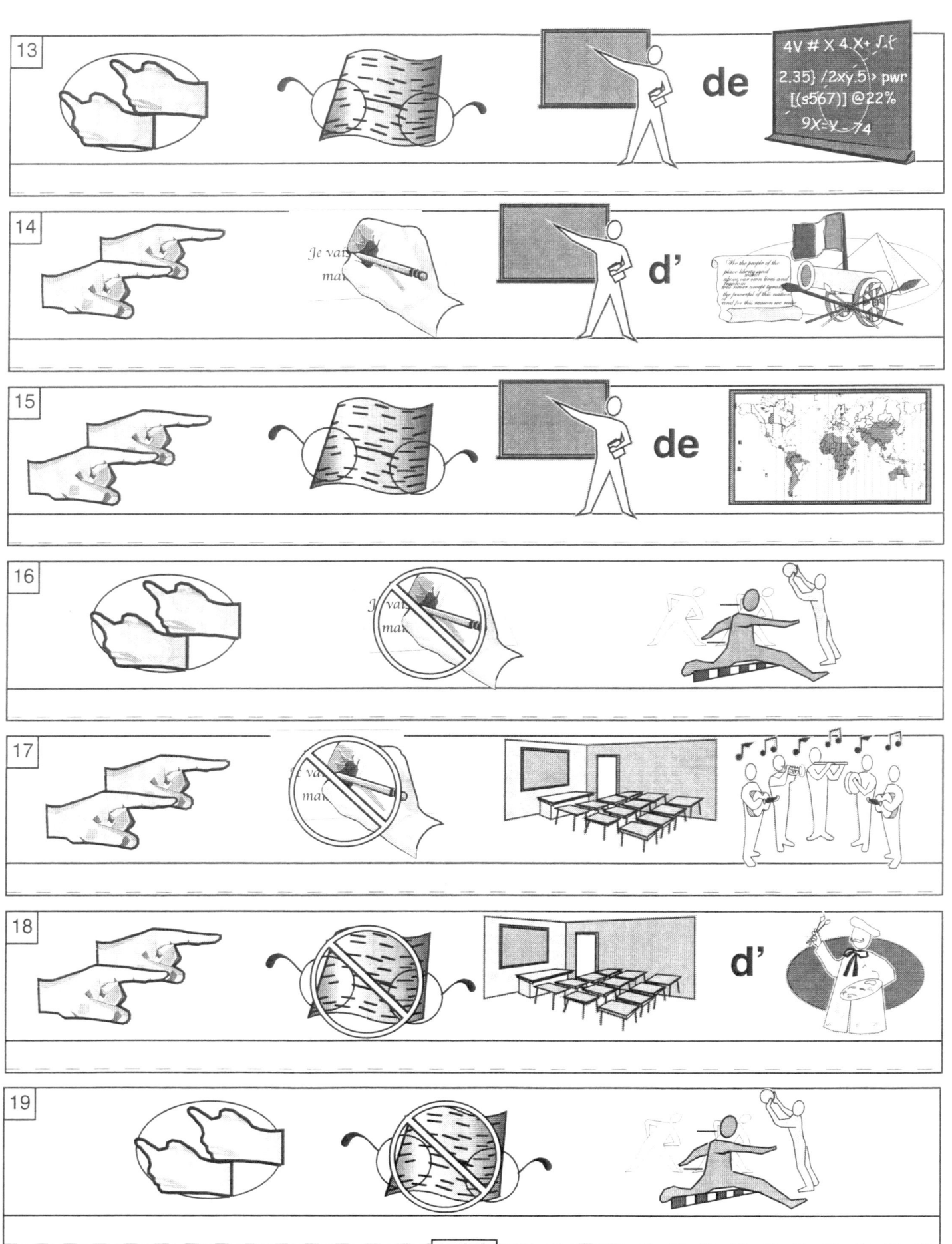

Imagine the dialogues using the verbs **ÉCRIRE**, **LIRE**, **ALLER** and **ÊTRE**.

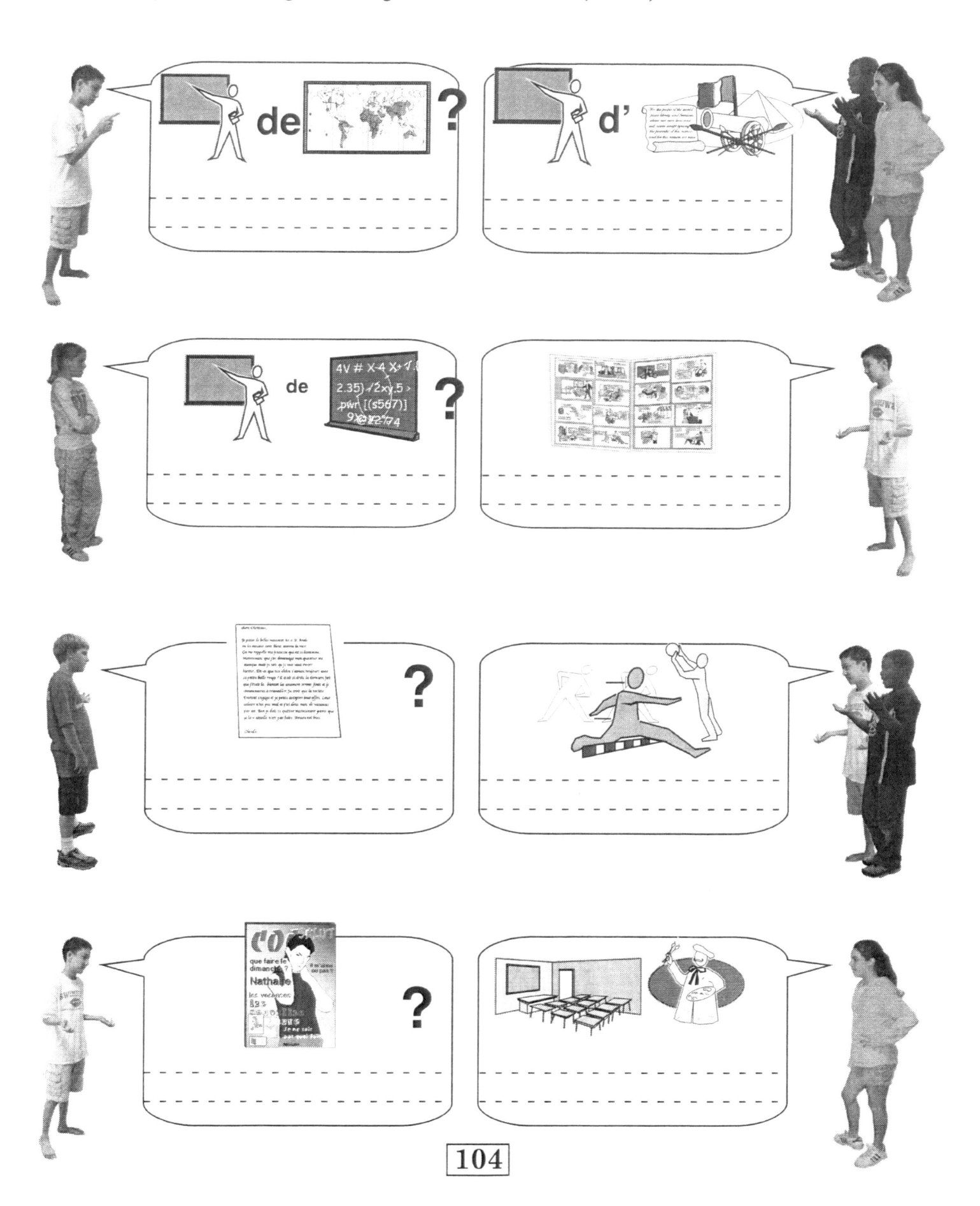

Text

A Complete these sentences:

1. Nous .... un magazine.
2. Elles .... la leçon.
3. Ils .... au cinéma.
4. Tu .... une phrase.
5. J'.............. une note.
6. On .... des biscuits.
7. Ils .... une bande dessinée.
8. Tu .... le train.
9. Elles .... au tennis.
10. Vous .... contents.

B What is the infinitive of a verb ?
Circle the infinitive of the verbs below.

elle lit	vous prenez	tu écris	aller	nous lisons
attendre	regarder	il achète	je peux	chercher
on aime	ils veulent	être	tu es	j'écris
lire	regarder	j'attends	aimer	je porte
vouloir	nous regardons	elle a	avoir	pouvoir

C Conjugate

1. Je (*être*) ....
2. Vous (*lire*) ....
3. Elles (*écrire*) ....
4. Ils (*avoir*) ....
5. Elles (*lire*) ....
6. Nous (*regarder*) ....
7. Elles (*prendre*) ....
8. Ils (*comprendre*) ....
9. Tu (*avoir*) ....
10. Ils (*être*) ....

Lesson 16

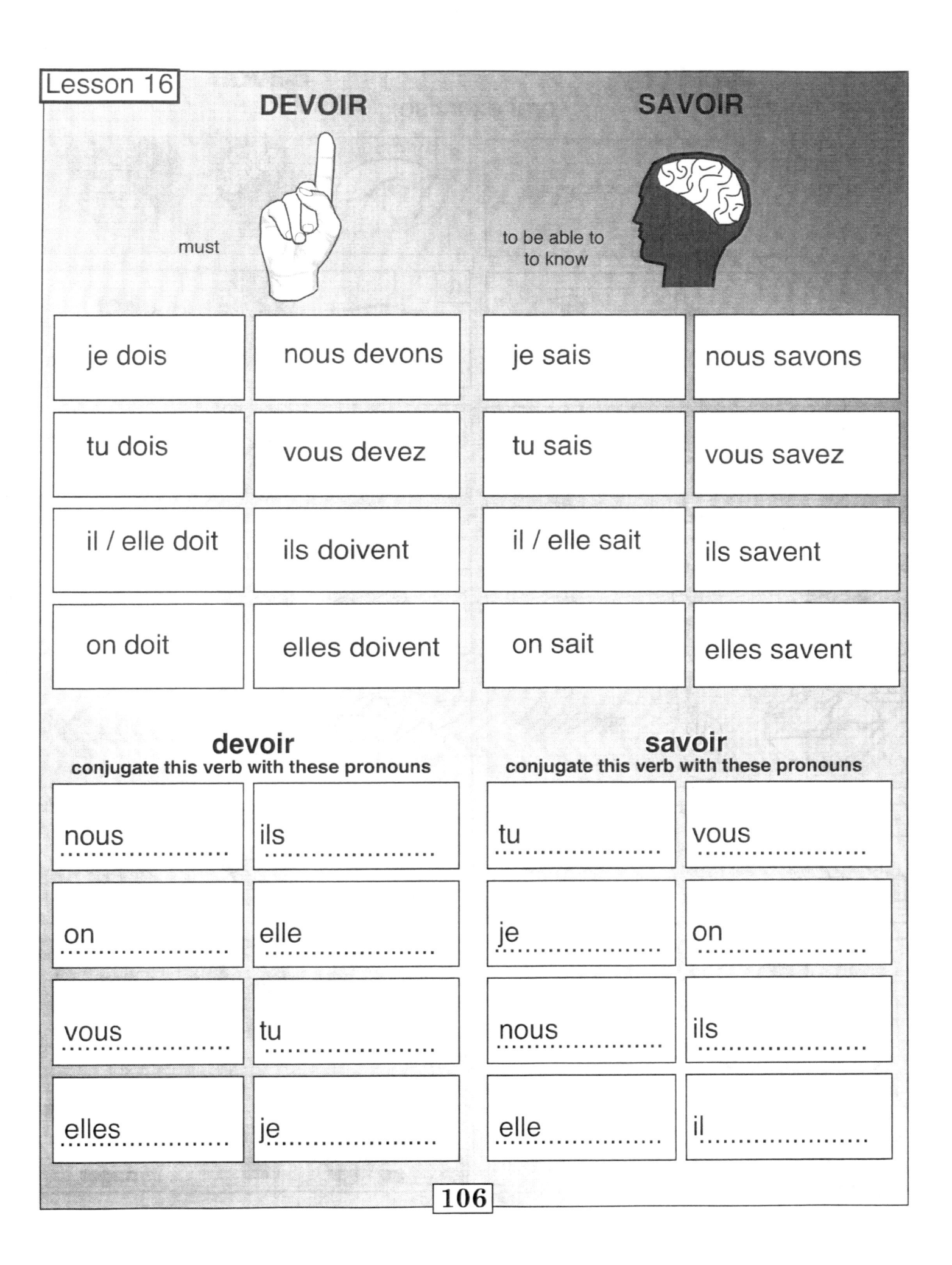

DEVOIR
must

SAVOIR
to be able to
to know

je dois	nous devons	je sais	nous savons
tu dois	vous devez	tu sais	vous savez
il / elle doit	ils doivent	il / elle sait	ils savent
on doit	elles doivent	on sait	elles savent

devoir
conjugate this verb with these pronouns

nous	ils ....
on	elle ....
vous	tu ....
elles	je ....

savoir
conjugate this verb with these pronouns

tu	vous ....
je	on ....
nous	ils ....
elle	il ....

Devoir   Savoir

oral exercise

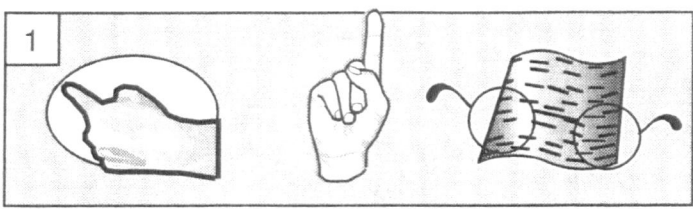

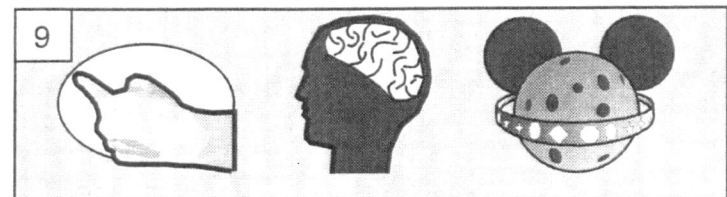

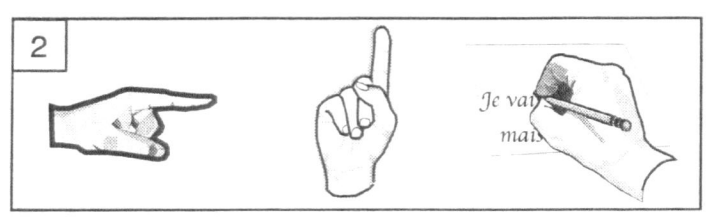

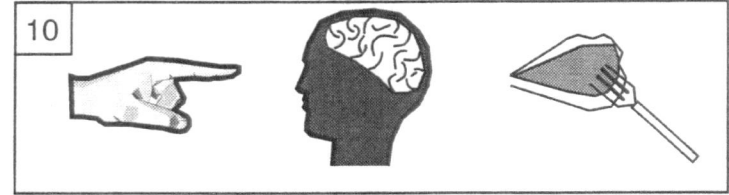

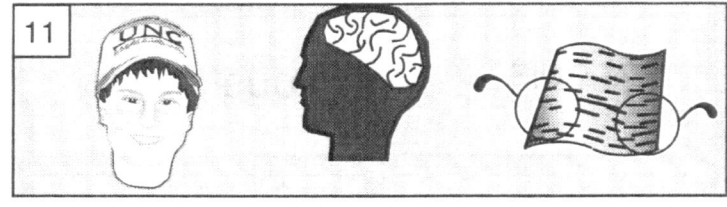

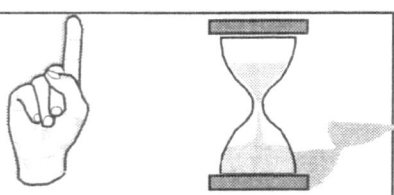

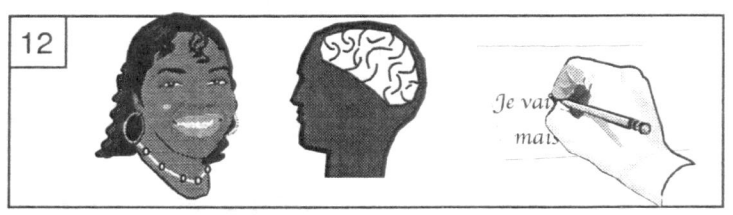

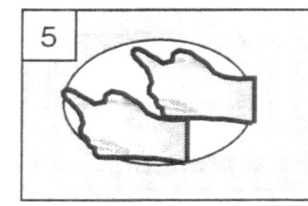

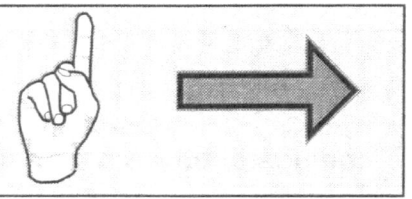

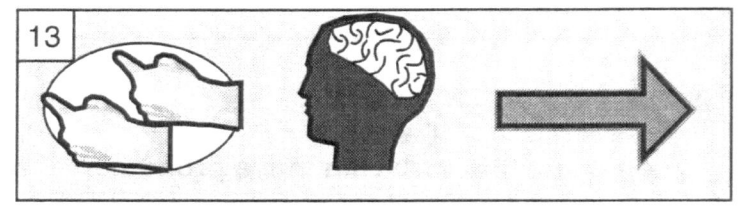

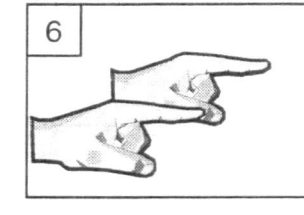

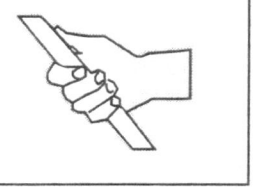

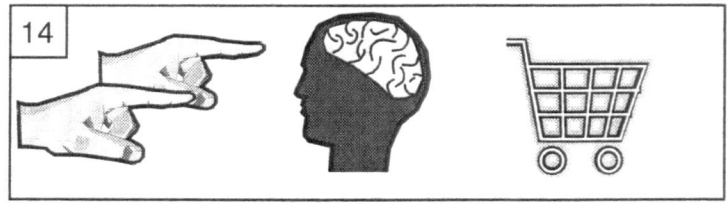

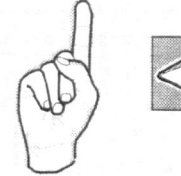

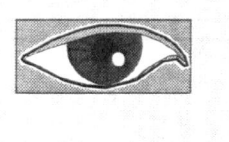

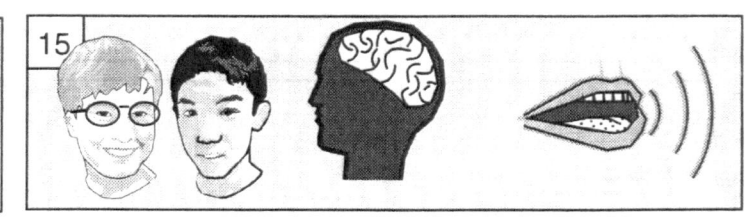

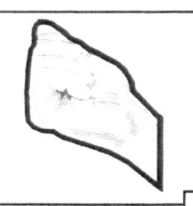

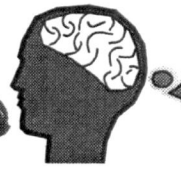

1

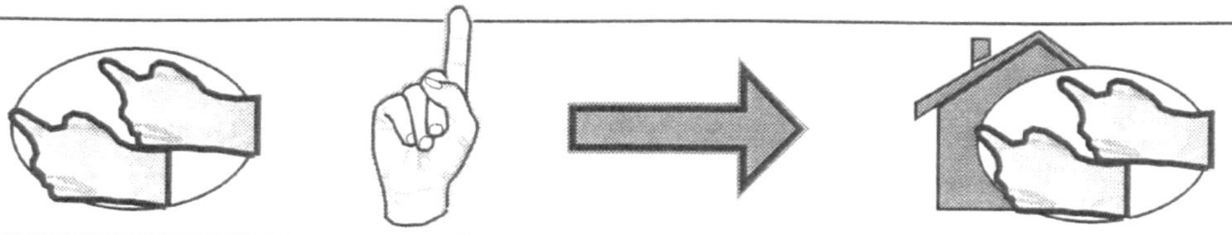

2

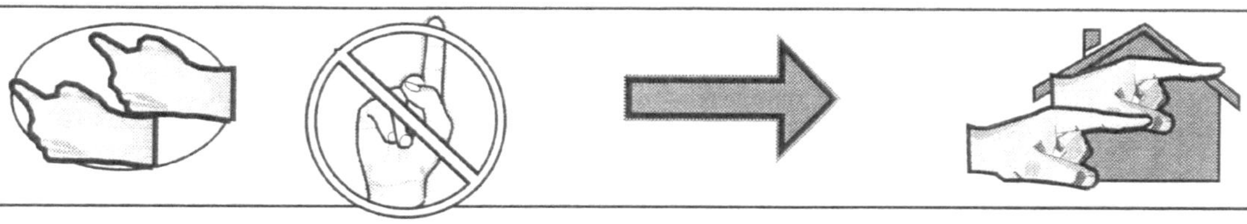

3

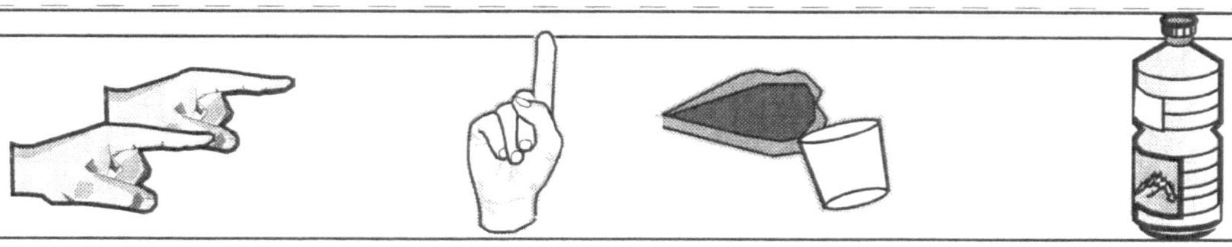

4

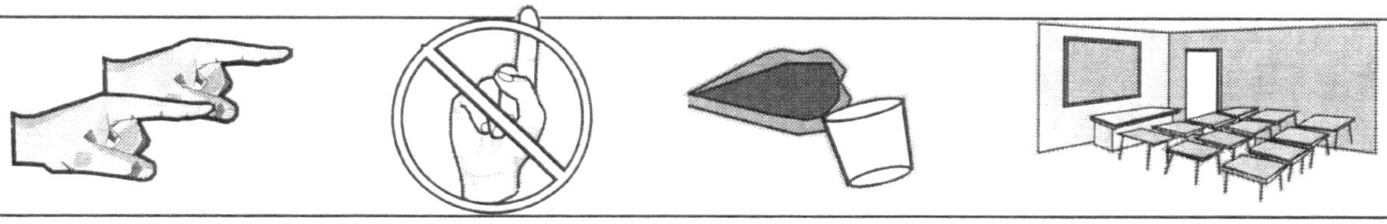

5

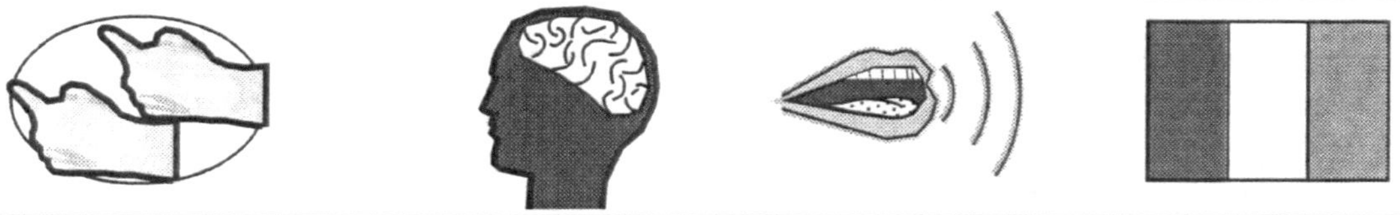

6

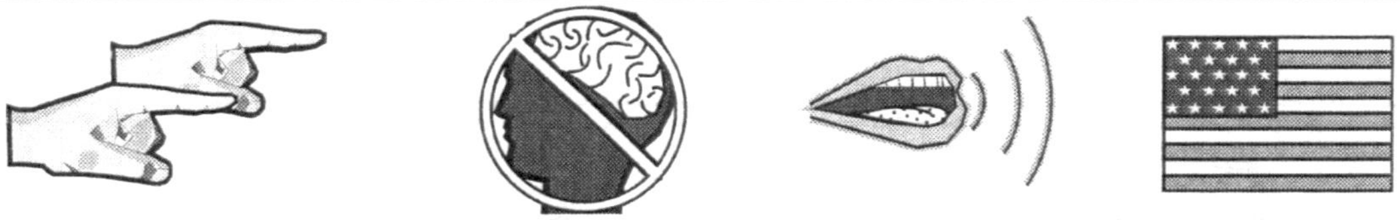

7

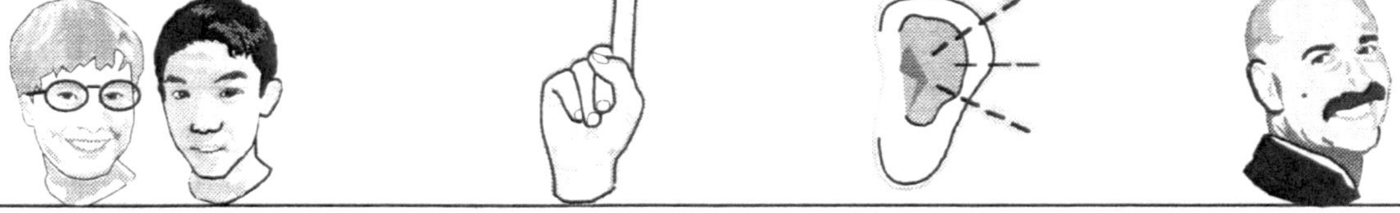

8

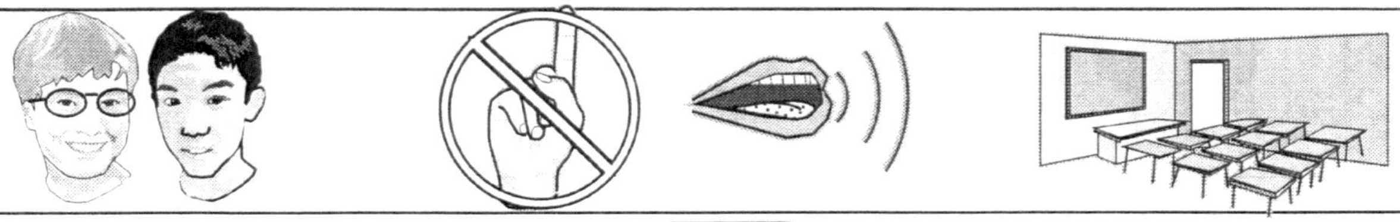

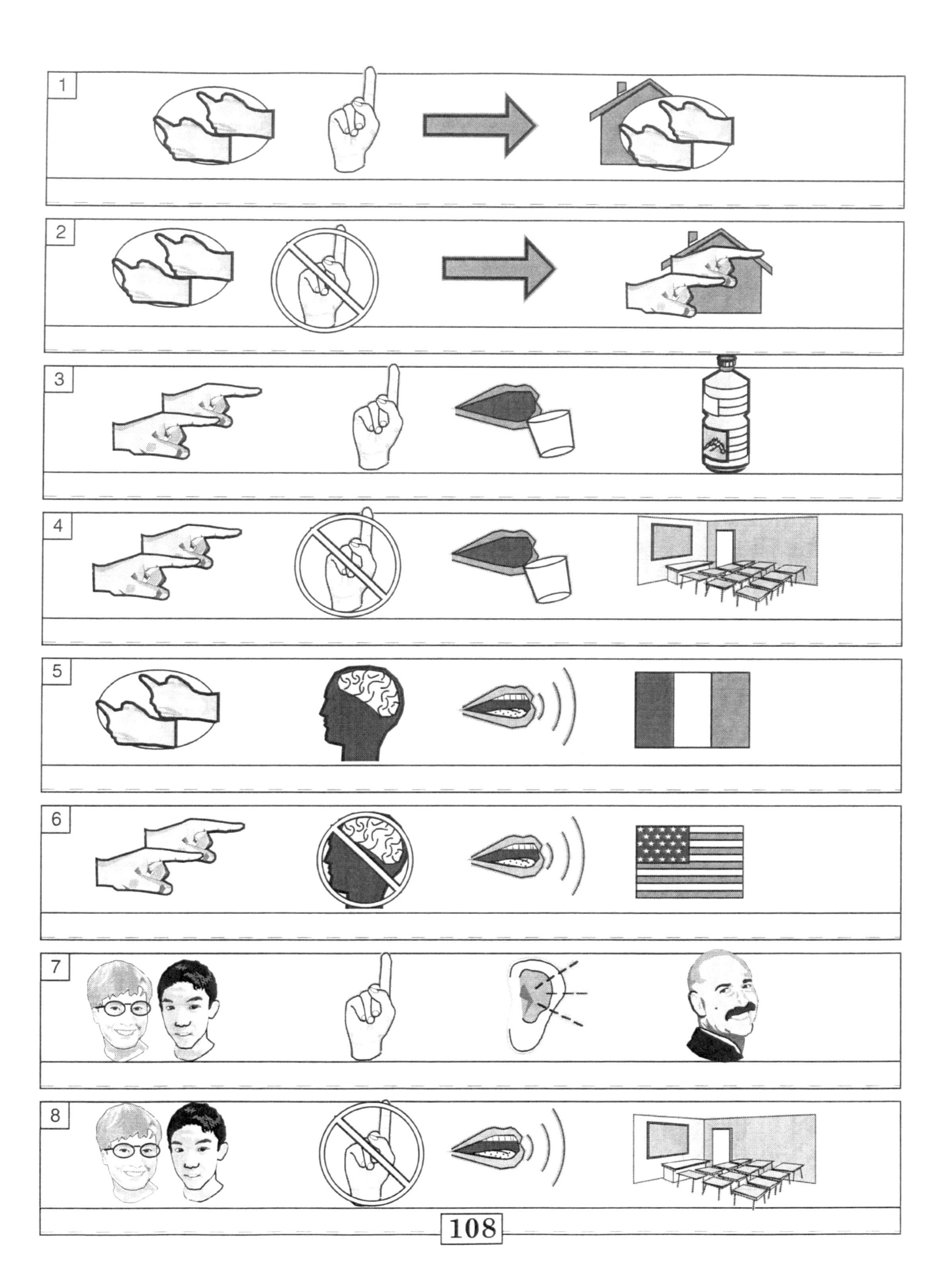

mais

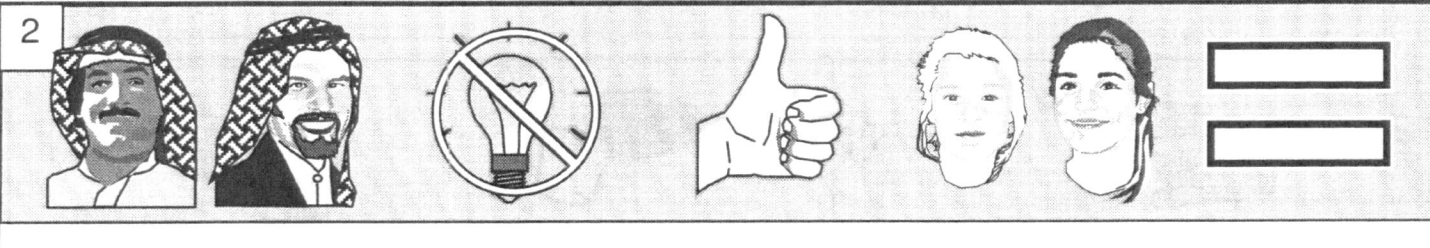

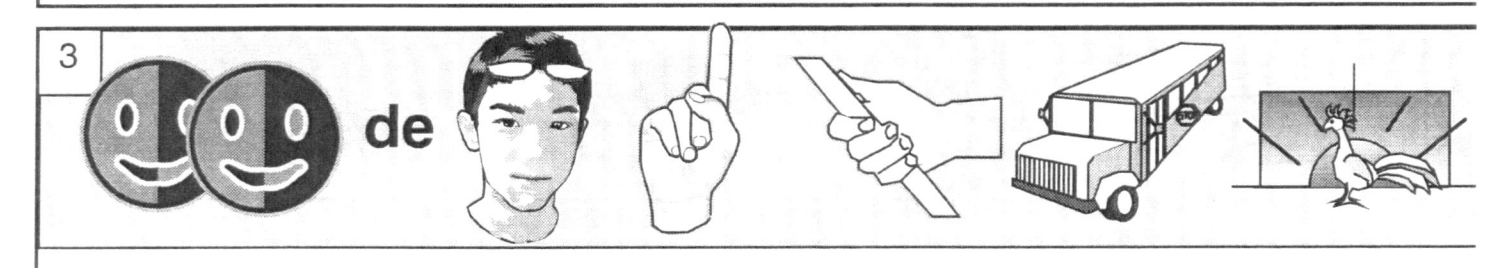

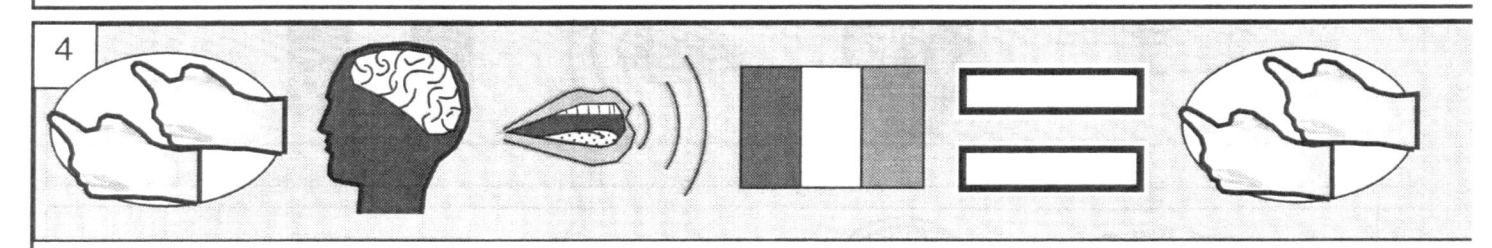

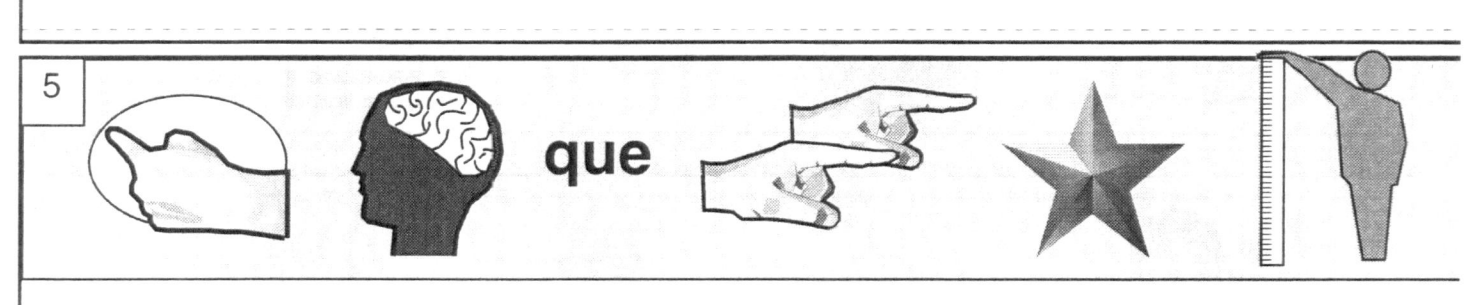

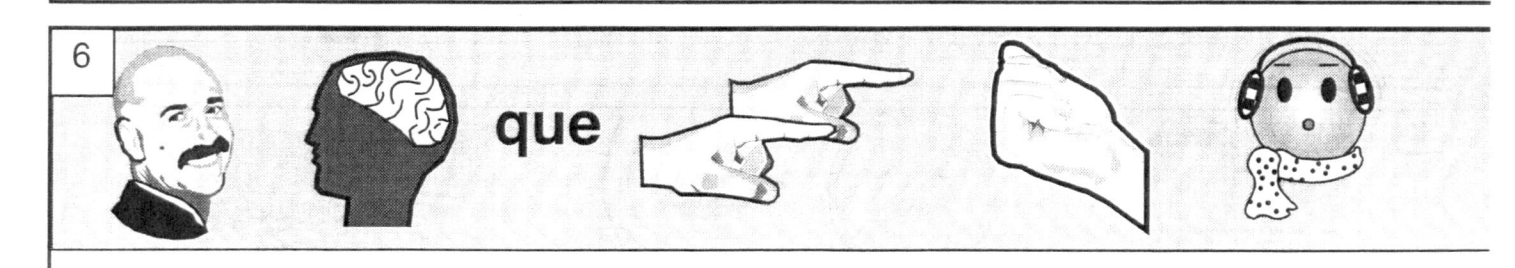

parce que

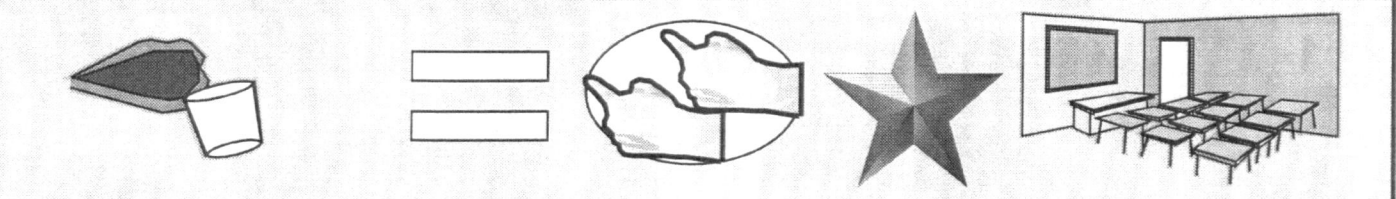

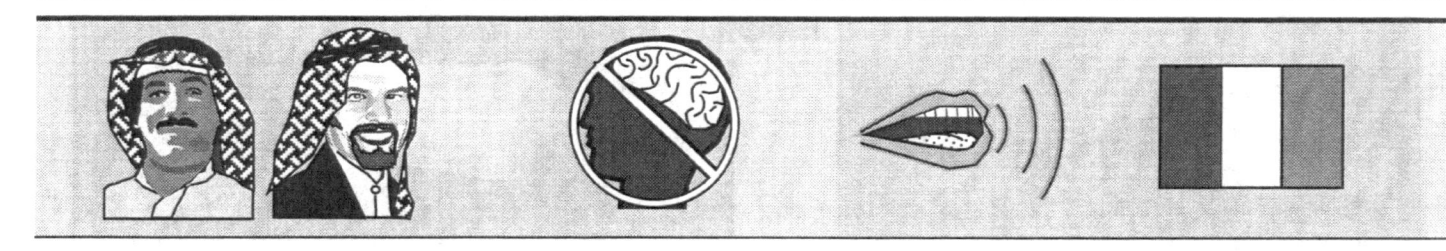

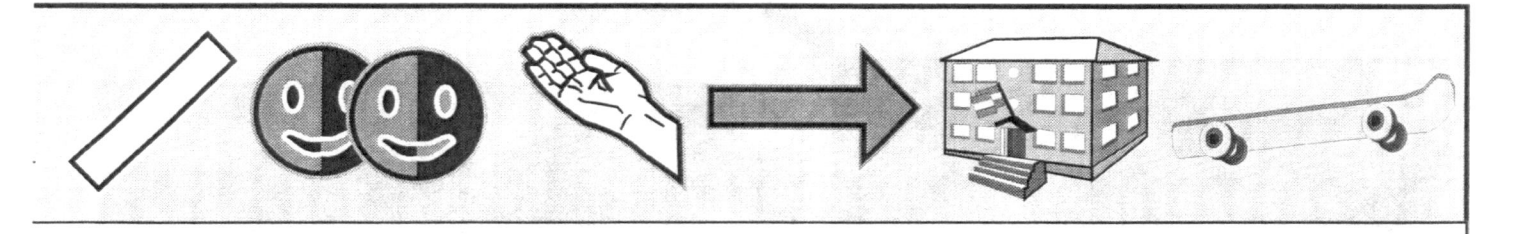

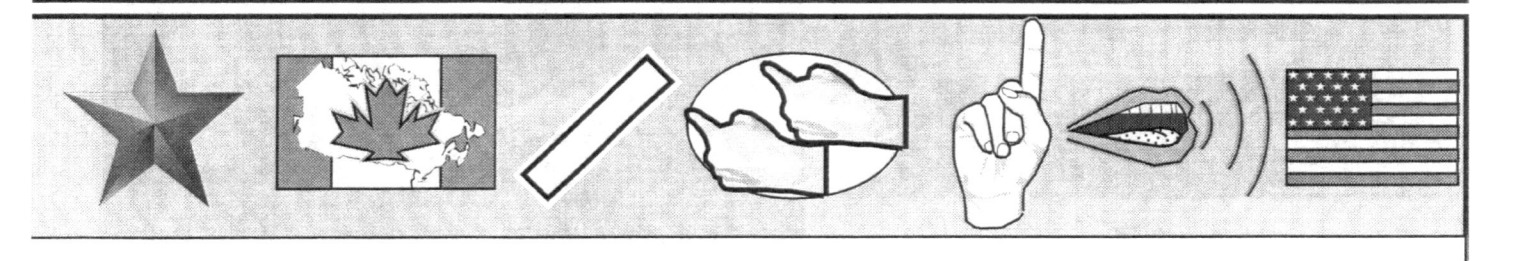

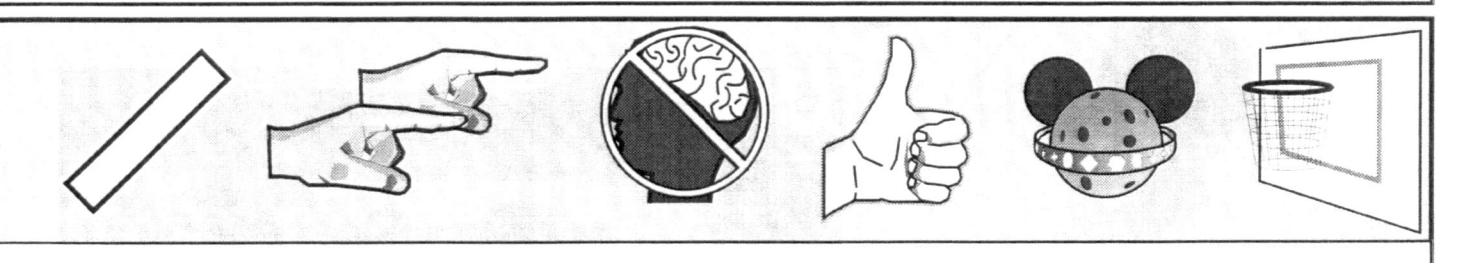

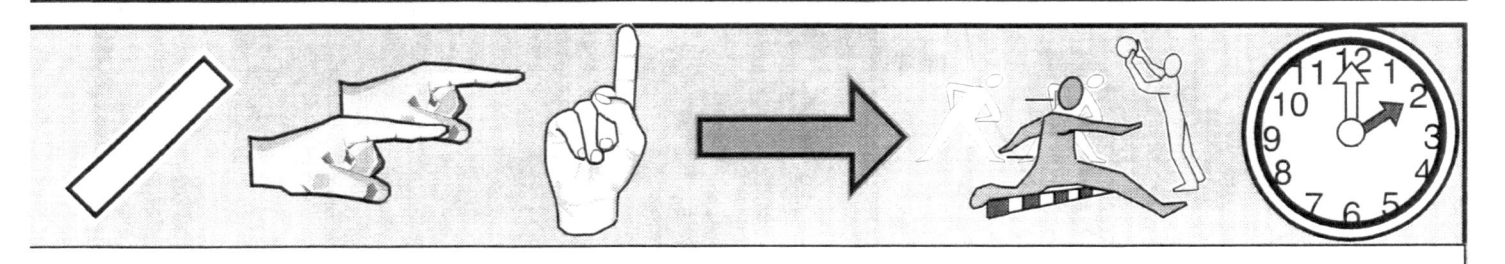

Look at these scenes and check the appropriate sentences on page 112.

In each scene more than one sentence applies. Find them.

1.
- [ ] Ils vont en classe.
- [ ] Ils sont fatigués.
- [ ] Ils sont en retard.
- [ ] Ils ont faim.
- [ ] Ils vont dans la cour.

2.
- [ ] C'est la leçon de math.
- [ ] C'est la leçon de français.
- [ ] Il est neuf heures.
- [ ] La prof mange quelque chose.
- [ ] Il est une heure.
- [ ] La prof écrit quelque chose au tableau.

3.
- [ ] Ils écrivent quelque chose.
- [ ] Ils n'écoutent pas la prof.
- [ ] Ils sont en classe de français.
- [ ] La prof est dans la classe.
- [ ] Ils regardent le tableau.
- [ ] Ils écoutent la prof.

4.
- [ ] Ils veulent boire quelque chose.
- [ ] Ils n'écoutent pas la prof.
- [ ] Ils s'amusent en classe.
- [ ] Ils lisent quelque chose.
- [ ] Ils parlent.

5.
- [ ] La prof est très contente.
- [ ] La prof n'est pas contente.
- [ ] C'est la prof d'histoire.
- [ ] C'est la prof de math.
- [ ] Elle est fâchée.
- [ ] Elle a soif.

6.
- [ ] Vous devez aller au magasin.
- [ ] Vous ne devez pas écouter.
- [ ] Vous devez manger quelque chose.
- [ ] Vous ne devez pas vous amuser.
- [ ] Je ne suis pas contente.
- [ ] Vous devez écouter la leçon.

de la guitare — aux échecs — au basket — de la flûte

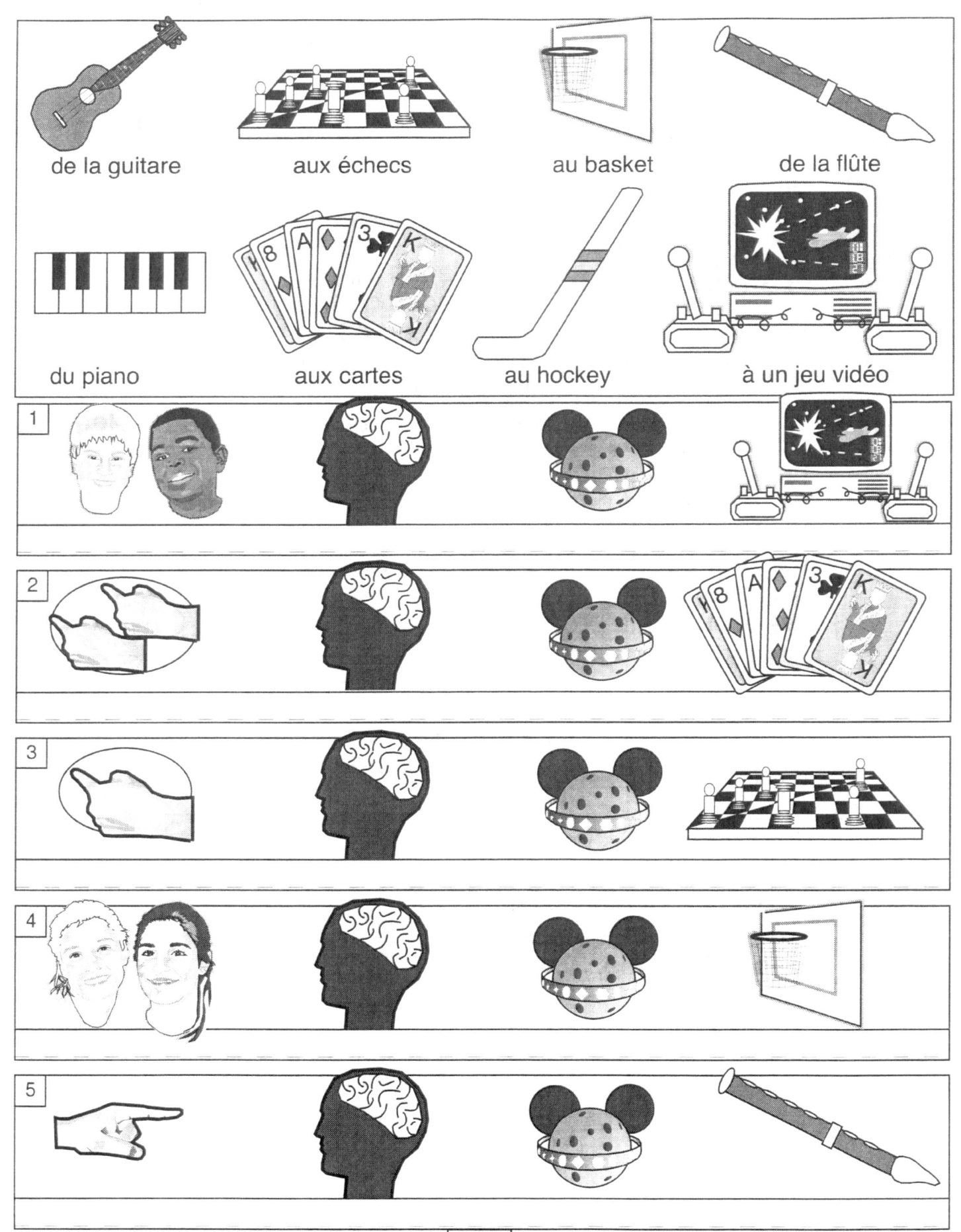

du piano — aux cartes — au hockey — à un jeu vidéo

Practicing **SAVOIR**

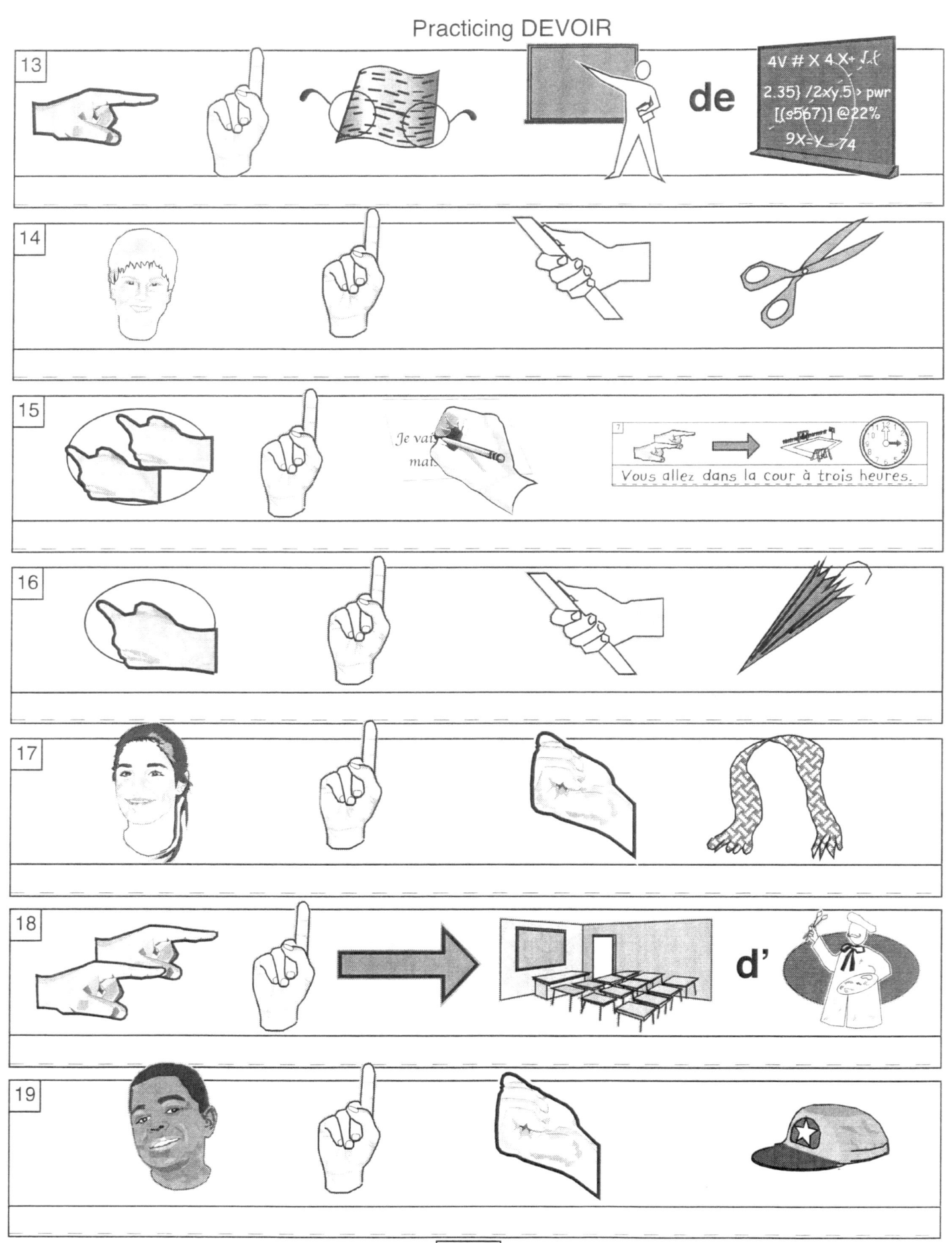

Practicing DEVOIR

Practicing devoir with these three verbs.

Devoir + **Étudier** **Rester** to stay **Travailler**

Create these 3 dialogues using the model below.

Est-ce que vous pouvez ....?
Non, nous ne pouvons pas..
parce que nous devons ....

ici*...here

1 ....?
....
....

2 ....?
....
....

3 ....?
....
....

si *(if)*

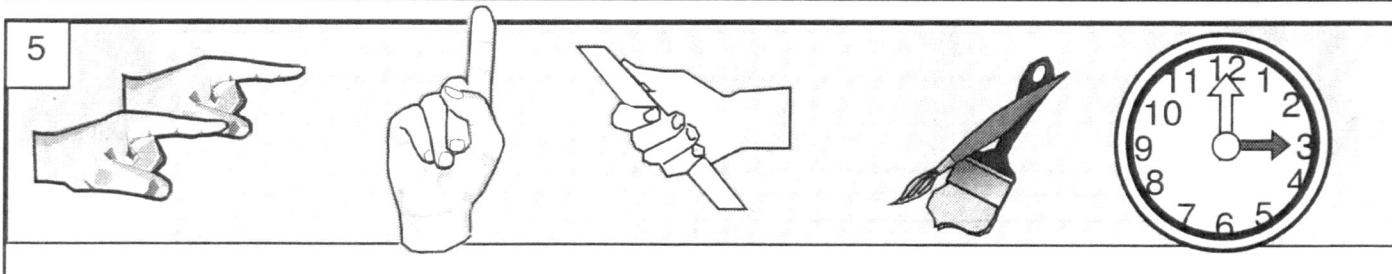

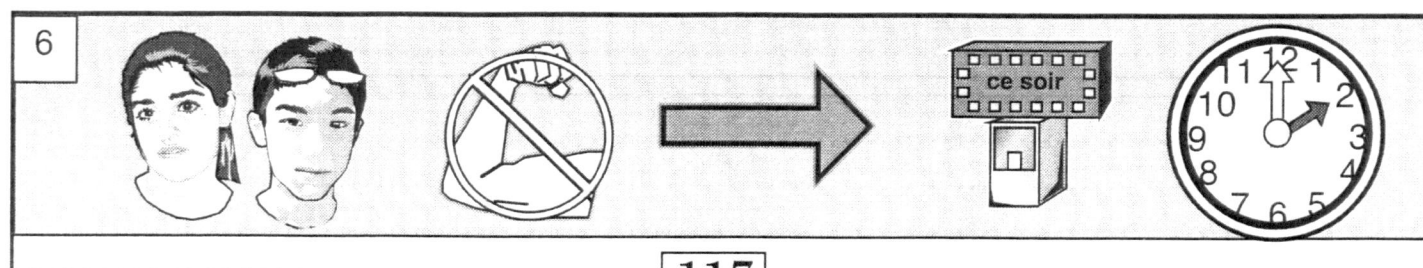

117

pour

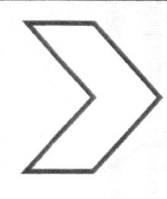

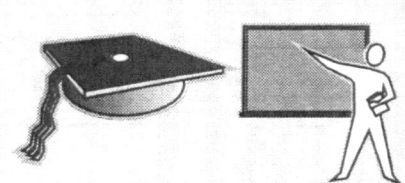

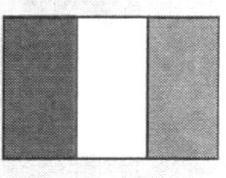

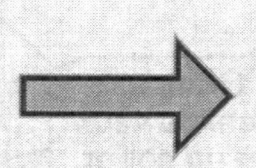

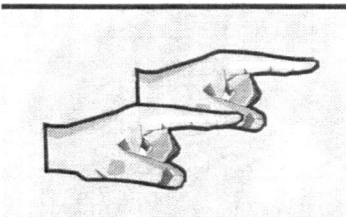

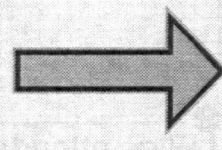

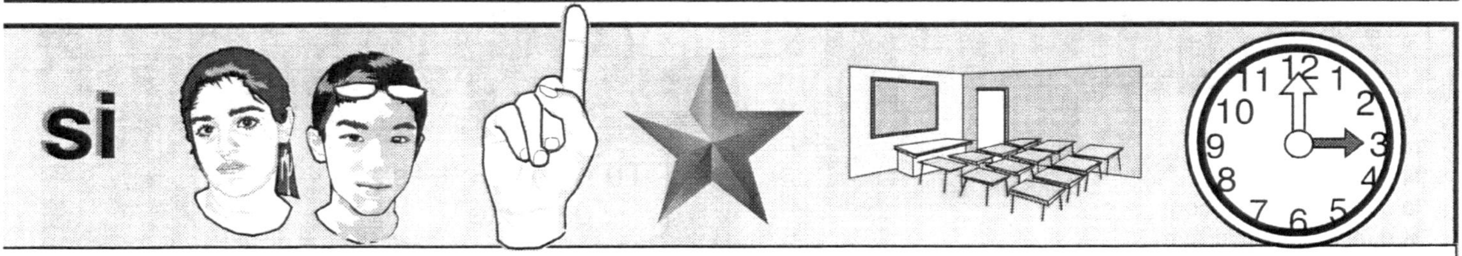

Lesson 17

Tu veux venir ?
Let's practice our reading skills.

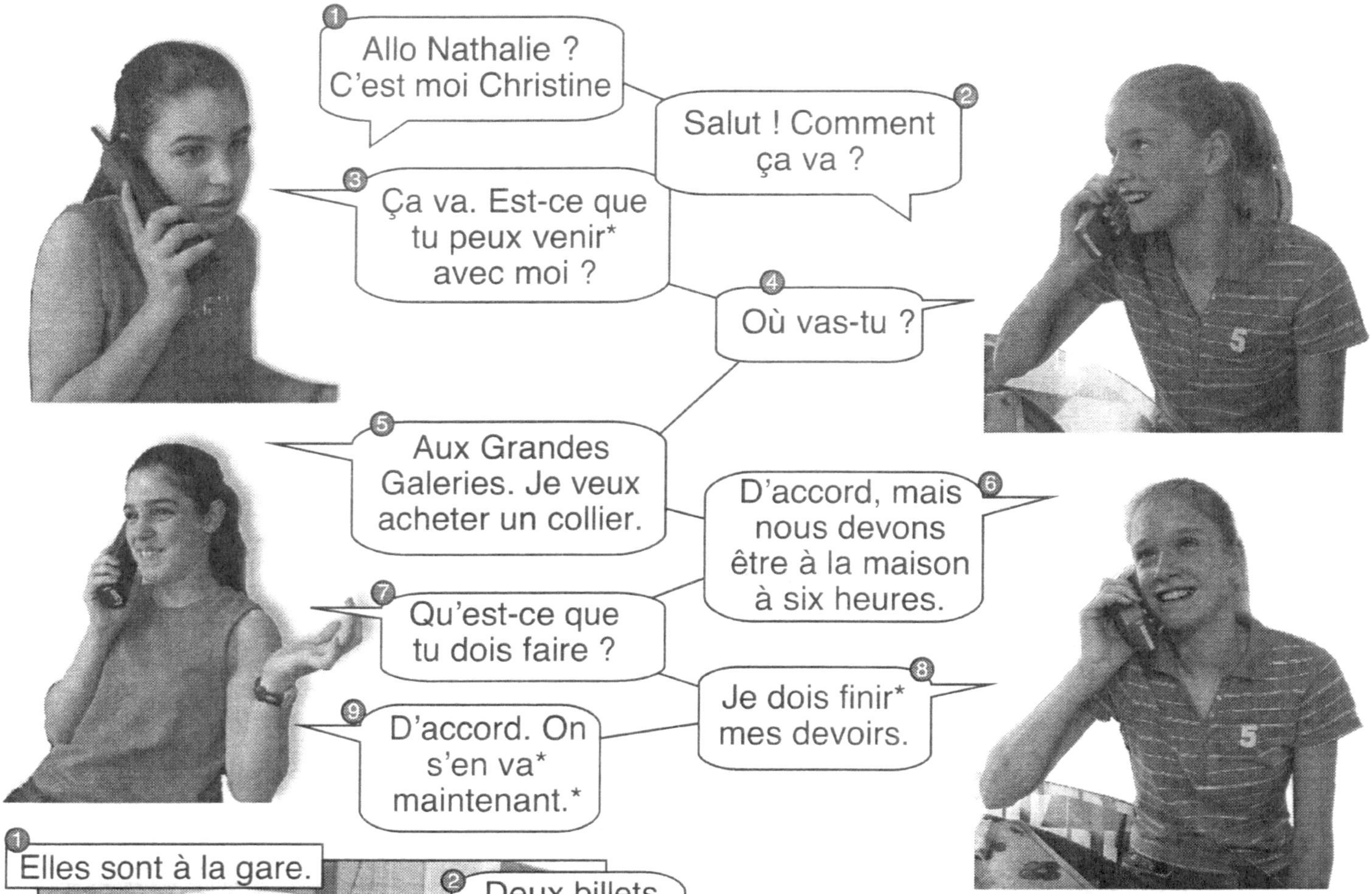

① Allo Nathalie ? C'est moi Christine

② Salut ! Comment ça va ?

③ Ça va. Est-ce que tu peux venir* avec moi ?

④ Où vas-tu ?

⑤ Aux Grandes Galeries. Je veux acheter un collier.

⑥ D'accord, mais nous devons être à la maison à six heures.

⑦ Qu'est-ce que tu dois faire ?

⑧ Je dois finir* mes devoirs.

⑨ D'accord. On s'en va* maintenant.*

① Elles sont à la gare.

② Deux billets pour Paris s'il vous plaît.

③ 2 euros s'il vous plaît

④ Le train est à quelle heure ?

⑤ À trois heures quinze.

① Elles attendent le train sur le quai.*

② Le train est en retard. Il est 3 heures vingt cinq.

③ Je n'aime pas attendre.

④ Tu n'es pas très patiente*.

*venir:.......... to come
*maintenant..now
*finir ....to finish
*la gare:.......the station
*le quai.......the platform
*très patiente.......very patient

119

Questions

1. Qui téléphone à Nathalie ?
....
2. Où veut-elle aller ?
....
3. Qu'est-ce qu'elle veut acheter ?
....
4. Est-ce que Nathalie veut venir ?
....
5. Comment vont-elles au magasin ?
....
6. Qu'est-ce qu'elles achètent à la gare ?
....
7. À quelle heure est le train ?
....
8. Est-ce que le train est à l'heure ?*....on time ?
....
9. Quelle heure est-il ?
....
10. Pourquoi est-ce que Nathalie n'est pas contente ?
....

Let's learn and practice our numbers.

1.......un	11.....onze	21.....vingt et un
2.......deux	12.....douze	22.....vingt deux
3.......trois	13.....treize	23.....vingt trois
4.......quatre	14.....quatorze	24.....vingt quatre
5.......cinq	15.....quinze	25.....vingt cinq
6.......six	16.....seize	26.....vingt six
7.......sept	17.....dix-sept	27.....vingt sept
8.......huit	18.....dix-huit	28.....vingt huit
9.......neuf	19.....dix-neuf	29.....vingt neuf
10.....dix	20.....vingt	30.....trente

31.....trente et un	41.....quarante et un	51.....cinquante et un
32.....trente deux	42.....quarante deux	52.....cinquante deux
33.....trente trois	43.....quarante trois	53.....cinquante trois
34.....trente quatre	44.....quarante quatre	54.....cinquante quatre
35.....trente cinq	45.....quarante cinq	55.....cinquante cinq
36.....trente six	46.....quarante six	56.....cinquante six
37.....trente sept	47.....quarante sept	57.....cinquante sept
38.....trente huit	48.....quarante huit	58.....cinquante huit
39.....trente neuf	49.....quarante neuf	59.....cinquante neuf
40.....quarante	50.....cinquante	60.....soixante

Read the following times

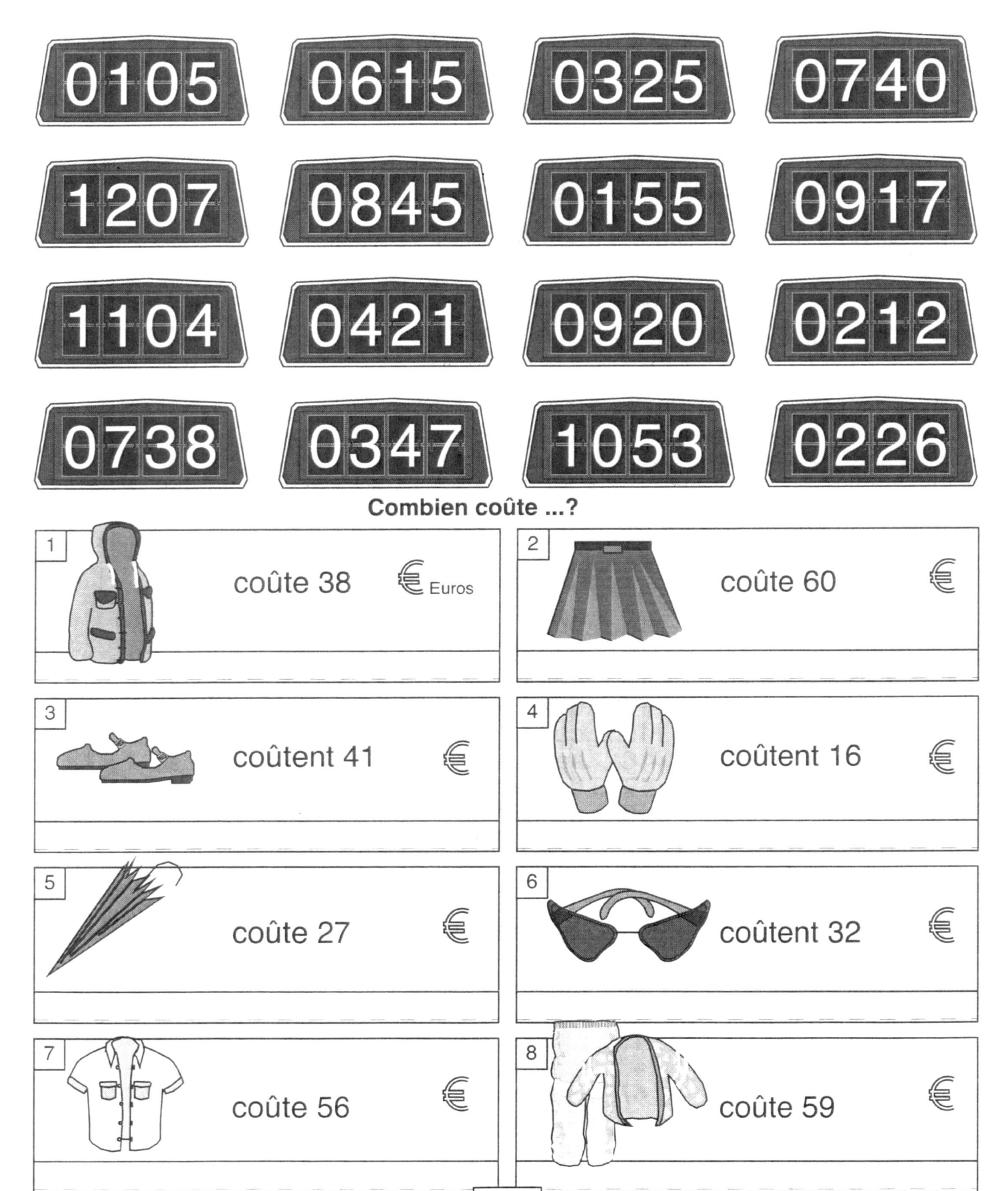

0105	0615	0325	0740
1207	0845	0155	0917
1104	0421	0920	0212
0738	0347	1053	0226

Combien coûte ...?

1. coûte 38 € Euros
2. coûte 60 €
3. coûtent 41 €
4. coûtent 16 €
5. coûte 27 €
6. coûtent 32 €
7. coûte 56 €
8. coûte 59 €

Venir

je viens
tu viens
il vient
elle vient

on vient
nous venons
vous venez
ils viennent
elles viennent

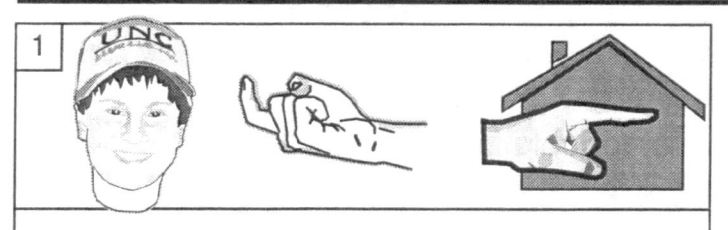

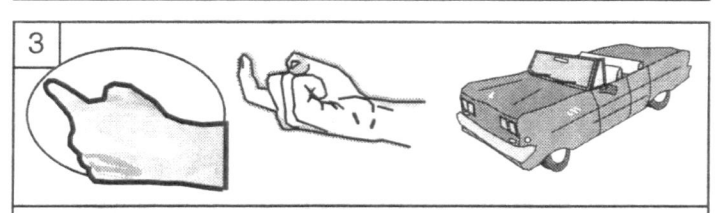

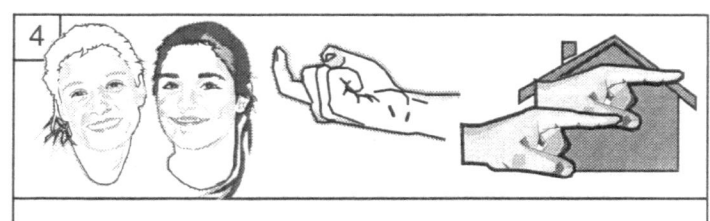

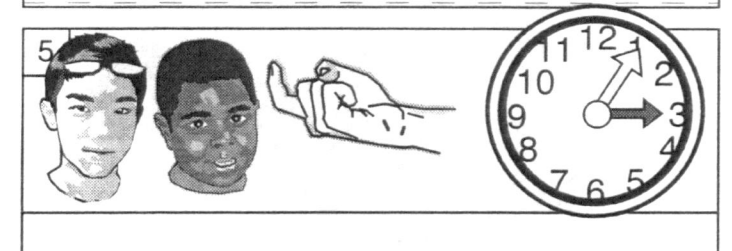

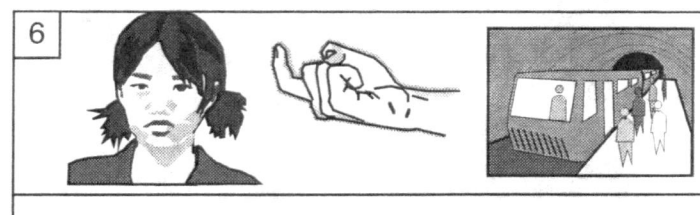

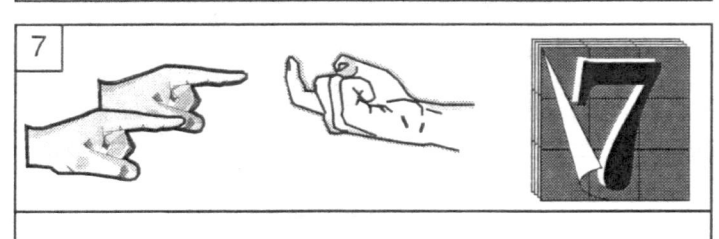

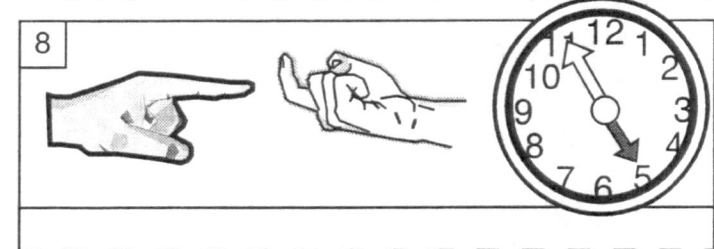

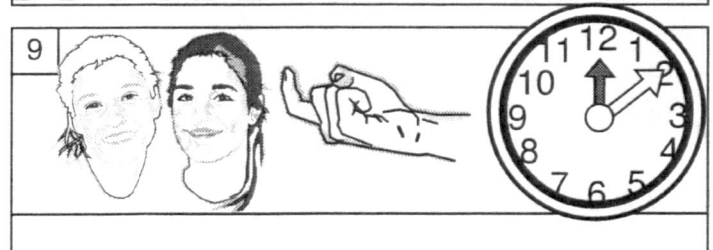

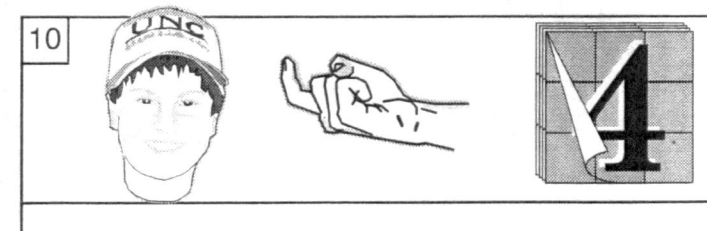

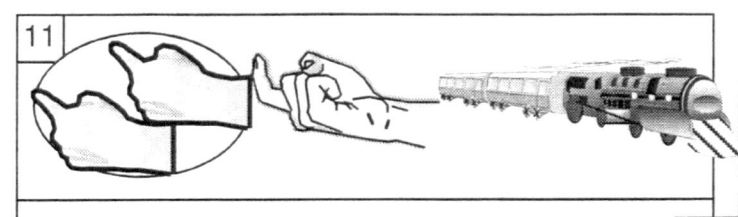

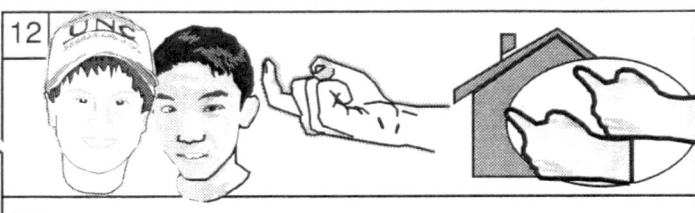

Let's practice our reading skills.

A Viens, on monte.* *climb / step in

Oui, je veux trouver un compartiment vide.*empty

B
1. C'est super, nous sommes seules.*alone
2. Oui, nous avons un compartiment vide.
3. On peut parler et s'amuser.
4. Et c'est confortable.

C Elles arrivent aux Grandes Galeries.
1. Tu veux aussi acheter quelque chose ?
2. Oui. Je cherche des tennis.
3. Est-ce que tu as de l'argent ?
4. Oui, j'ai 65 €

D Viens ! Un magasin de chaussures.

Oui, ils ont beaucoup de tennis.

E Viens. Ils ont des colliers ici.

F
1. Ils sont très jolis.*
2. J'aime ce collier.
3. Il coûte combien?
4. Il coûte 17€

123

Check the appropriate sentences for each scene.

1
1 ☐ Elles vont à la maison.
2 ☐ Elle monte dans le train.
3 ☐ Le train est en retard.
4 ☐ Elles veulent trouver un compartiment vide.
5 ☐ Elles montent dans le train.
6 ☐ Elles sont aux grandes galeries.
7 ☐ Elles veulent rester à la gare.

2
1 ☐ Elle est dans le compartiment.
2 ☐ Elle sont dans le train.
3 ☐ Le compartiment n'est pas confortable.
4 ☐ Elles peuvent parler.
5 ☐ Elle est seule.
6 ☐ Elles sont seules.
7 ☐ Le compartiment est vide.

3
1 ☐ Elles sont en retard.
2 ☐ Elles attendent Christine.
3 ☐ Nathalie est contente.
4 ☐ Elles ont deux billets.
5 ☐ Elles vont à Paris.
6 ☐ Elles sont sur le quai.
7 ☐ Nathalie n'aime pas attendre.
8 ☐ Elles vont chez Christine en train.
9 ☐ Le train est en retard.

4
1 Où sont-elles ?
....
2 Qui veut acheter des tennis ?
....
3 Que cherche Christine ?
....
4 Combien coûte le collier ?
....
5 Combien d'argent a Nathalie ?
....

125

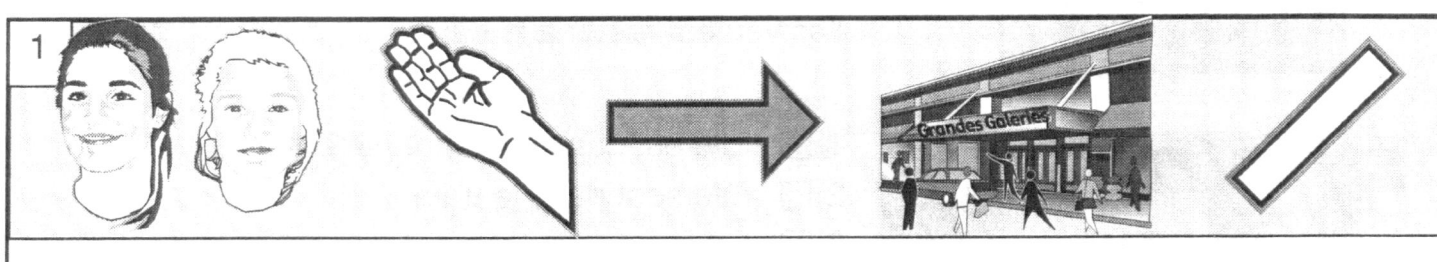

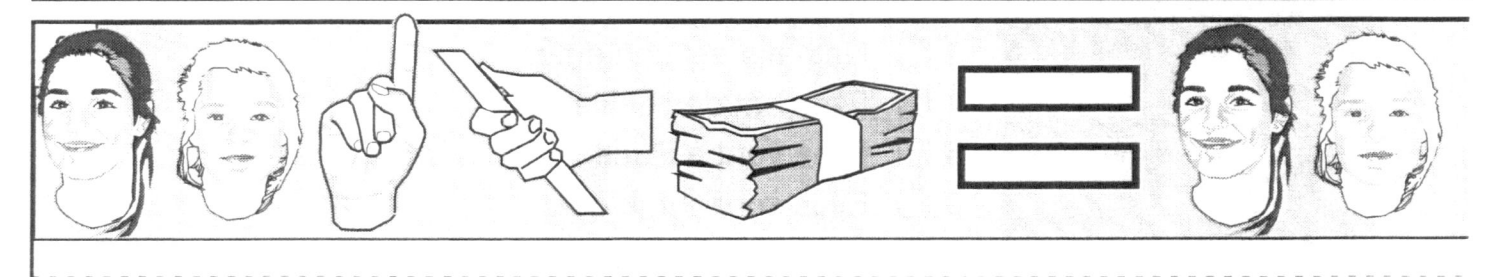

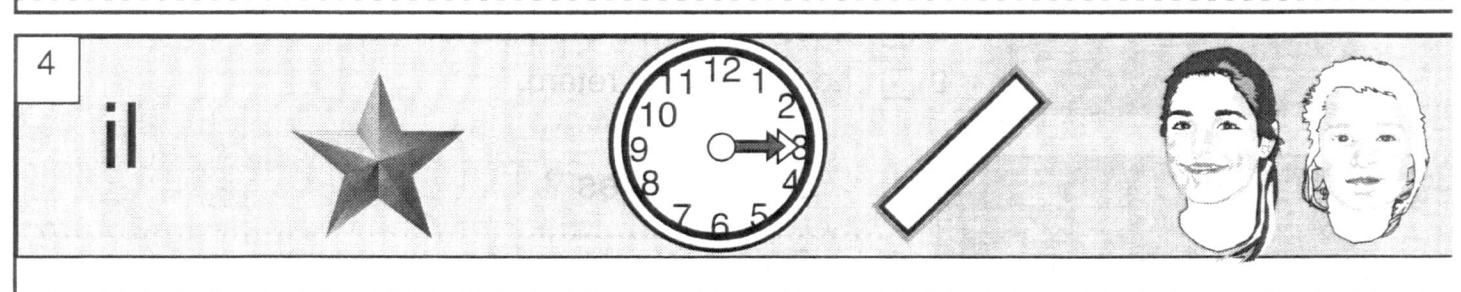

parce que — mais — un billet — de l'argent

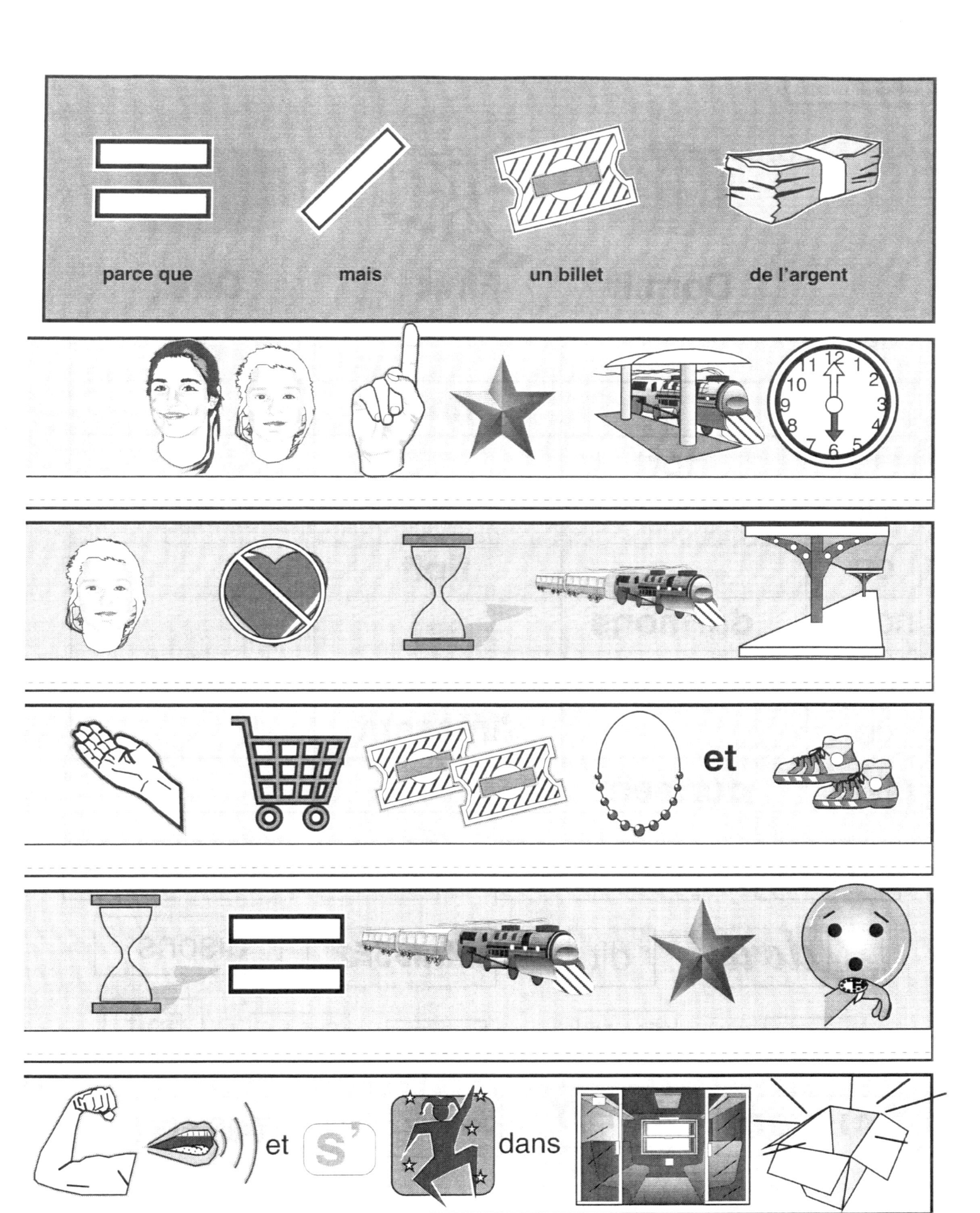

Lesson 18	complete the conjugation of these verbs		

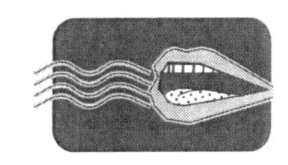

Dormir Finir Dire

	Dormir	Finir	Dire
je			**dis**
tu		**finis**	
il	**dort**		
elle			**dit**
on		**finit**	
nous	**dormons**		
vous			**dites**
ils		**finissent**	
elles	**dorment**		

dors   **DORMENT**   dors   finissent

dort   dit   **FINISSEZ**   disons

dit   finit   *dis*   *finis*   finit

finissons   **DISENT**   dormez   **DISENT**

DIRE QUE
DIRE QU'...

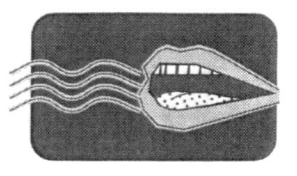

If age and level allows, introduce the difference between seul / seule / seuls / seules

tout seul / toute seule ≠ **ensemble**

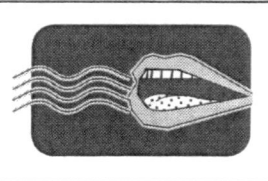

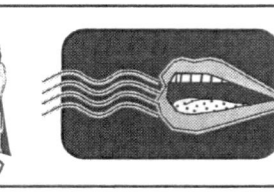

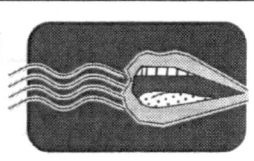

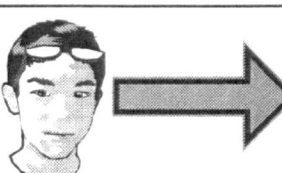

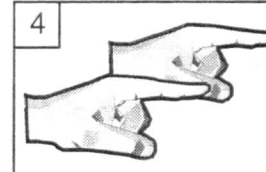

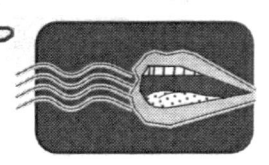

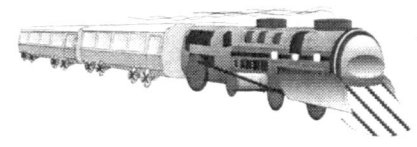

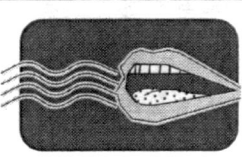

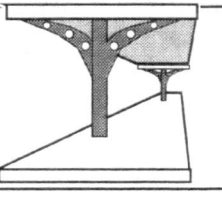

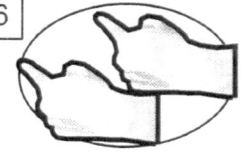

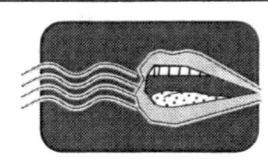

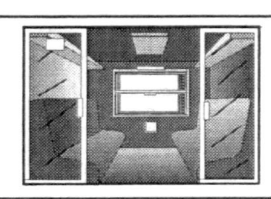

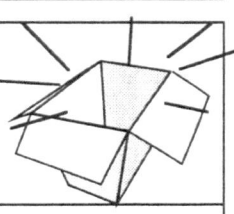

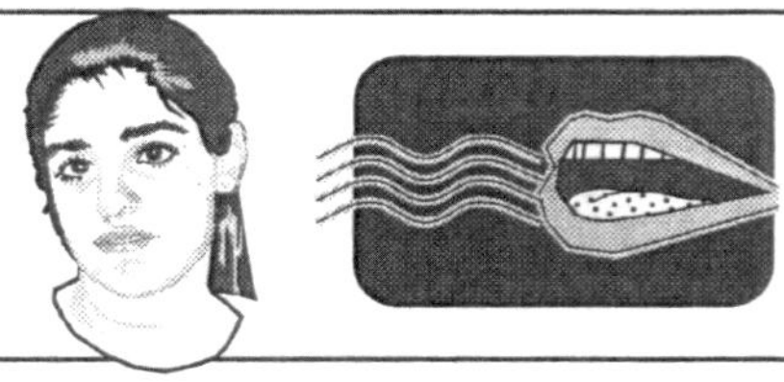

mes devoirs
tes devoirs
ses devoirs
devoirs
nos devoirs
vos devoirs
leurs devoirs

1

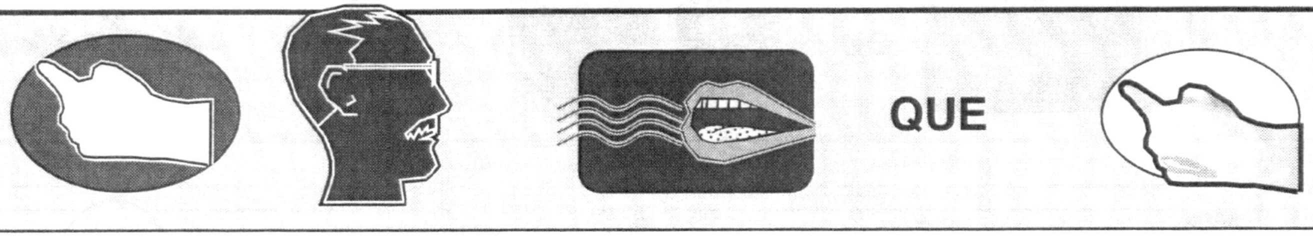
QUE

2

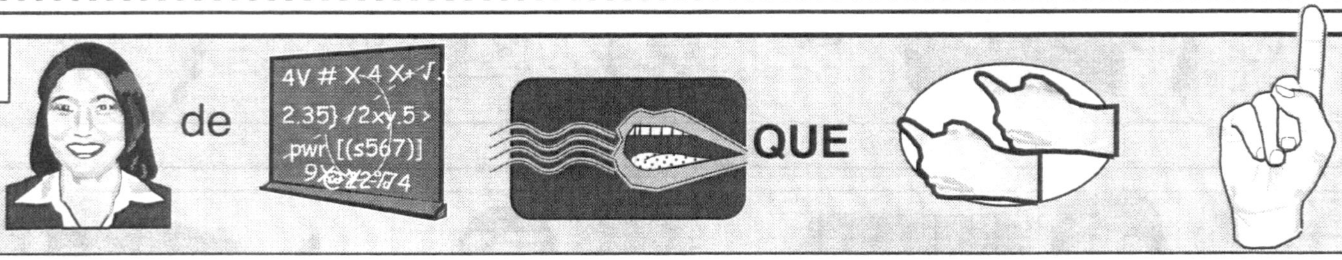
de
QUE

3

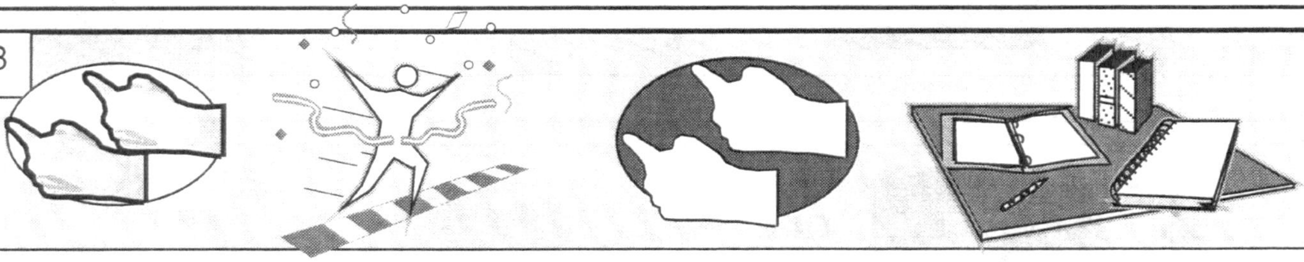

4

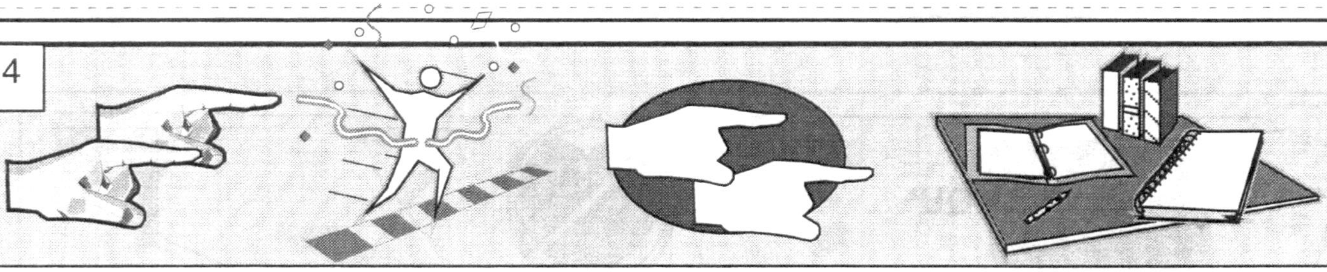

5

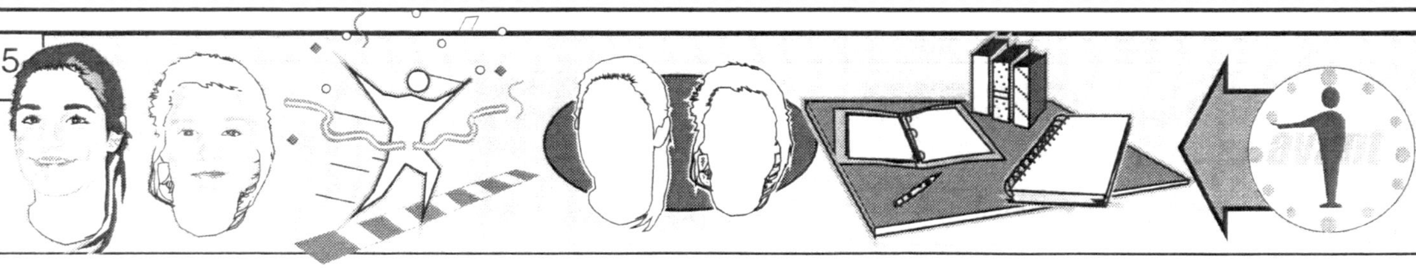

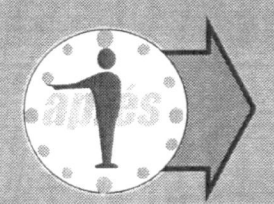

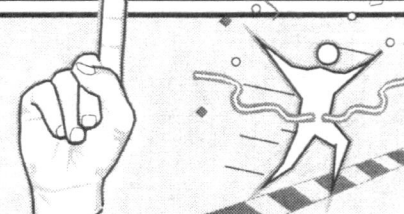

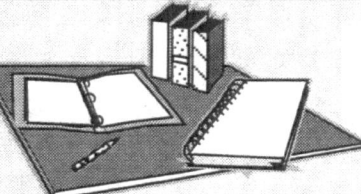

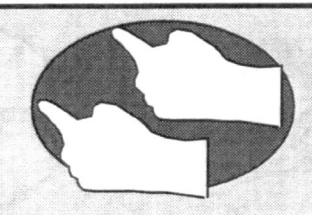

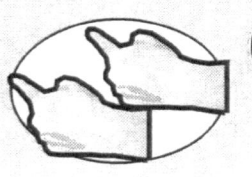

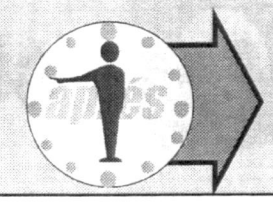

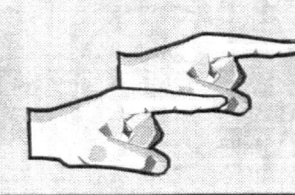

maintenant avant après

si............if

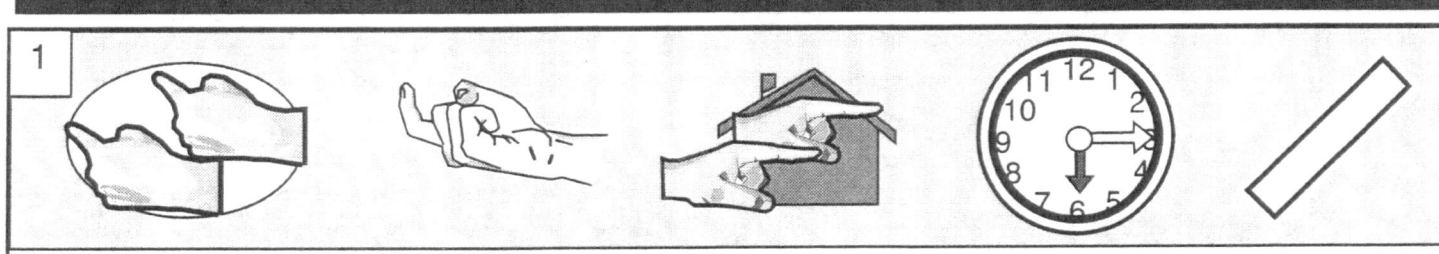

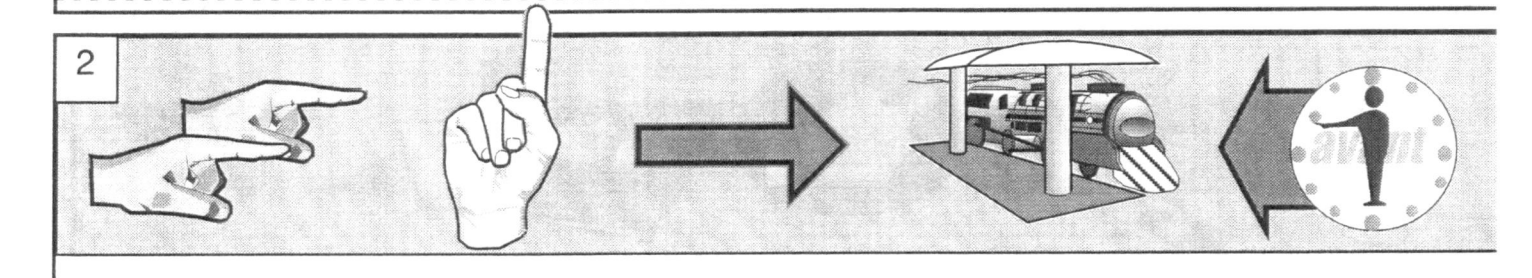

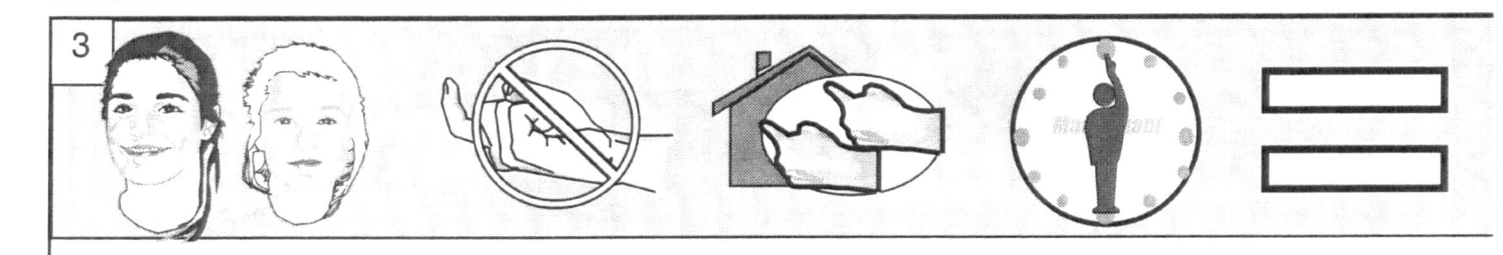

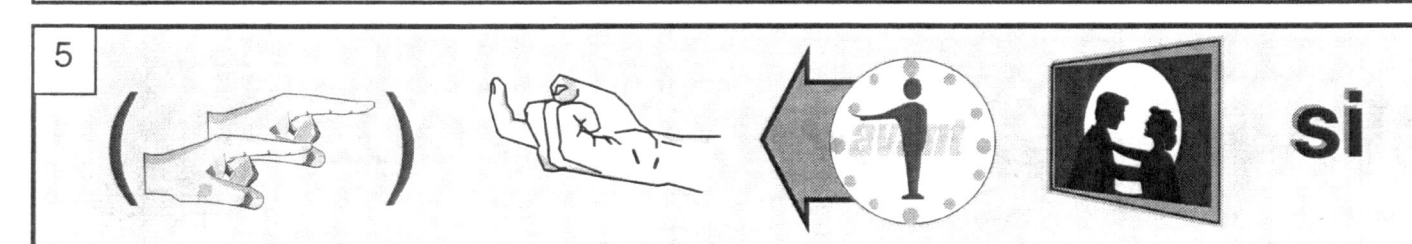

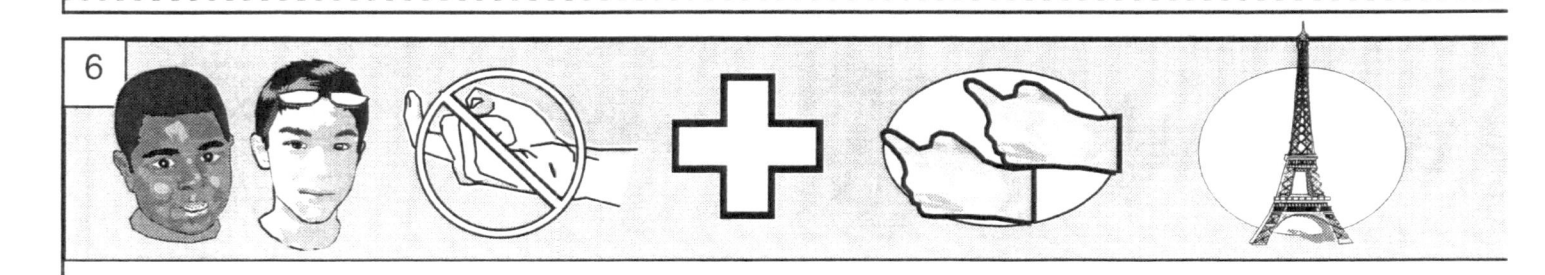

131

pour................ for, in order to

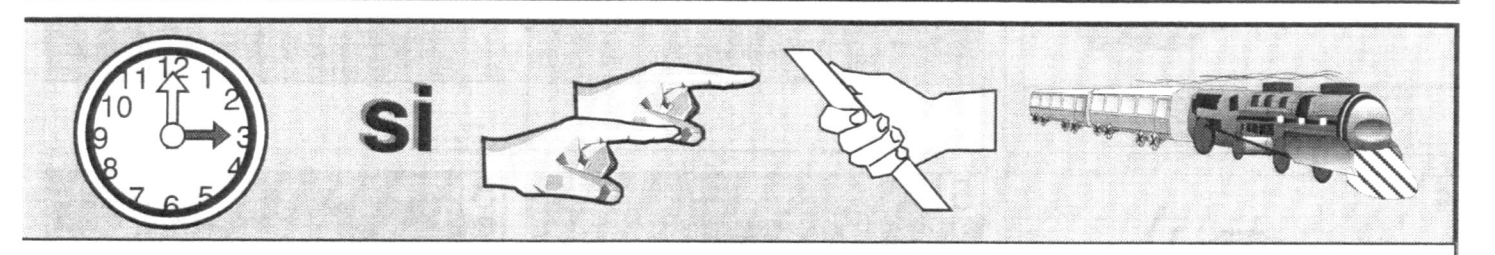

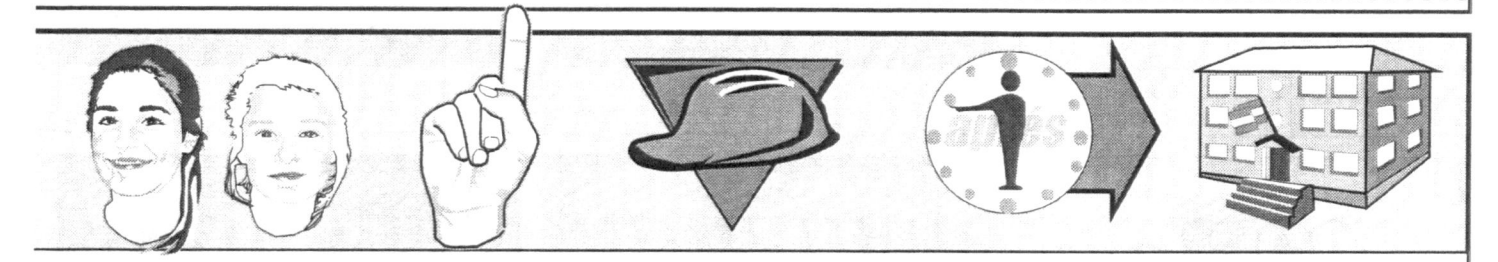

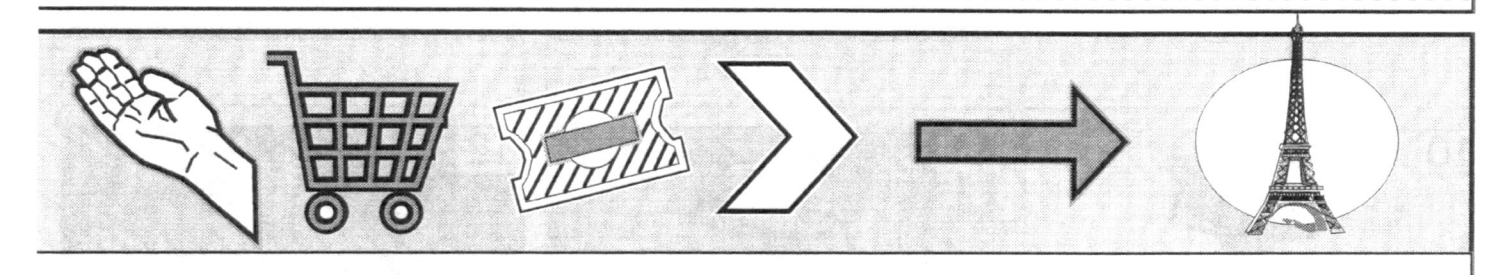

| Lesson 19 | commencer à..., être en train de..., arrêter de... |

| je commence à... | je suis en train de... | j'arrête de... |

| 1 je commence à | 2 je suis en train de | 3 j'arrête de |

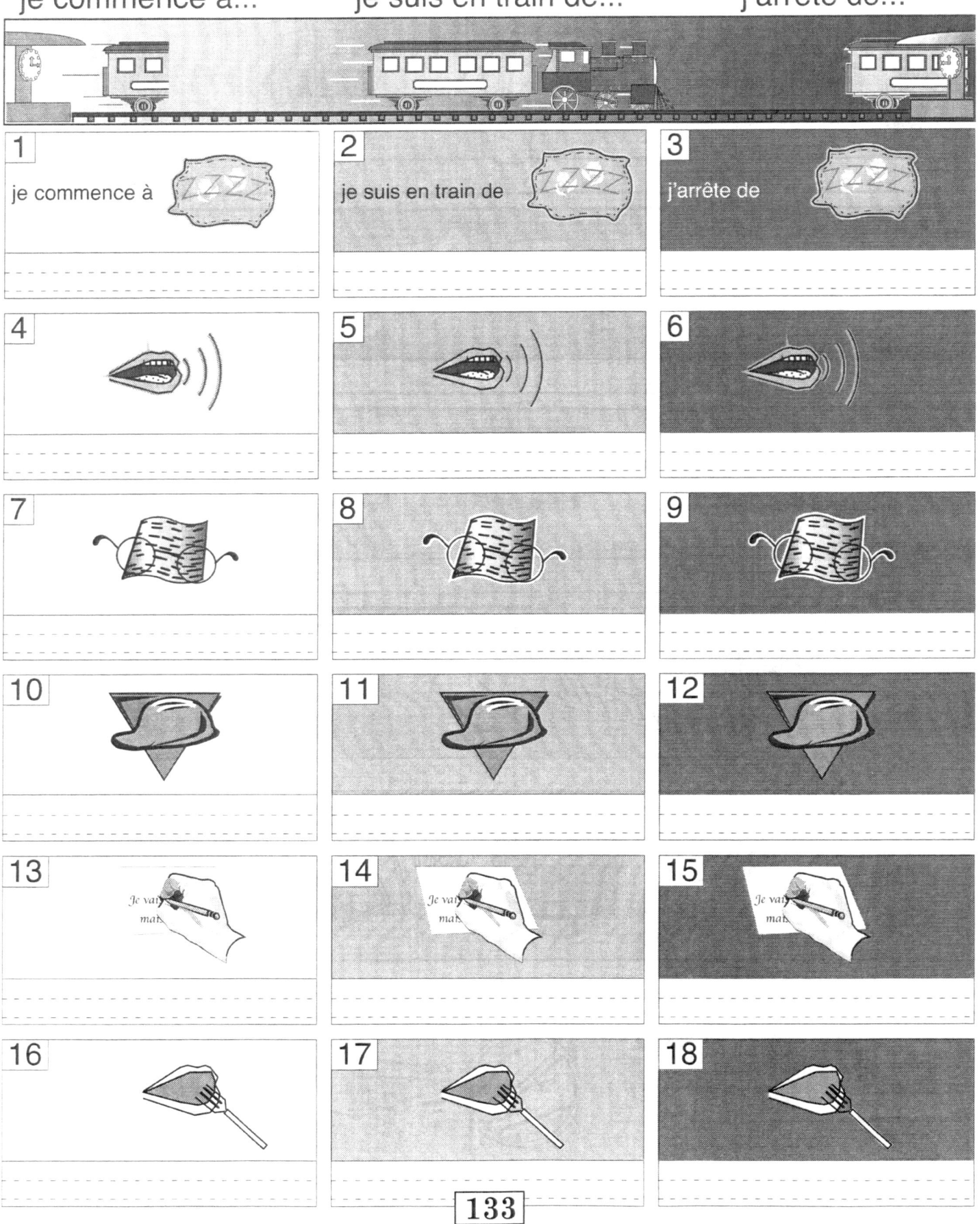

Look at this schedule and complete the sentences below using:

Commencer à ...
Être en train de ...
Arrêter de ...

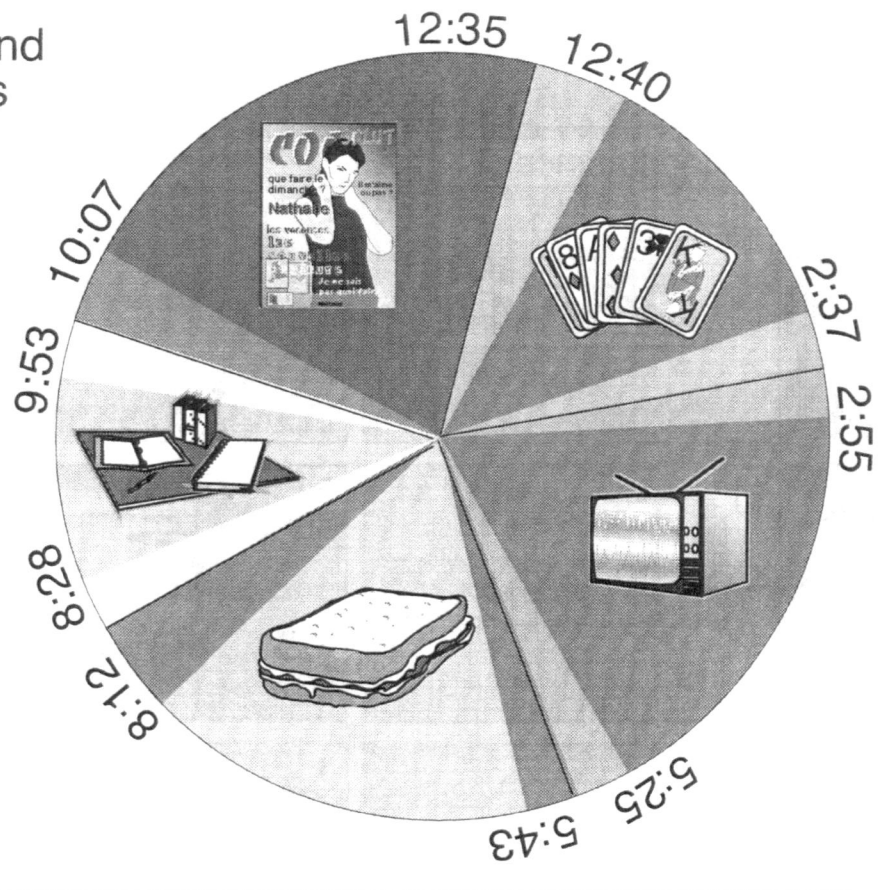

À 1h:30 je ....
J'arrête de.. à **5h:25**
À 6h:20 je ....
Je commence à .... à **8h:28**
À 11h:10 je ....
J'arrête de.. à **12h:35**
À 4h:25 je ....
Je commence à .... à **10h:07**
À 12h:40 je ....
J'arrête de.. à **9h:53**
À 9h:00 je ....
Je commence à .... à **2h:55**

Questions
(Students will refer to the weel above to answer).

1   Que fais tu à deux heures ?
....
2   Que fais tu à cinq heures vingt cinq ?
....
3   Que fais tu à onze heures ?
....

Create sentences using these pictures and write them on the next page.

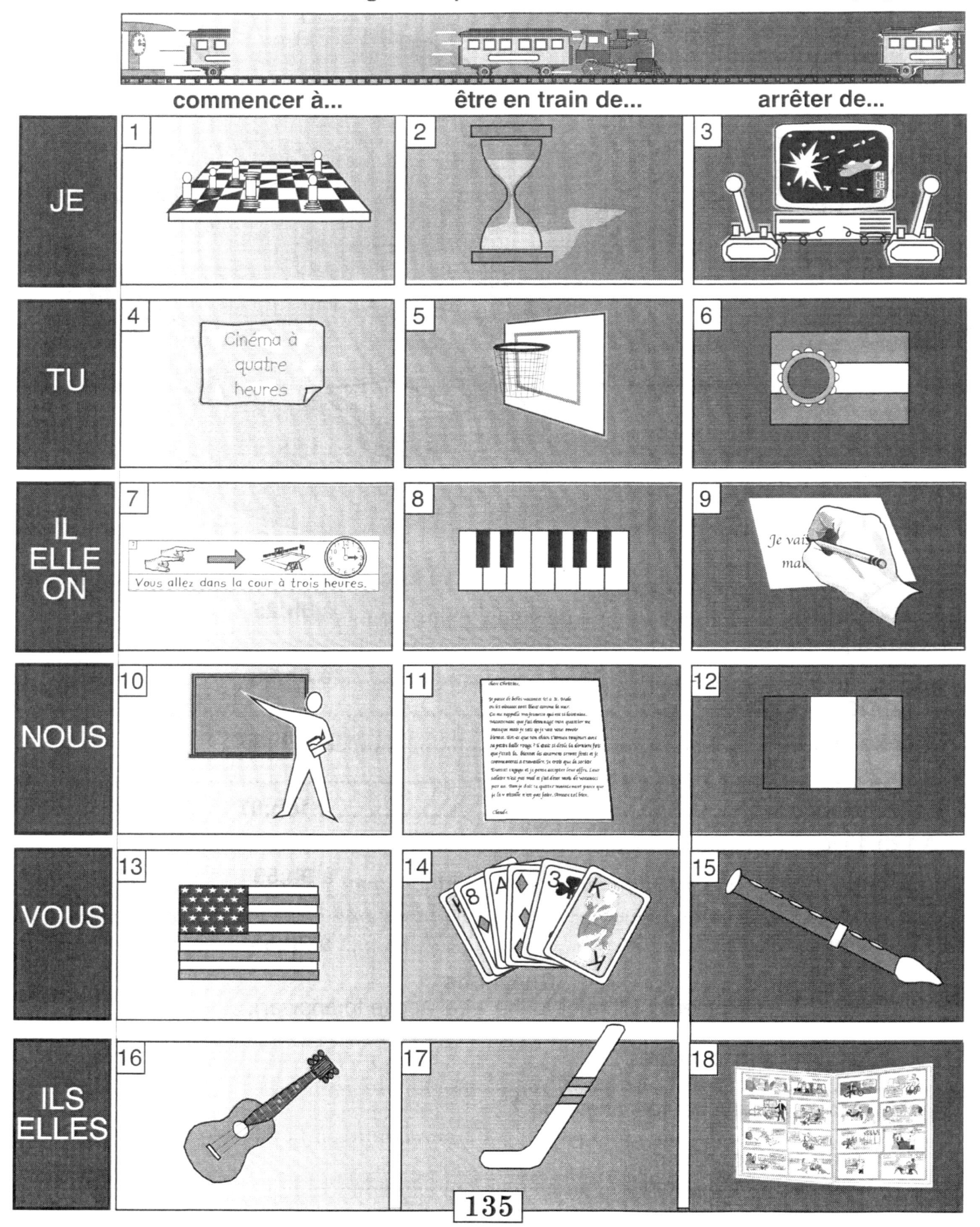

	commencer à...	être en train de...	arrêter de...
JE	1	2	3
TU	4	5	6
IL ELLE ON	7	8	9
NOUS	10	11	12
VOUS	13	14	15
ILS ELLES	16	17	18

135

	commencer		arrêter
	je commence tu commences il / elle commence nous commençons vous commencez ils / elles commencent		j'arrête tu arrêtes il / elle arrête nous arrêtons vous arrêtez ils / elles arrêtent

1 ....
2 ....
3 ....
4 ....
5 ....
6 ....
7 ....
8 ....
9 ....
10 ....
11 ....
12 ....
13 ....
14 ....
15 ....
16 ....
17 ....
18 ....

On joue ensemble ?

Il est 4 heures. L'école est finie*. ....*over
Marie est en train de jouer du piano dans la classe de musique.

Alain	Tu sais jouer du piano ?
Marie	Oui. Tu sais jouer de la flûte ?
Alain	Oui, je sais jouer de la flûte.
Marie	J'ai une idée* ! ....* an idea
Alain	Qu'est-ce que c'est ?
Marie	Caroline sait jouer de la guitare. On peut jouer ensemble.
Alain	Bonne idée* ....* good idea
Marie	Je vais chercher Caroline. Elle est dans la cour.

Il trouve* Caroline qui s'amuse dans la cour avec des amis.............*trouve: finds

Alain	Est-ce que tu veux jouer de la musique avec Marie et moi ?
Caroline	D'accord, mais je dois aller à la maison à 5 heures.

Il revient* avec Caroline.............*comes back
Les trois amis commencent* à jouer.......* start
La musique est horrible.*............*horrible
Ils ne savent pas jouer ensemble.

Marie	Arrêtez* ! Arrêtez de jouer !............*stop
Alain	Pourquoi tu veux arrêter ?
Marie	C'est horrible. On ne peut pas jouer ensemble.
Caroline	J'ai une idée. On va jouer à cache-cache*. *hide & seek
Alain	Bonne idée.
Marie	J'adore* jouer à cache-cache.............*love / adore

Ils s'en vont* dans la cour de récréation.........*leave

A

1. Alain sait .... de la flûte.
2. Marie est .... de jouer du ....
3. Caroline sait .... de la ....
4. Il est .... heures.
5. Caroline doit .... à la .... à .... heures.
6. Caroline .... dans la cour de ....
7. Les trois amis .... à jouer.
8. La musique est ....
9. Ils ne .... pas jouer ensemble.
10. ils sont dans la .... de musique.

B

Les amis jouent ensemble mais ....
....

Marie a une ....
Ils peuvent ....

Les trois amis ....
parce qu'ils ne ....

C

Questions

1. Où est-ce qu'il rencontre Marie ?
....
2. Qui sait jouer de la guitare ?
....
3. Comment est la musique ?
....

Lesson 20

Une lettre de Christine

en vacances

Chère* Nathalie,

Nous sommes en vacances à Cannes. Il fait beau tous les jours. Aujourd'hui c'est lundi et nous allons à la plage. Mardi nous allons visiter un petit village qui s'appelle Saint Paul. Ma soeur Sophie commence à nager et elle aime beaucoup la mer. Mon cousin Daniel est en train de jouer au volley avec des amis et il aime beaucoup le sable. Mon frère Aymeric vient Mercedi. Il va rester trois jours*. Jeudi nous allons acheter un petit bateau parce que nous allons pêcher. Tu peux venir si tu veux parce que nous avons une grande maison. J'arrête d'écrire parce que je dois aller à l'épicerie pour faire des courses. Sophie et Daniel veulent faire un picnic sur la plage.

À bientôt.

Christine

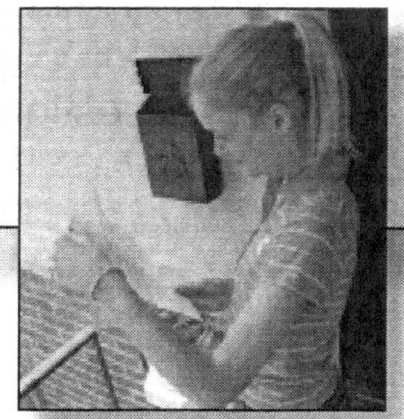

*Chère.................dear
*jours..................days
*tous les *jours....every day

à la plage

un petit village

un bateau de pêche

l'épicerie

des provisions

la mer

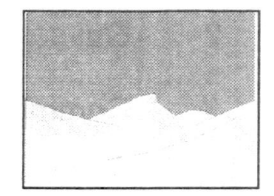

le sable

Complétez ces phrases

Christine .... une lettre à ....
Christine, Sophie et Daniel .... en vacances à ....
Aujourd'hui, c'est .... et ils .... à la plage.
Mardi ils .... visiter un .... village.
Sophie .... beaucoup la ....
Elle .... à ....
Daniel est .... de .... au ....
avec .... et il .... beaucoup
le ....
Le .... de Christine s'appelle....................
Il va .... trois ....
Jeudi ils vont .... un .... bateau
pour .... pêcher. Nathalie peut .... à
Cannes parce qu'ils .... une grande .... Christine
.... d'écrire parce qu'elle doit .... à
.... pour .... des .... Sophie
et .... veulent .... un .... sur la ....

1   Où sont les trois amis ?
....
2   Qu'est-ce qu'ils font ?*help students with this answer.
....
3   Où vont-ils aujourd'hui ?
....
4   Quand vont-ils visiter un petit village ?
....
5   Qui arrive mercredi ?
....
6   Qu'est-ce qu'ils vont acheter jeudi ?
....
7   Pourquoi faire ?
....
8   Comment est la maison de Christine ?
....
9   Où va-t-elle faire des courses ?
....
10 Pourquoi ?
....

1 Les vacances en France

Match the pictures above with these sentences

1. On peut aller à la montagne.....☐
2. On peut jouer aux cartes..........☐
3. On peut jouer aux boules.........☐
4. On peut aller à la plage............☐
5. On peut faire de la voile............☐
6. On peut visiter des châteaux.....☐
7. On peut aller à la campagne......☐
8. On peut visiter un petit village....☐

2 La lettre de Christine

*ouvre: opens
*se demande: wonders
*trouve: finds
*voit: sees

Match the pictures above with these sentences

1. Elle ouvre* la lettre...☐
2. Elle se demande* ce qu'elle va dire.......................................☐
3. Elle trouve* une enveloppe dans la boite aux lettres......☐
4. Elle commence à lire la lettre..☐
5. Elle voit* que c'est une lettre de Christine....................☐
6. Elle est contente...☐
7. Elle commence à écrire..☐

Lesson 21

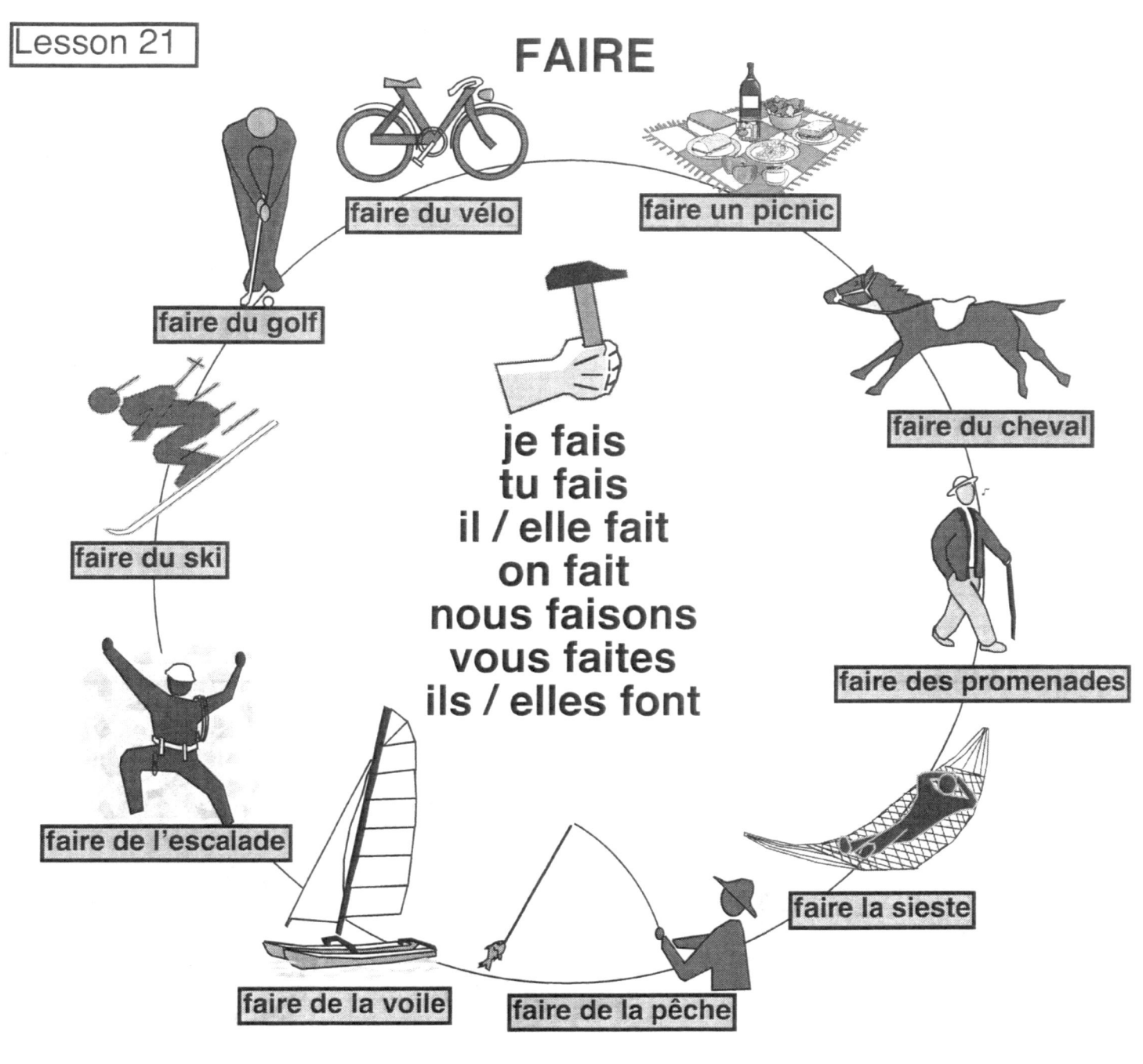

FAIRE

faire du vélo
faire un picnic
faire du golf
faire du cheval
faire du ski
faire des promenades
faire de l'escalade
faire la sieste
faire de la voile
faire de la pêche

je fais
tu fais
il / elle fait
on fait
nous faisons
vous faites
ils / elles font

1. je
2. nous
3. ils
4. elle

142

| 5 | nous | 🔨 | 🚲 | 👥 |

| 6 | 4 | tu | 🔨 | ⛵ |

| 7 | ☀️ | elles | 🔨 | ⛵ |

| 8 | on | 🔨 | 🎣 | *quand* | ☀️ |

| 9 | ils | 🔨 | 🛌 | 🕓 |

| 10 | vous | 🔨 | 🚶 | ✓ |

| 11 | je | 🔨 | 🐎 | 🐓 |

143

les saisons

juin juillet août — **en été**
septembre octobre novembre — **en automne**
décembre janvier février — **en hiver**
mars avril mai — **au printemps**

1. **vous**
2. **ils**
3. **tu**
4. **nous**
5. **elles**
6. **on**

Dialogues avec le verbe faire

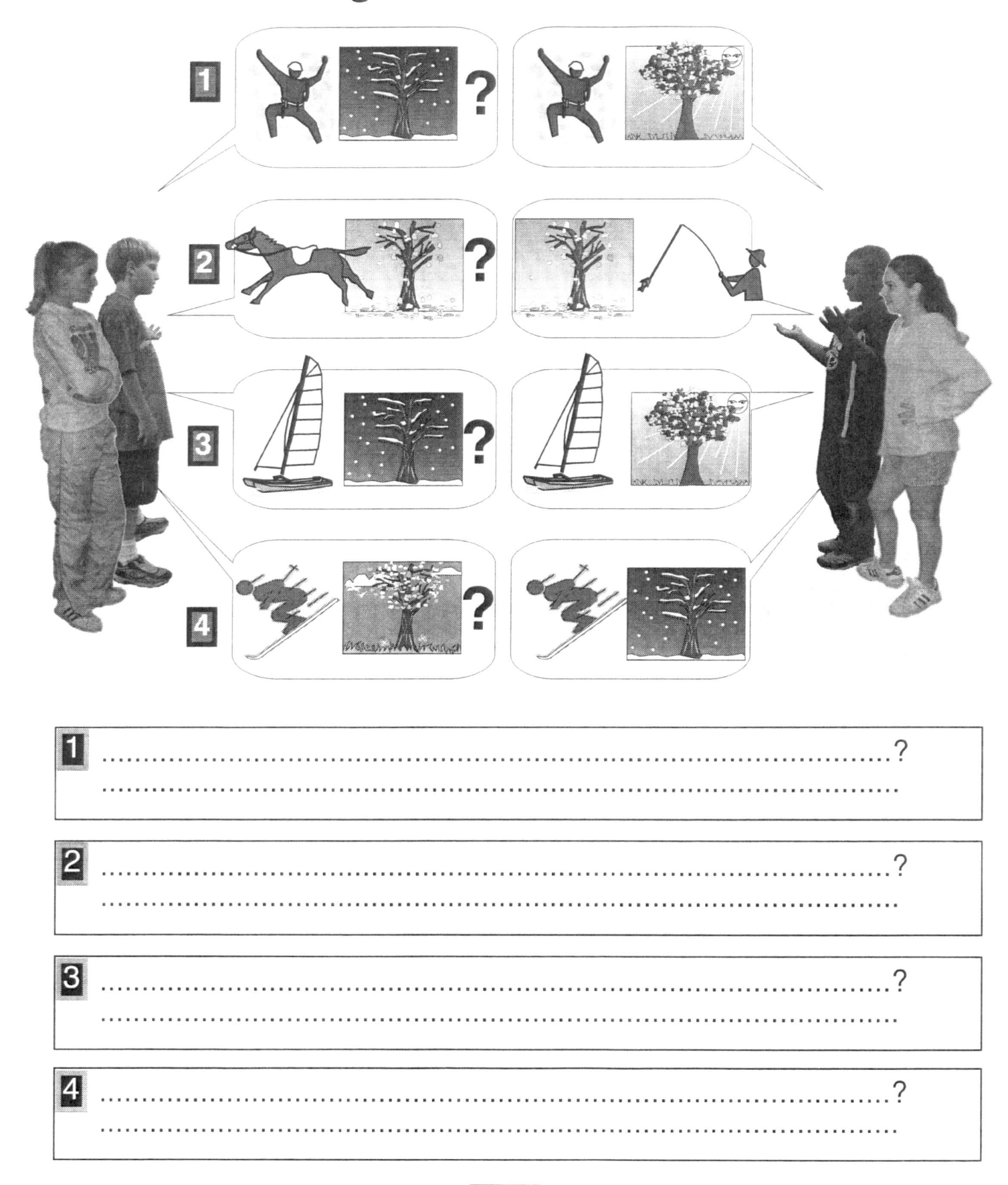

1	....?
	....

2	....?
	....

3	....?
	....

4	....?
	....

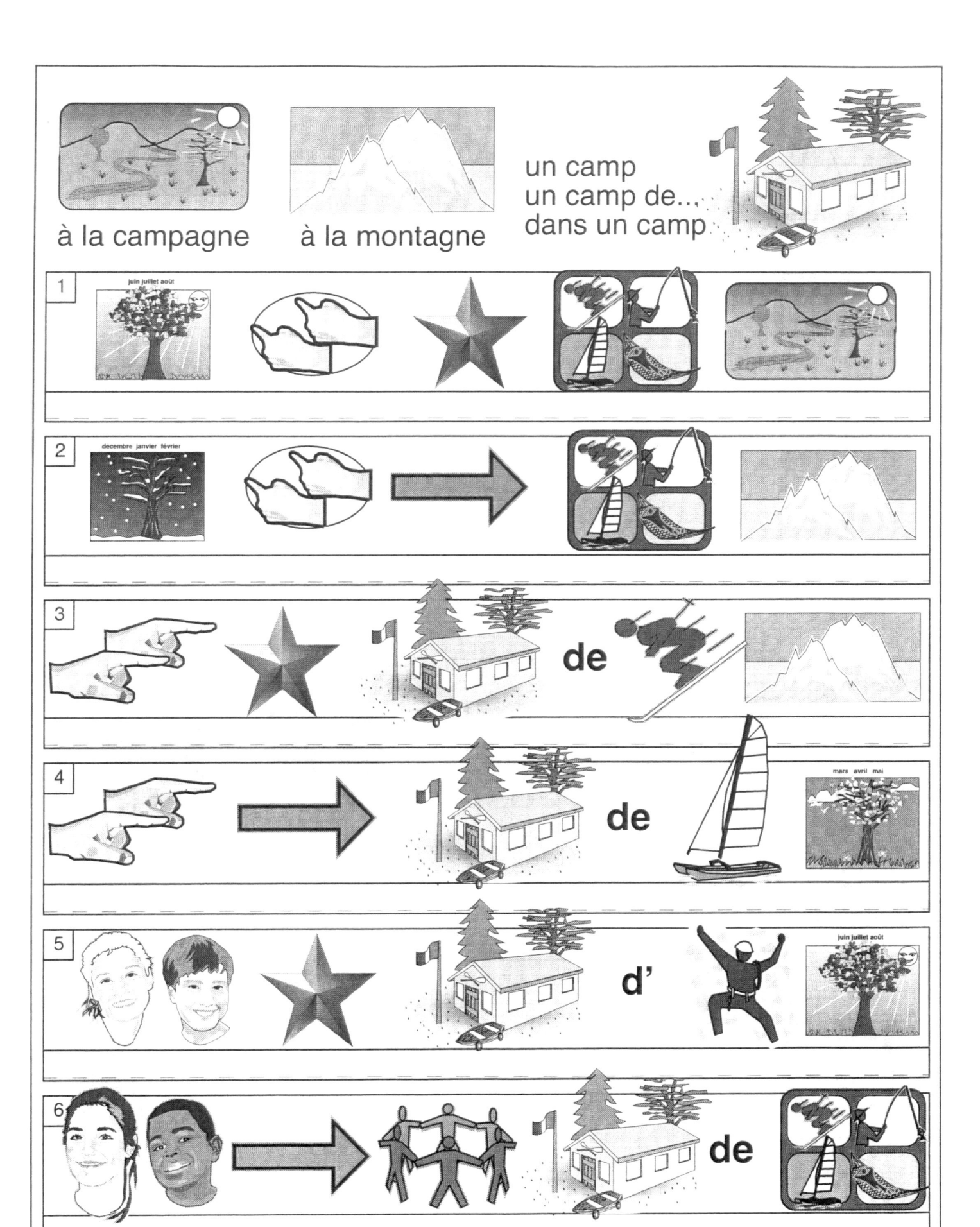

à la campagne   à la montagne   un camp
un camp de...,
dans un camp

146

write a letter to a friend using this vocabulary.

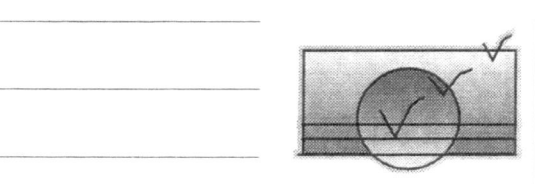

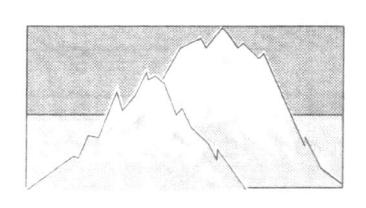

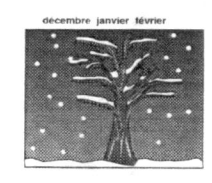

write a letter to your parents using this vocabulary.

147

travailler	je travaill.....	préférer	je préfèr.....
	tu travaill.....		tu préfèr.....
	il / elle / on travaill.....		il / elle / on préfèr.....
	nous travaill.....		nous préfér.....
	vous travaill.....		vous préfér.....
	ils / elles travaill.....	attention: je préfère le / la / les / l'	ils / elles préfèr.....

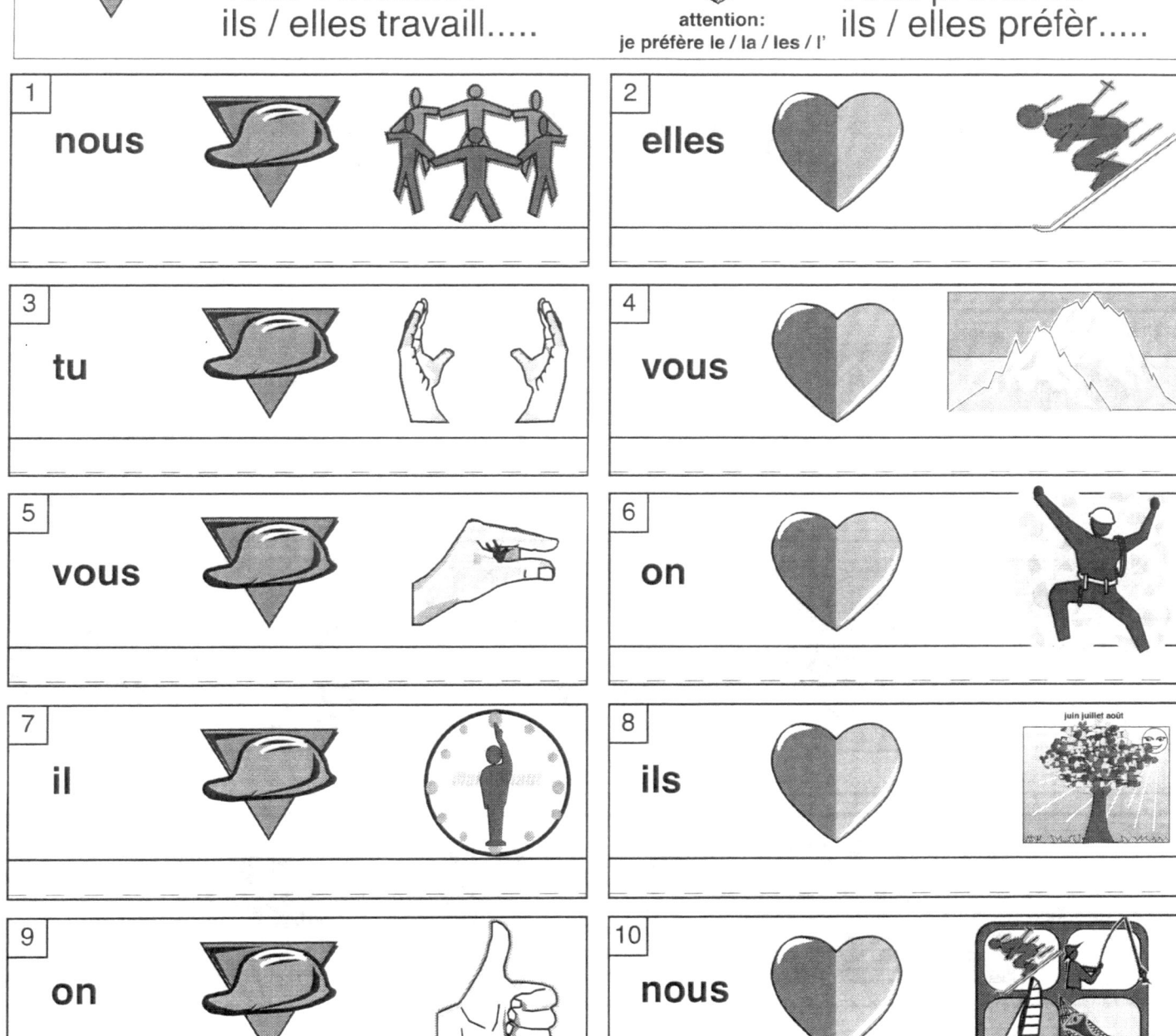

1. nous
2. elles
3. tu
4. vous
5. vous
6. on
7. il
8. ils
9. on
10. nous
11. elle
12. je

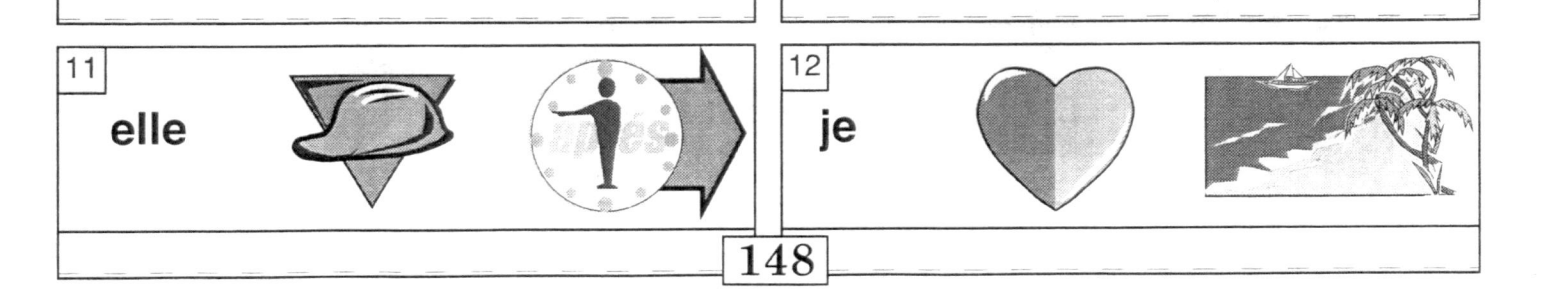

148

1 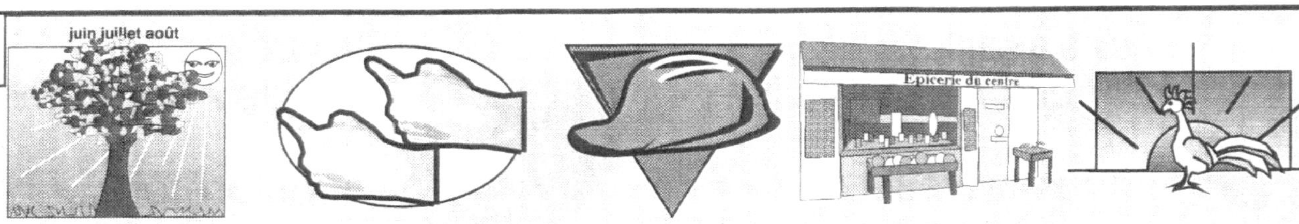

et

---

2 Si 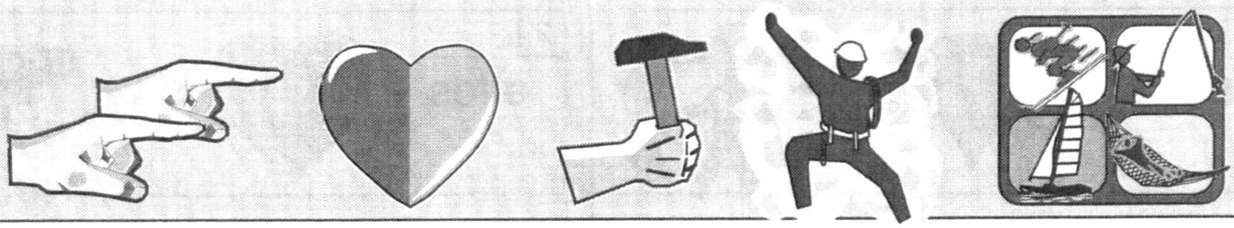

---

3 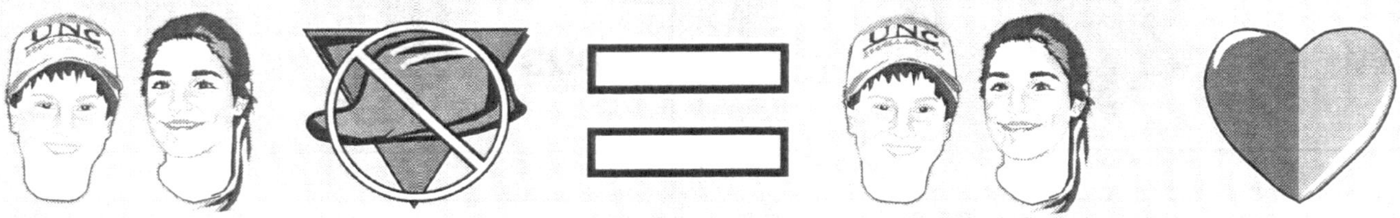

---

4 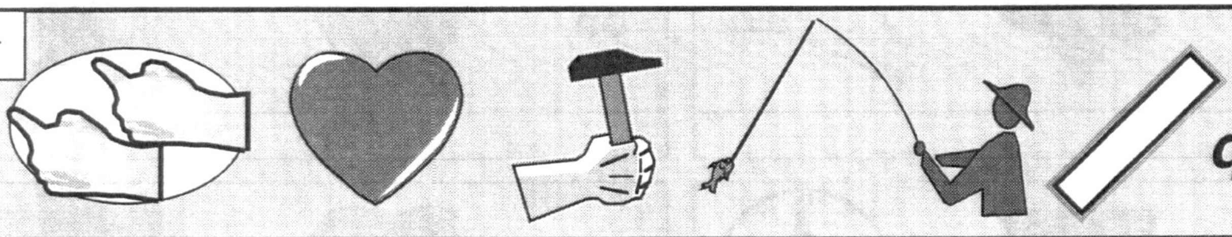 quand

---

5 quand 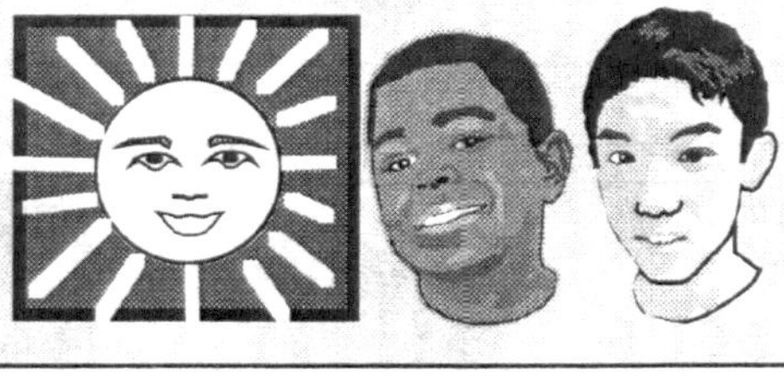 s' 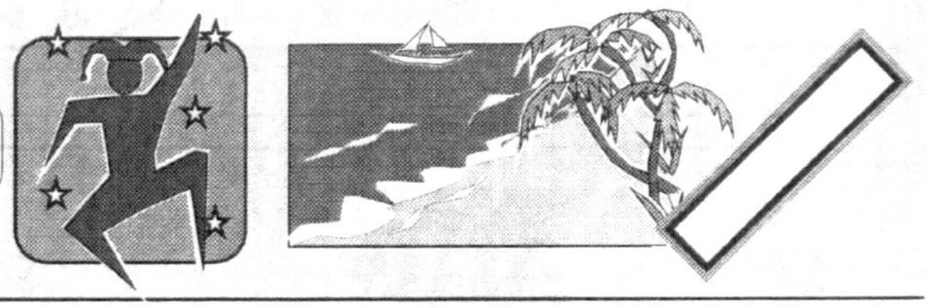

---

6 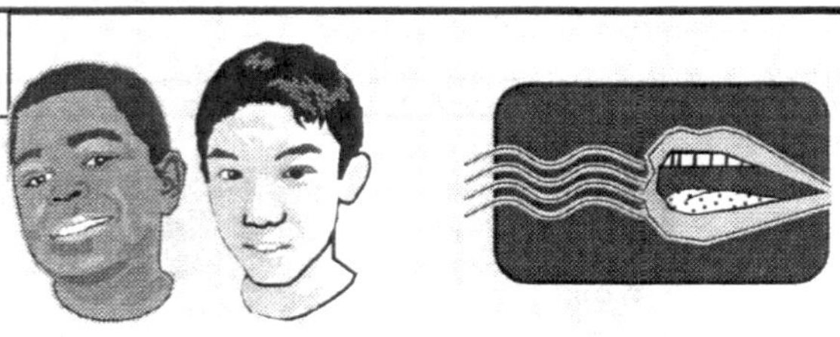 qu' 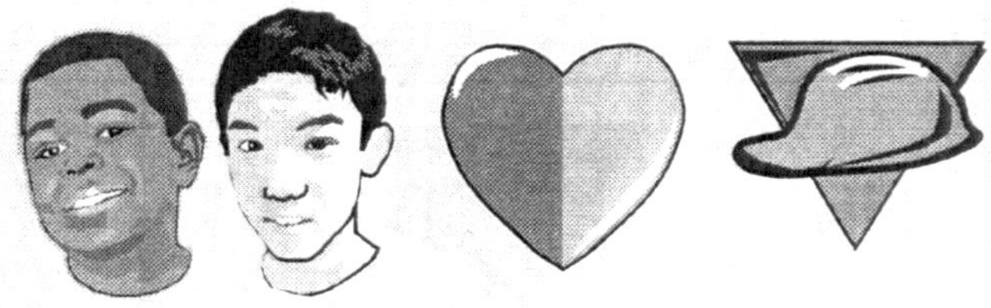

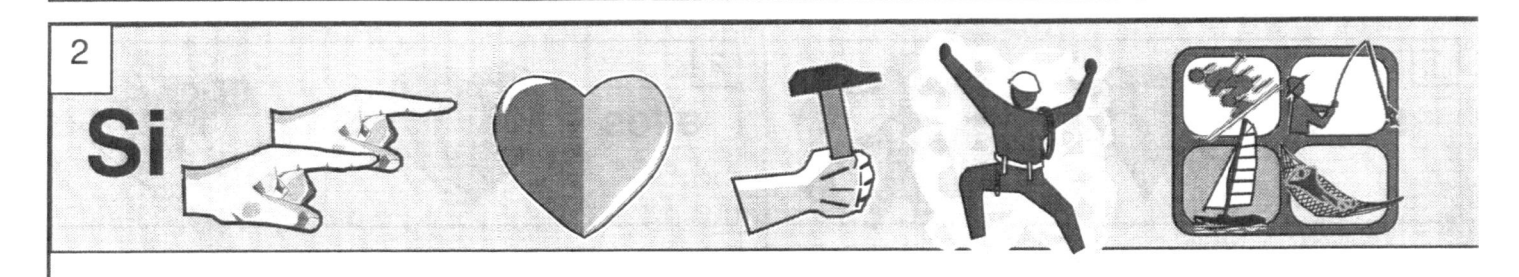

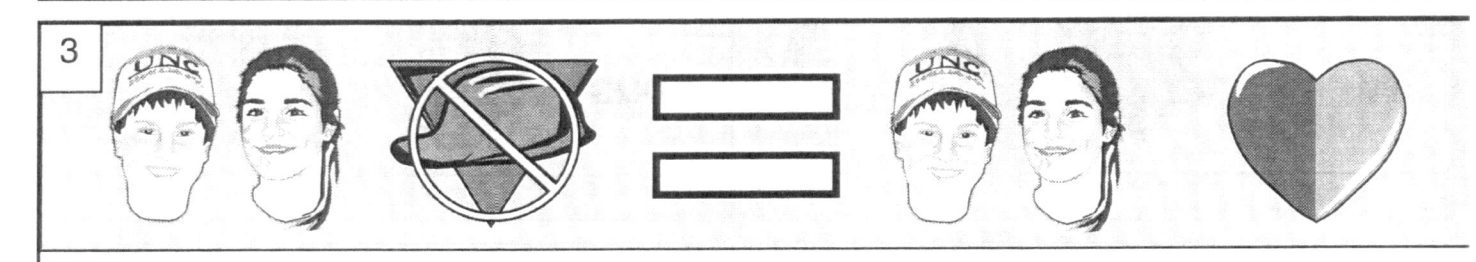

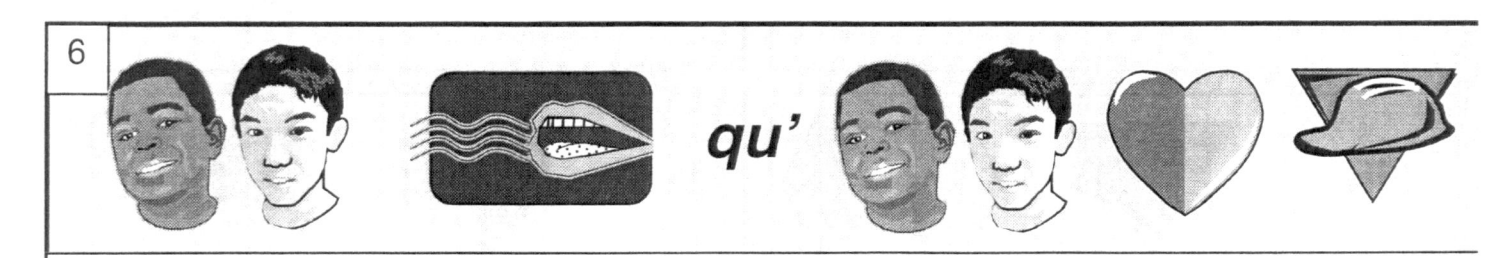

150

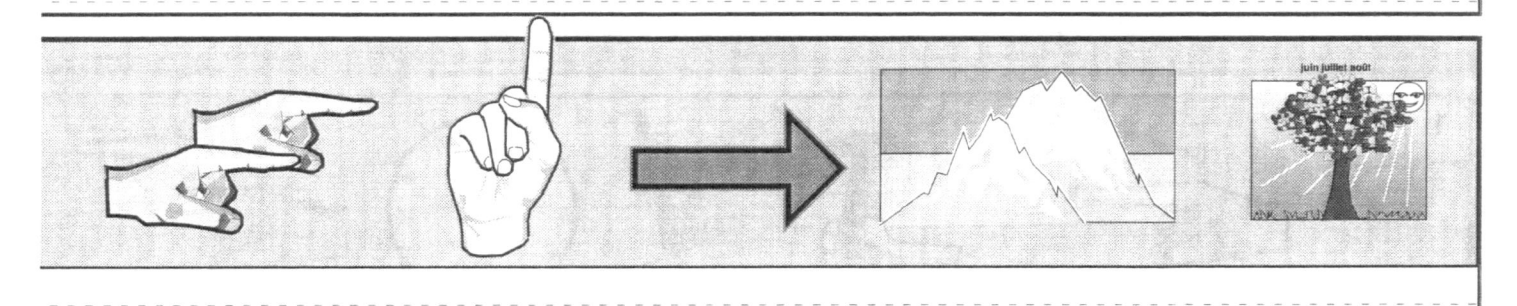

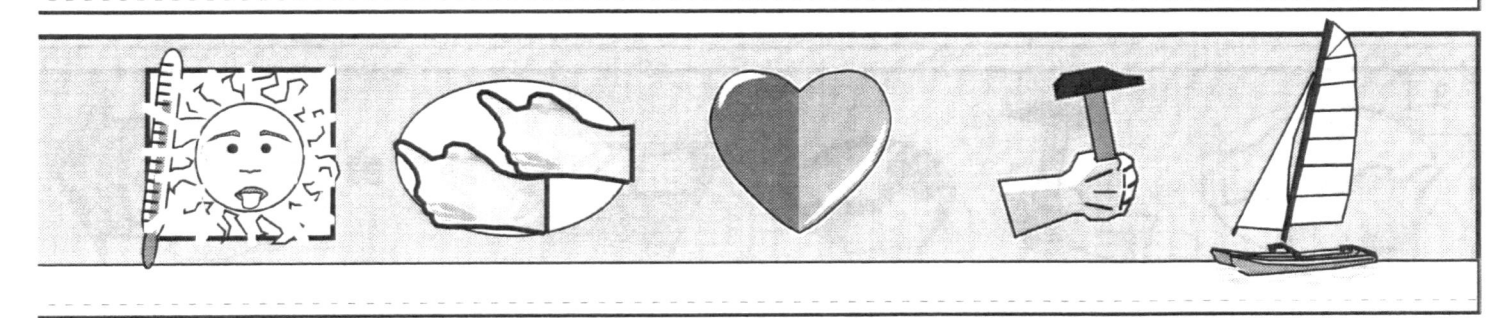

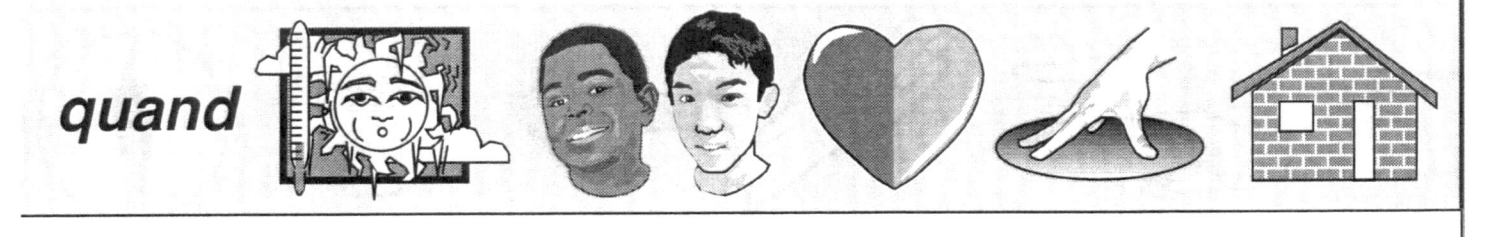

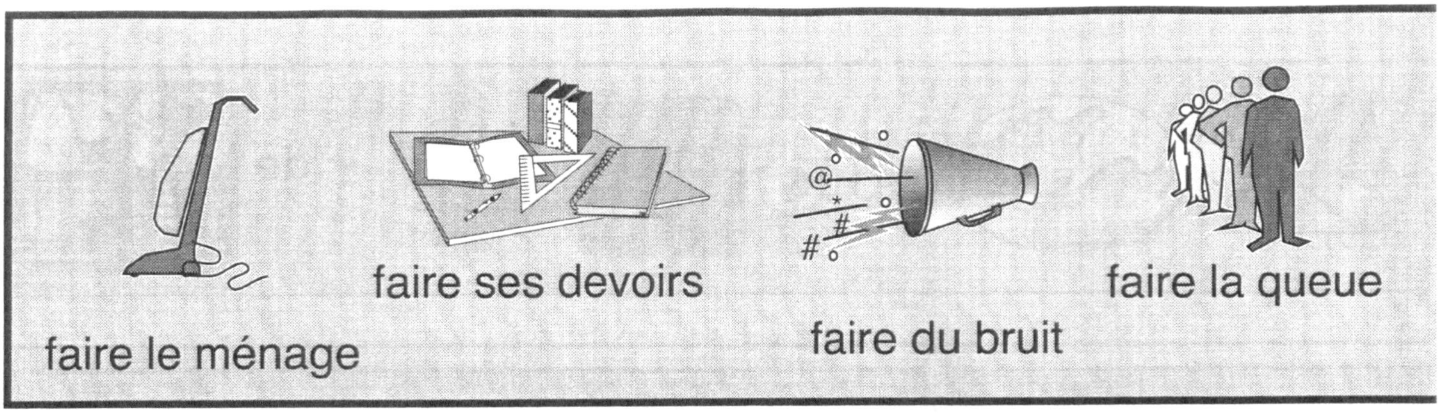

faire le ménage   faire ses devoirs   faire du bruit   faire la queue

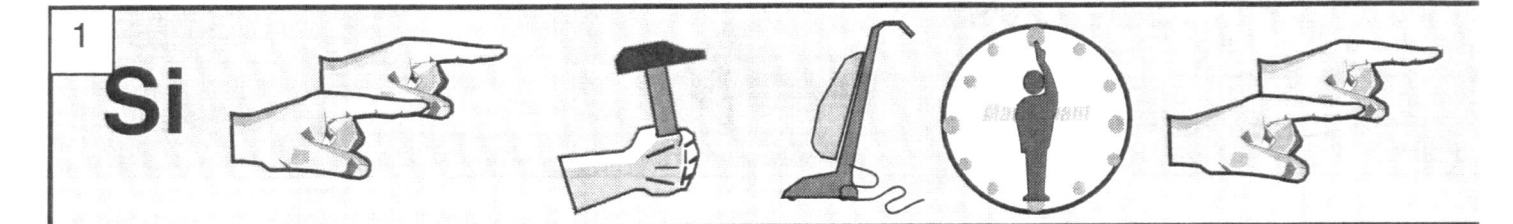

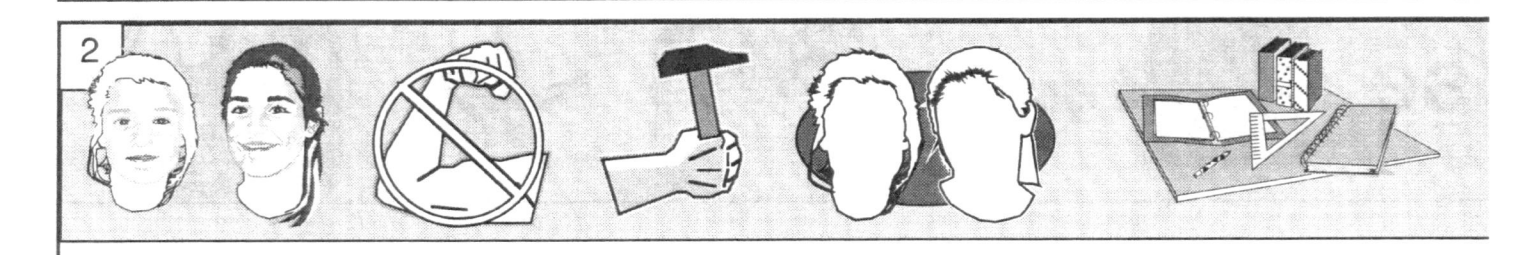

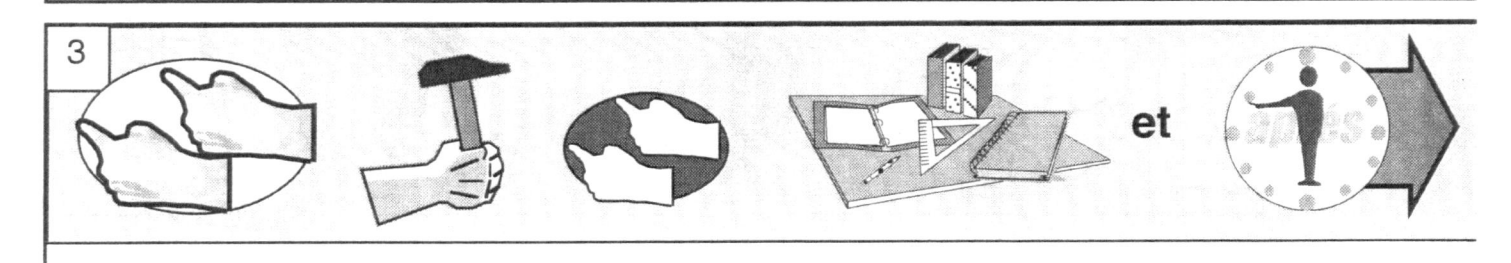

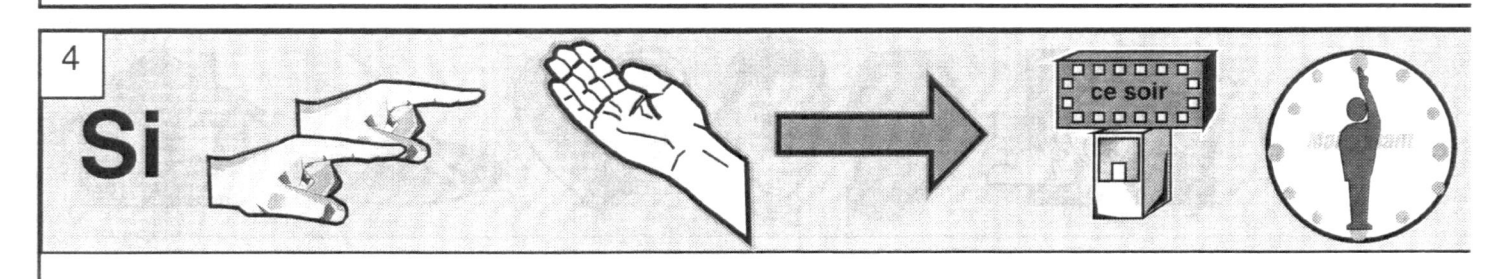

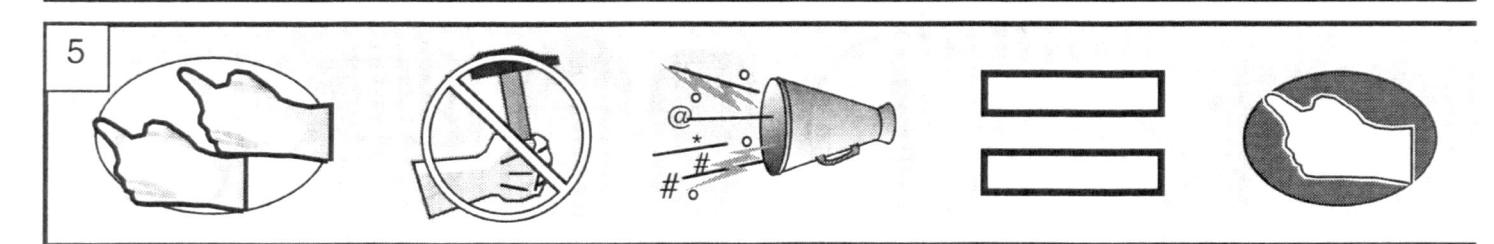

mes devoirs
tes devoirs
ses devoirs
devoirs
nos devoirs
vos devoirs
leurs devoirs

12
1
2
3
4
5
6
7
8
9
10
11

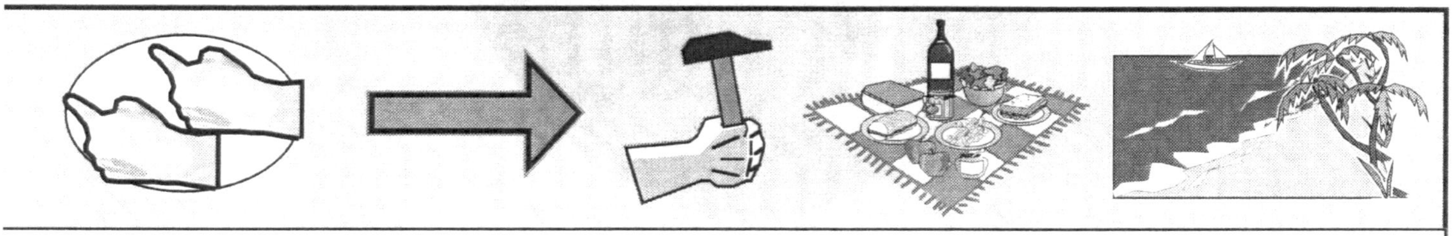

Au revoir
à bientôt et
Bonnes Vacances

lesson 1 page 1 Review Book 2

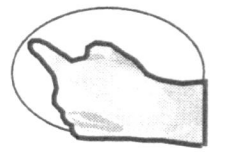

je — I / me
tu — you 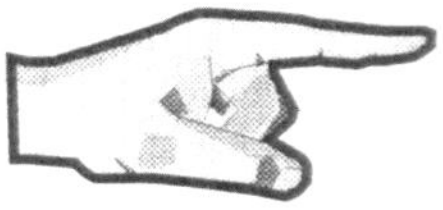
il — he 
elle — she 

lesson 1 page 1 New

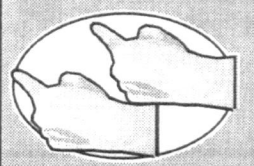

nous — we / us
vous — you (plural) 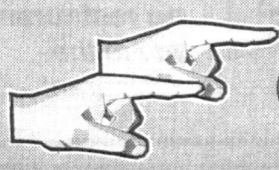
ils — they 
ils — they 
elles — they (feminine) 

lesson 1 page 2, 3 Review Book 2

manger — to eat
regarder — to look 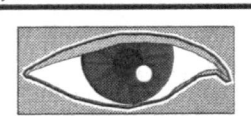
un film — a movie 
la télé — TV 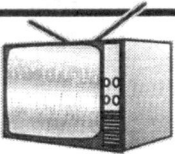
un sac — a bag 
de la glace — ice cream 
des frites — french fries 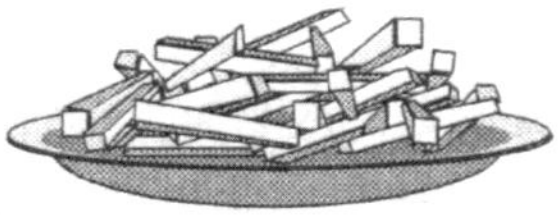
du gâteau — cake 
à l'école — at / to school 
à la maison — at home 
un garçon — a boy 
une fille — a girl 
un peu — a little 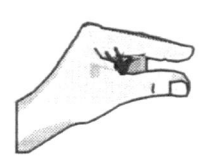
le matin — in the morning 
l'après-midi — in the afternoon 
le livre — the book 

lesson 1 page 4 Review Book 2

.... ne .... pas de.... — not, do not, does not
ne pas — not, do not, does not 
le soir — in the evening

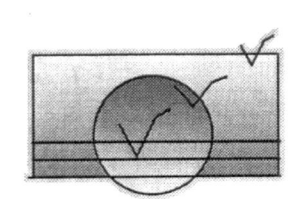

lesson 1 page 5, 6 **Review Book 2**

aimer — *to like / love*
jouer — *to play* 
ensemble — *together* 
au foot — *soccer* 
beaucoup — *a lot* 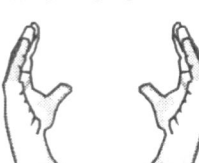
au basket — *basket ball* 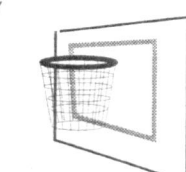
au restaurant — *at / to the restaurant* 

lesson 1 page 5, 6 **New**

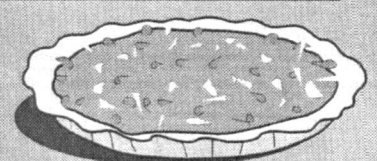

une quiche lorraine — *a quiche*
un croque monsieur — *a grilled ham & cheese* 
des biscuits — *cookies* 

lesson 2 page 8 **New**

1	2	3	4	5	6	7
lundi *Monday*	**mardi** *Tuesday*	**mercredi** *Wednesday*	**jeudi** *Thursday*	**vendredi** *Friday*	**samedi** *Saturday*	**dimanche** *Sunday*

lesson 2 page 9 **Review Book 2**

aujourd'hui — *to day*
il fait chaud — *it's hot* 
il fait froid — *it's cold* 

lesson 2 page 9, 10 **New**

il fait beau — *it's a nice day*
il pleut — *i't raining* 

il fait / il ne fait pas
c'est ce n'est pas

155

lesson 3 page 11 **Review Book 2**

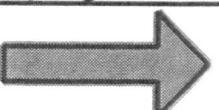

aller — *to go*

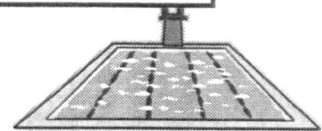

à la piscine — *at / to the swimming pool*

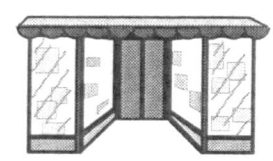

au magasin — *at / to the store*

au parc — *at / to the park*

au cinéma — *at / to the movie theater*

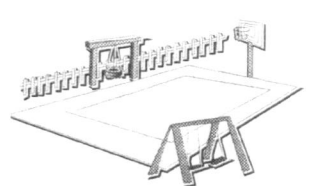

dans la cour — *on the playground*

au tennis — *tennis*

page 11 **New**

quand
when

page 15 **New**

chez moi — *at my place*

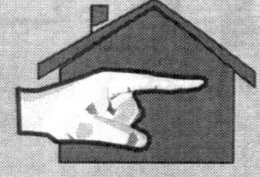

chez toi — *at your place*

chez nous — *at our place*

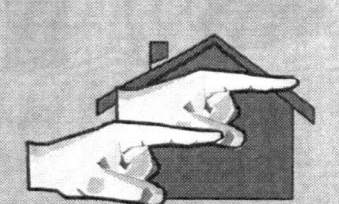

chez vous — *at your place*

chez lui — *at his place*

chez elle — *at her place*

chez eux — *at their place*

chez elles — *at their place*

page 16 **Review Book 2**

Est-ce que vous ... ?
Do you /

page 17 **Review Book 2**

être — *to be*

lesson 4 page 18 Review Book 2

dans le salon — to / in the living room
dans la chambre — to / in the bedroom 
dans la cuisine — to / in the kitchen *(New)*
aux toilettes — to / in the bathroom *(New)*
dans la salle de bains — to / in the bathroom
dans le garage — to / in the garage 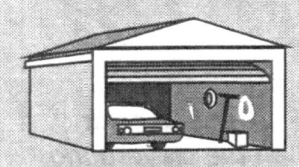
dans la salle à manger — to / in the dining room 
dans le jardin — to / in the backyard 

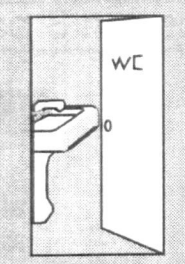

page 21, 22 Review book 2

parler — to speak
français — French 
anglais — English 
français — French (nationality) 
parce que — because
avec — with 

lesson 5 page 23 Review book 2

la leçon — the lesson
en classe — in the classroom 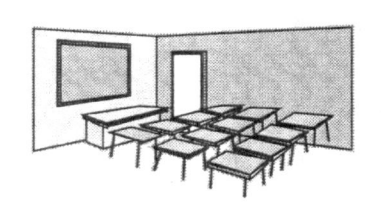
(de) musique — music (music lesson) *(New)*
(de) math — math (math lesson) *(New)*

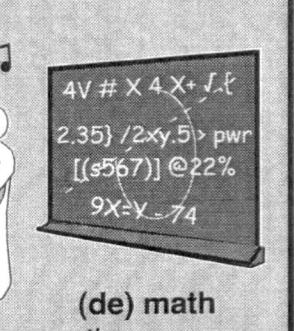

page 25 New

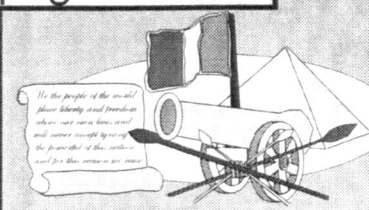

(d') histoire — history (history lesson)
(d') art — art (art lesson) 
(de) géo — geography (geography lesson) 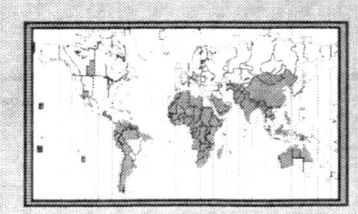
(de) gym — PE (physical ed.) 

157

lesson 6 page 25 **Review Book 2**

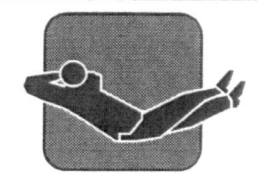

se reposer — *to rest*

s'amuser — *to have fun*

lesson 7 page 31 **Review Book 2**

fatigué — *tired*

en retard — *late*

content — *happy*

timide — *shy*

américain — *American*

page 32 **New**

canadiens / canadiennes — *Canadian*

malades — *sick*

fachés / fachées — *mad*

petits / petites — *small*

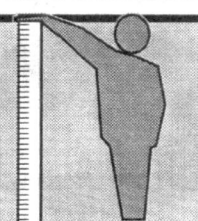

grands / grandes — *tall*

lesson 8 page 35 **New**

les tasses — *cups*

la lampe — *the lamp*

les jouets — *toys*

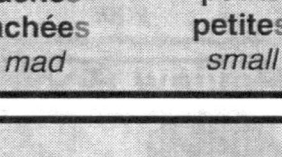

les casseroles — *pots*

Review book 2

l'ordinateur — *the computer*

les assiettes — *the plates*

les outils — *the tools*

le frigo — *the refrigerator*

les couverts — *silverware*

la chaise — *the chair*

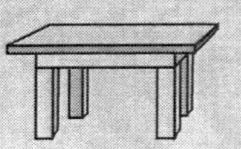

la table — *the table*

le tapis — *the carpet*

la commode — *the dresser*

le lit — *the bed*

le savon — *soap*

lesson 8 page 32 **New**

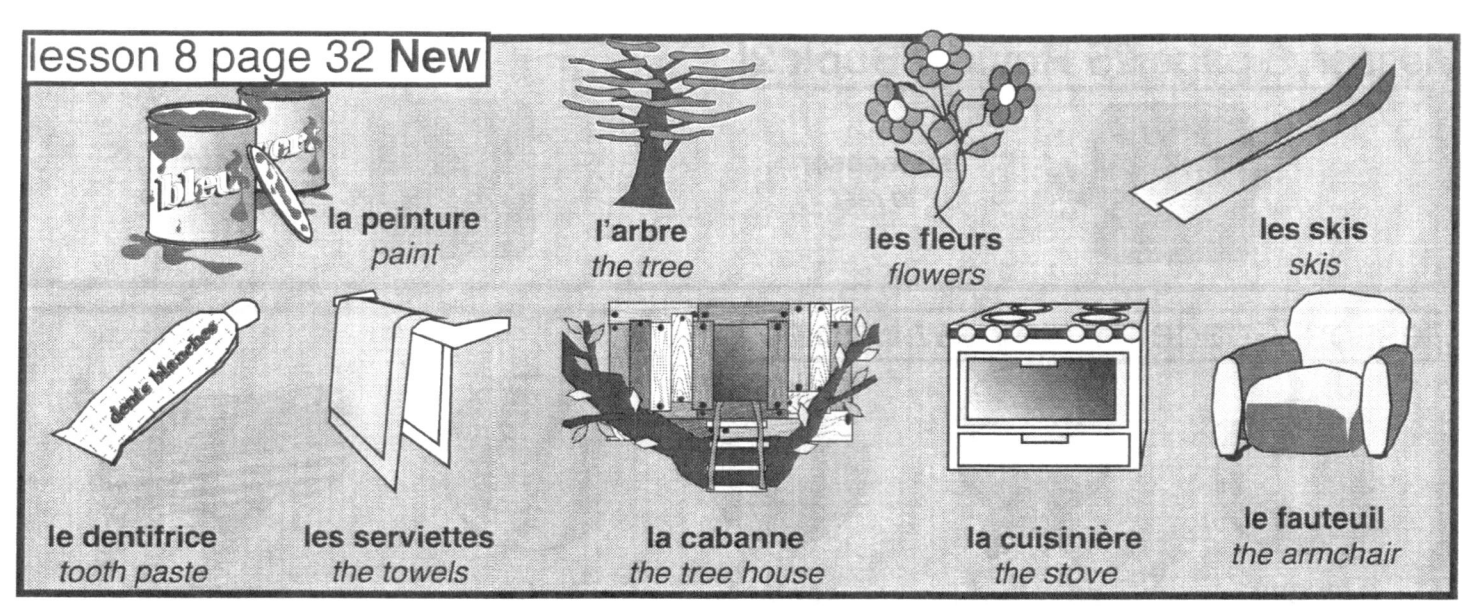

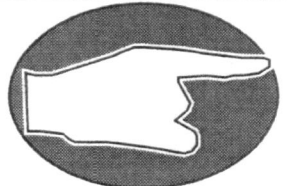

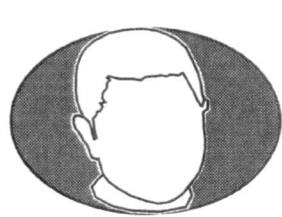

- **la peinture** — paint
- **l'arbre** — the tree
- **les fleurs** — flowers
- **les skis** — skis
- **le dentifrice** — tooth paste
- **les serviettes** — the towels
- **la cabanne** — the tree house
- **la cuisinière** — the stove
- **le fauteuil** — the armchair

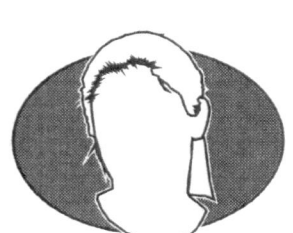

lesson 8 page 38 **Review Book 2**

- **mon, ma, mes** — my
- **ton, ta, tes** — your
- **son, sa, ses** — his
- **son, sa, ses** — her

lesson 9 page 40 **Review Book 2**

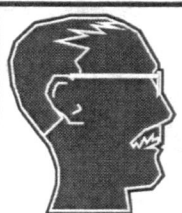

- **le père** — the father
- **la mère** — the mother
- **le frère** — the brother
- **la soeur** — the sister

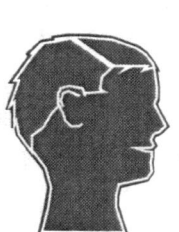

lesson 9 page 40 **New**

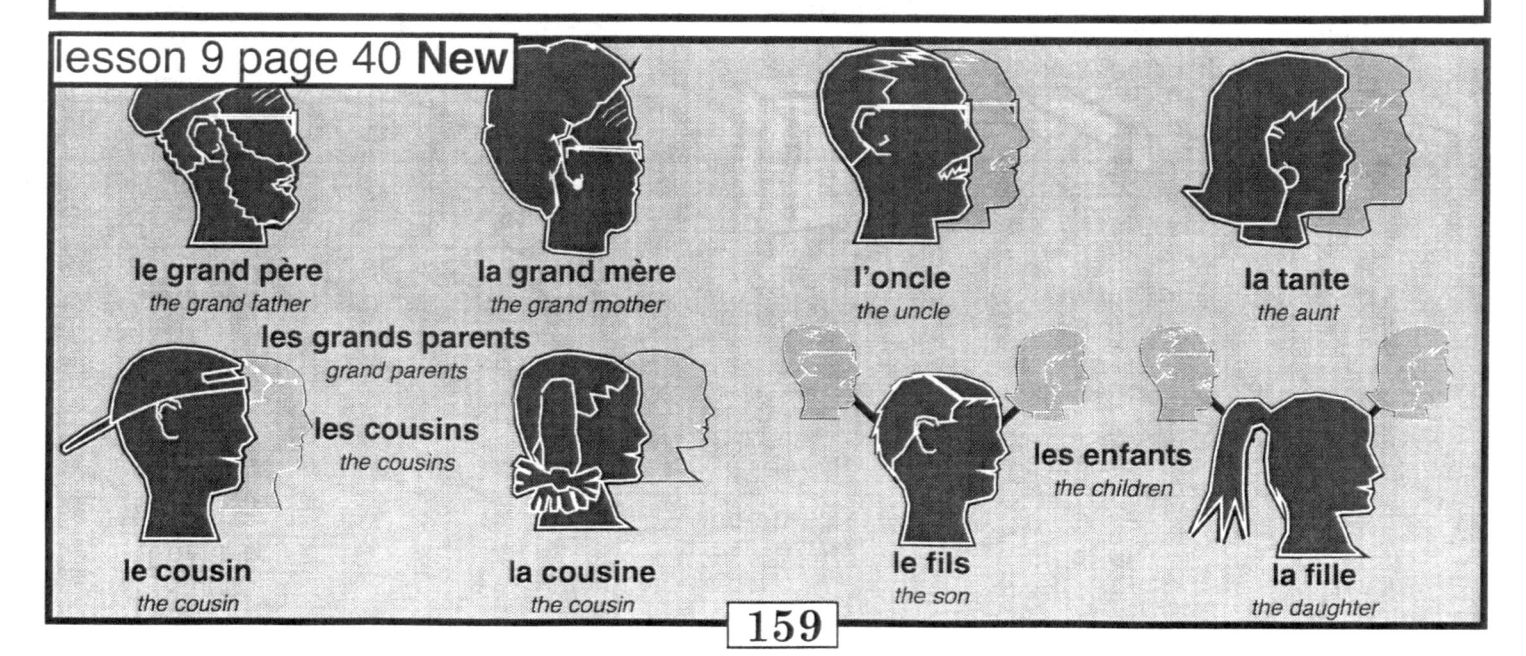

- **le grand père** — the grand father
- **la grand mère** — the grand mother
- **l'oncle** — the uncle
- **la tante** — the aunt
- **les grands parents** — grand parents
- **les cousins** — the cousins
- **le cousin** — the cousin
- **la cousine** — the cousin
- **le fils** — the son
- **les enfants** — the children
- **la fille** — the daughter

lesson 10 page 45 Review Book 2

chercher — *to look for ...*

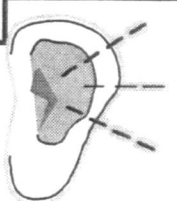

écouter — *to listen*

acheter — *to buy*

lesson 10 page 46, 47 Review Book 2

la music — *music*

les CDs — *CDs*

les lunettes — *glasses*

la radio — *the radio*

lesson 10 page 48 New (available in Book 2 as a different image)

la prof — *the teacher*

les profs — *the teachers*

le prof — *the teacher*

lesson 11 page 52 New

porter — *to wear*

un short — *shorts*

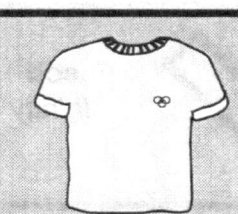

un tee-shirt — *T-shirt*

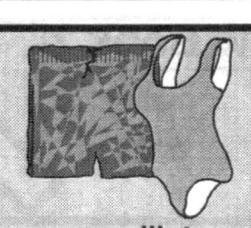

un maillot — *swimsuit*

des sandales — *sandals*

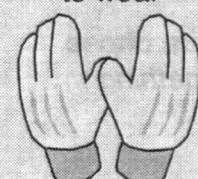

des gants — *gloves*

un pull — *a sweater*

des tennis — *tennis shoes*

des lunettes de soleil — *sun glasses*

des chaussures — *shoes*

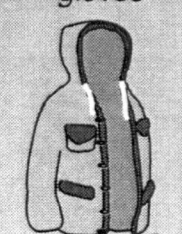

un imperméable — *raincoat*

un bonnet — *hat*

des bottes — *boots*

un parapluie — *umbrella*

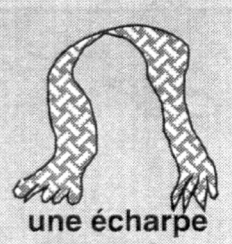

une écharpe — *scarf*

Review Book 2
- **un chapeau** — a hat

lesson 11 page 53 New
- **une jupe** — a skirt
- **une chemise** — a shirt 
- **une robe** — a dress 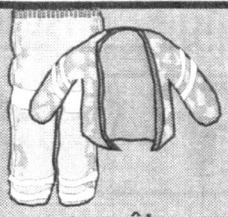
- **un survêtement** — a sweat suit 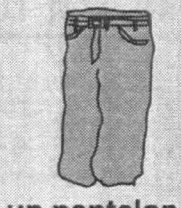
- **un pantalon** — pants

lesson 11 page 59 New
- **Si** — yes, I / we do too

page 60 Review Book 2
- **avoir** — to have

page 62 Review Book 2
- **boire** — to drink 
- **un café** — a coffee / du chocolat chaud 
- **un coca** — a soda 
- **un jus d'orange** — orange juice 
- **de l'eau** — water 
- **du lait** — milk

page 63 Review Book 2
- **mais** — but 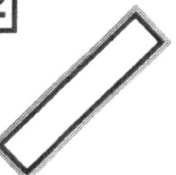
- **soif** — thirsty 
- **froid** — cold

page 65, 65 Review Book 2
- **vouloir** — to want 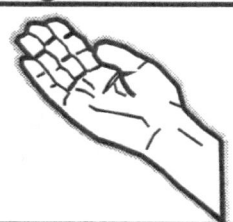
- **pouvoir** — to be able to / can 
- **quelque chose** — something 

page 71 New
- **des ciseaux** — scissors 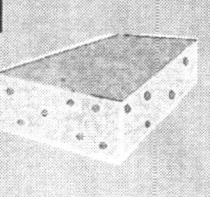
- **une éponge** — a sponge 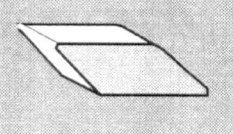
- **une gomme** — an eraser 
- **des livres** — books 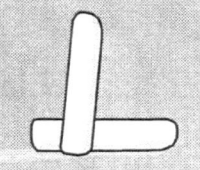
- **de la craie** — chalk 
- **des pinceaux** — brushes

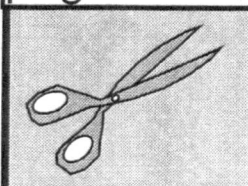

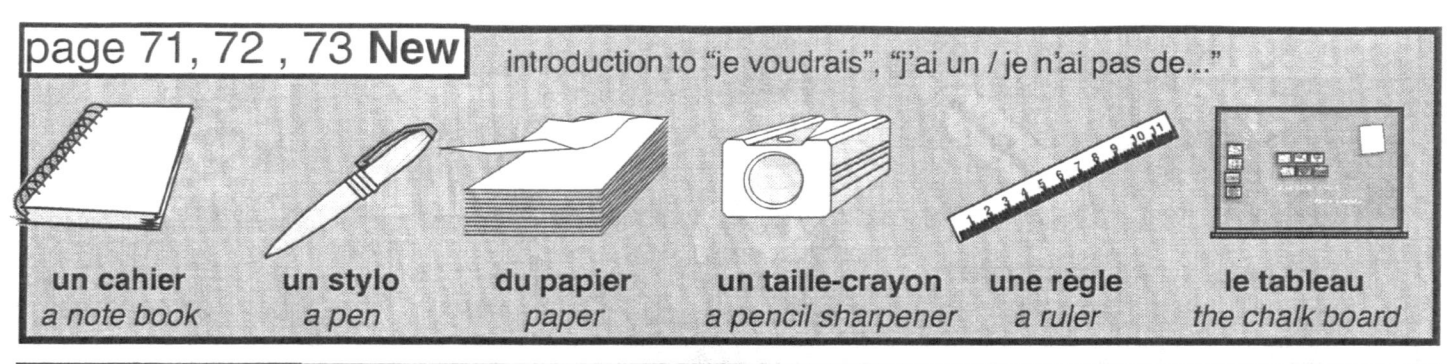

page 71, 72, 73 **New** — introduction to "je voudrais", "j'ai un / je n'ai pas de..."

un cahier	**un stylo**	**du papier**	**un taille-crayon**	**une règle**	**le tableau**
a note book	*a pen*	*paper*	*a pencil sharpener*	*a ruler*	*the chalk board*

page 76 **New**

il y a... / il n'y a pas de
there is... / there isn't

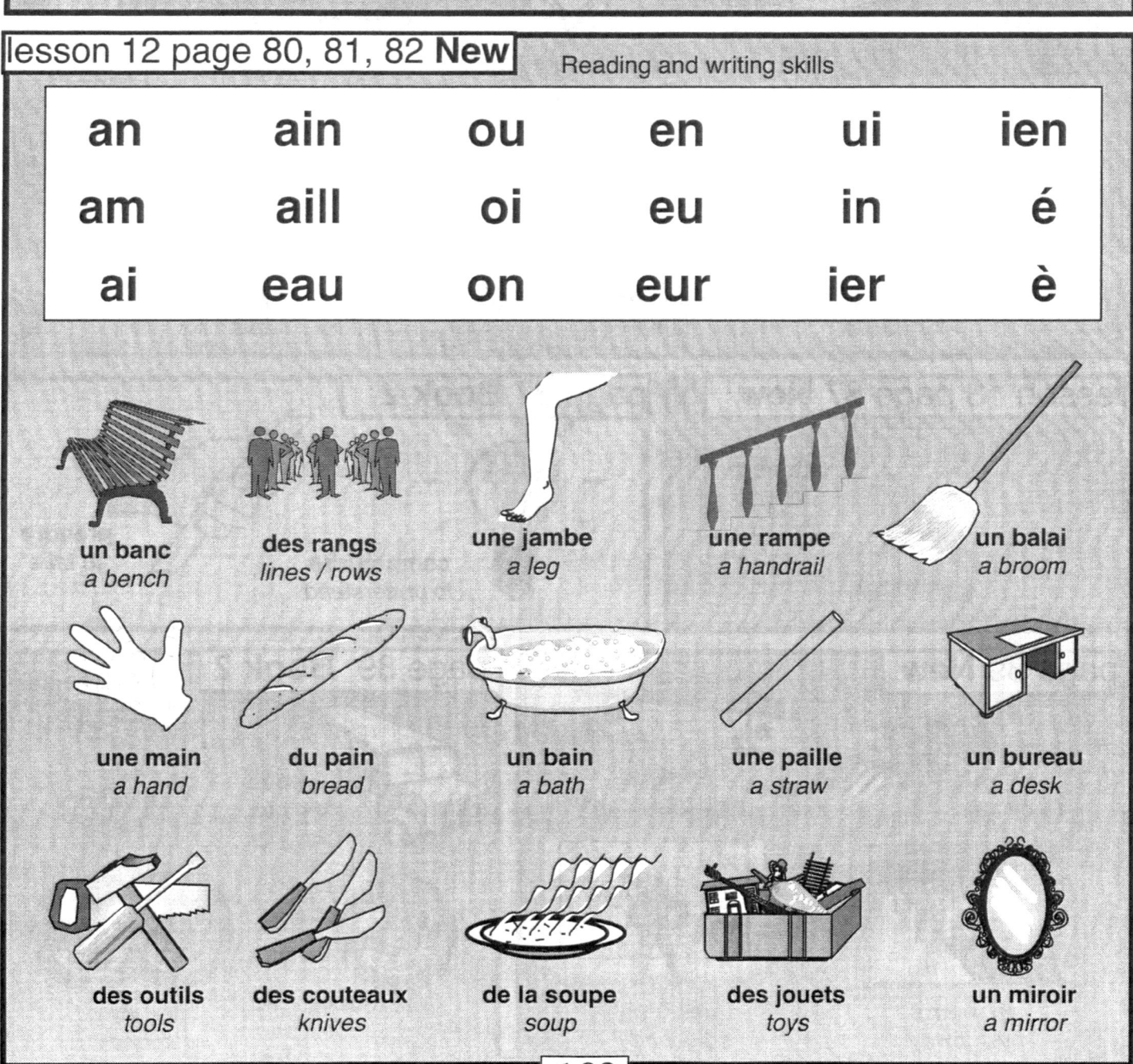

lesson 12 page 80, 81, 82 **New** — Reading and writing skills

an	ain	ou	en	ui	ien
am	aill	oi	eu	in	é
ai	eau	on	eur	ier	è

un banc	**des rangs**	**une jambe**	**une rampe**	**un balai**
a bench	*lines / rows*	*a leg*	*a handrail*	*a broom*

une main	**du pain**	**un bain**	**une paille**	**un bureau**
a hand	*bread*	*a bath*	*a straw*	*a desk*

des outils	**des couteaux**	**de la soupe**	**des jouets**	**un miroir**
tools	*knives*	*soup*	*toys*	*a mirror*

page 80 New

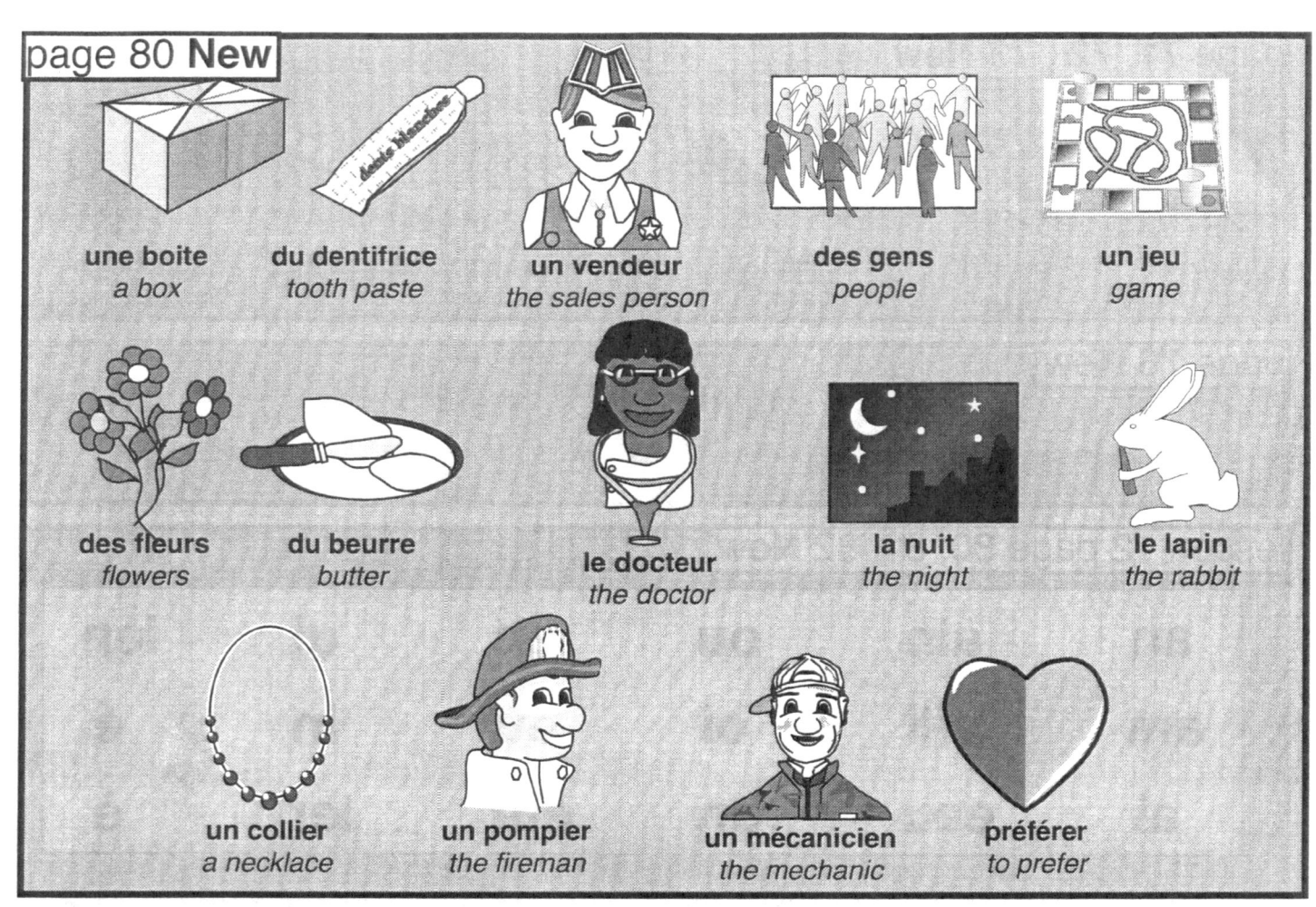

- **une boite** — *a box*
- **du dentifrice** — *tooth paste*
- **un vendeur** — *the sales person*
- **des gens** — *people*
- **un jeu** — *game*
- **des fleurs** — *flowers*
- **du beurre** — *butter*
- **le docteur** — *the doctor*
- **la nuit** — *the night*
- **le lapin** — *the rabbit*
- **un collier** — *a necklace*
- **un pompier** — *the fireman*
- **un mécanicien** — *the mechanic*
- **préférer** — *to prefer*

lesson 13 page 87 New

- **attendre** — *to wait*

page 87 Book 2

- **comprendre** — *to understand*
- **prendre** — *to take*

page 89 New

- **en train** — *by train*
- **en skate** — *on skate board*
- **en métro** — *by subway*
- **quelqu'un** — *somebody*

page 89 Book 2

- **en bus** — *by bus*
- **en voiture** — *by car*
- **un / une ami (e)** — *a friend*
- **des amis** — *friends*

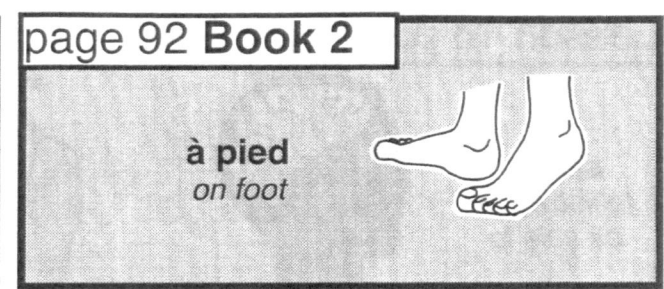

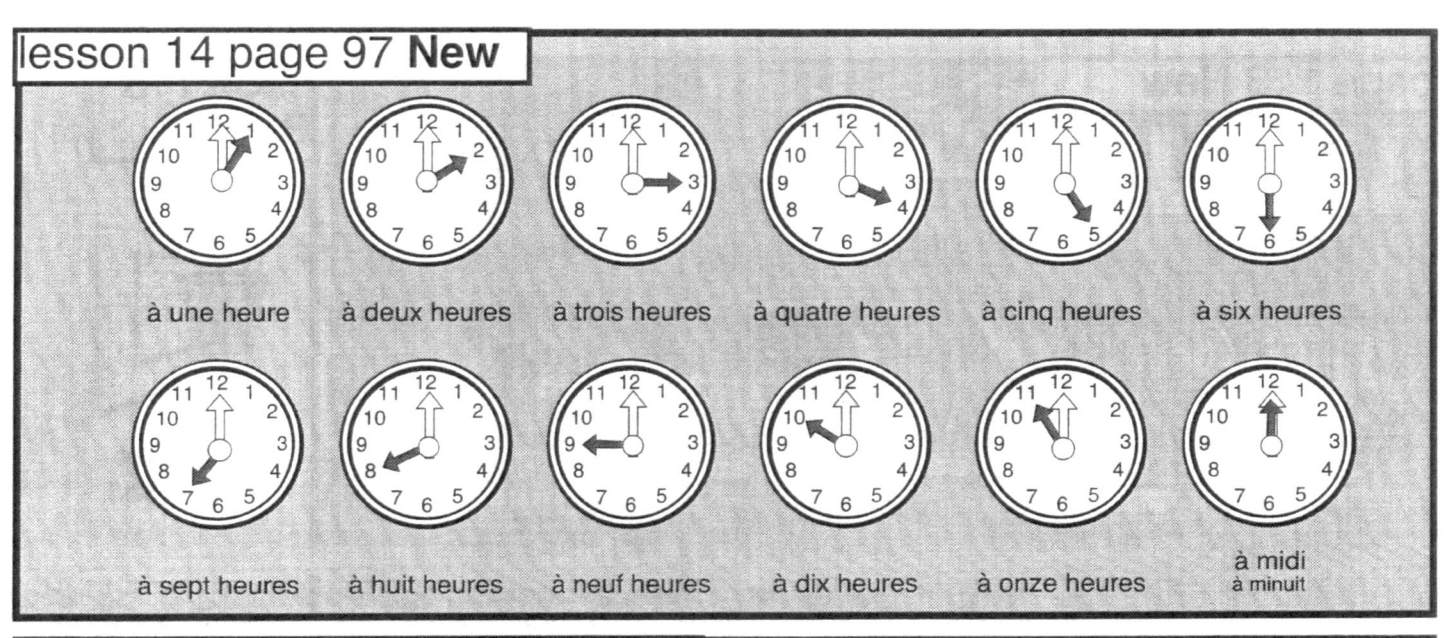

page 92 New
Comment allez-vous...?
Imagine these dialogues

marcher
to walk

page 92 Book 2
à pied
on foot

lesson 14 page 97 New

à une heure — à deux heures — à trois heures — à quatre heures — à cinq heures — à six heures

à sept heures — à huit heures — à neuf heures — à dix heures — à onze heures — à midi / à minuit

Lesson 15 page 100 Book 2

lire
to read

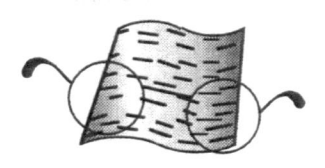

écrire
to write

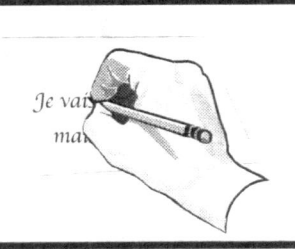

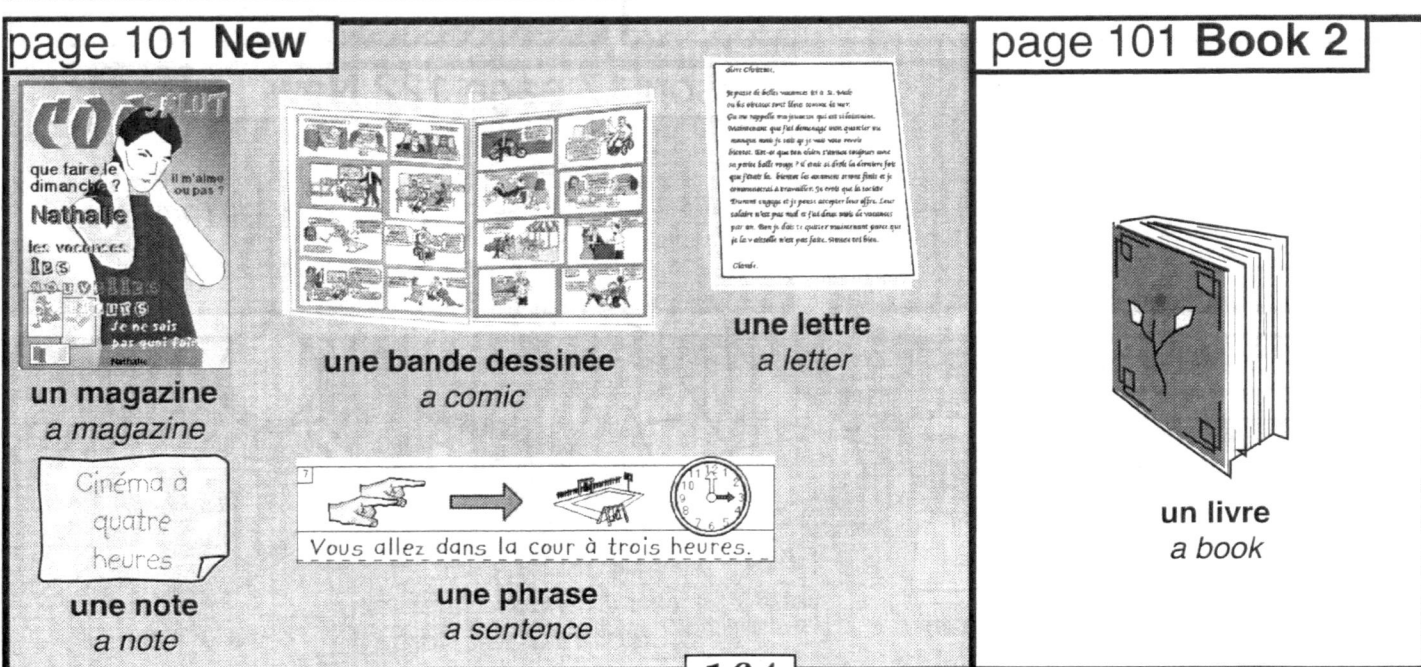

page 101 New

un magazine
a magazine

une bande dessinée
a comic

une lettre
a letter

une note
a note

une phrase
a sentence

page 101 Book 2

un livre
a book

164

Lesson 16 page 106 **Book 2**

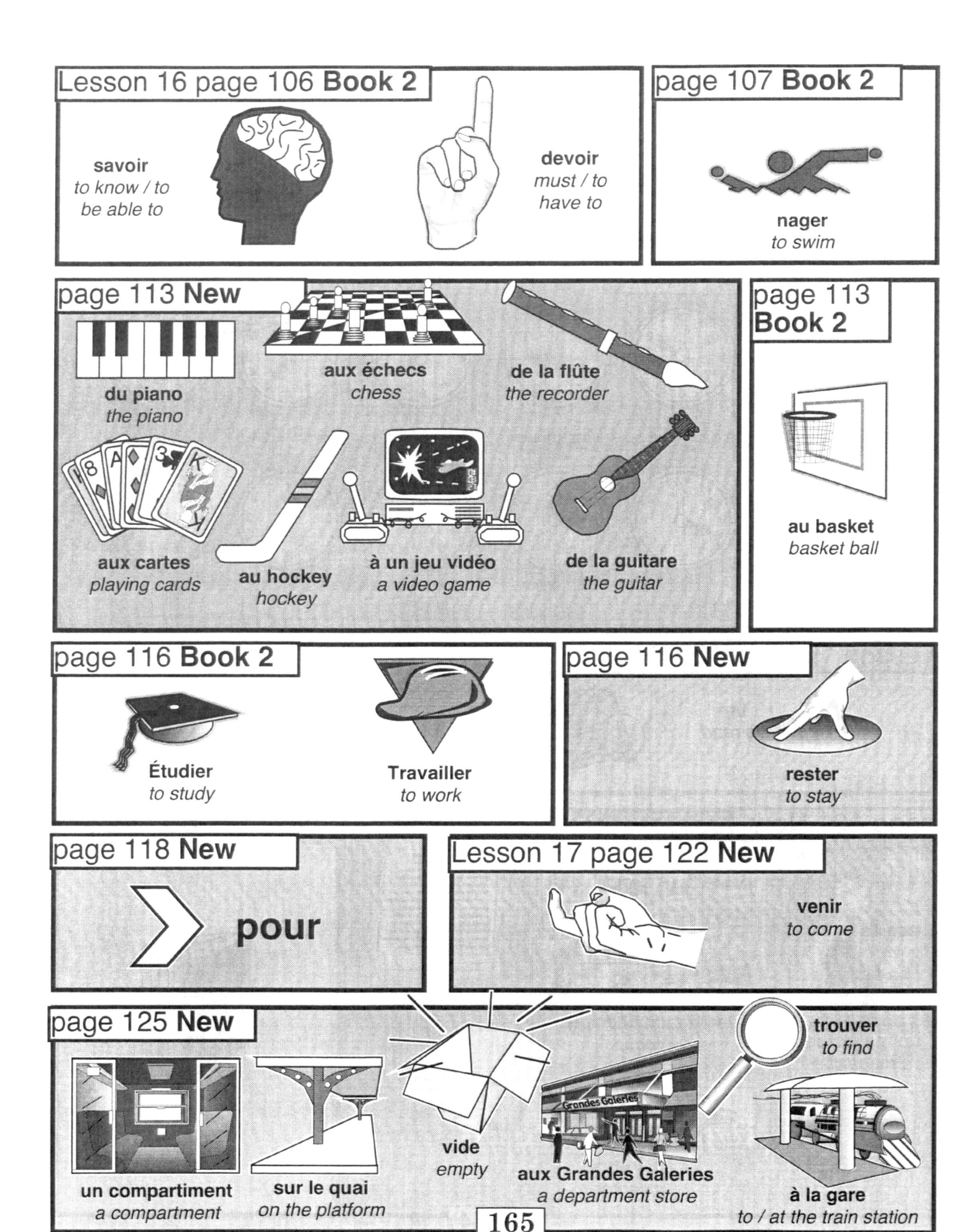

savoir — *to know / to be able to*

devoir — *must / to have to*

page 107 **Book 2**

nager — *to swim*

page 113 **New**

du piano — *the piano*
aux échecs — *chess*
de la flûte — *the recorder*
aux cartes — *playing cards*
au hockey — *hockey*
à un jeu vidéo — *a video game*
de la guitare — *the guitar*

page 113 **Book 2**

au basket — *basket ball*

page 116 **Book 2**

Étudier — *to study*
Travailler — *to work*

page 116 **New**

rester — *to stay*

page 118 **New**

pour

Lesson 17 page 122 **New**

venir — *to come*

page 125 **New**

un compartiment — *a compartment*
sur le quai — *on the platform*
vide — *empty*
aux Grandes Galeries — *a department store*
trouver — *to find*
à la gare — *to / at the train station*

165

page 126 Book 2

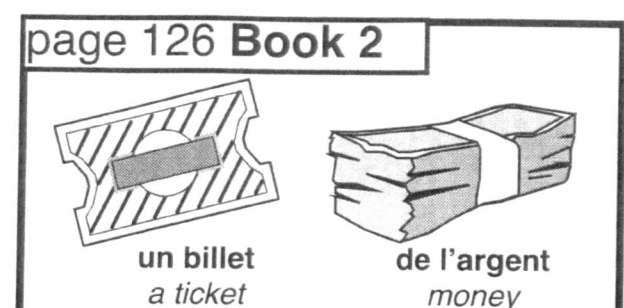

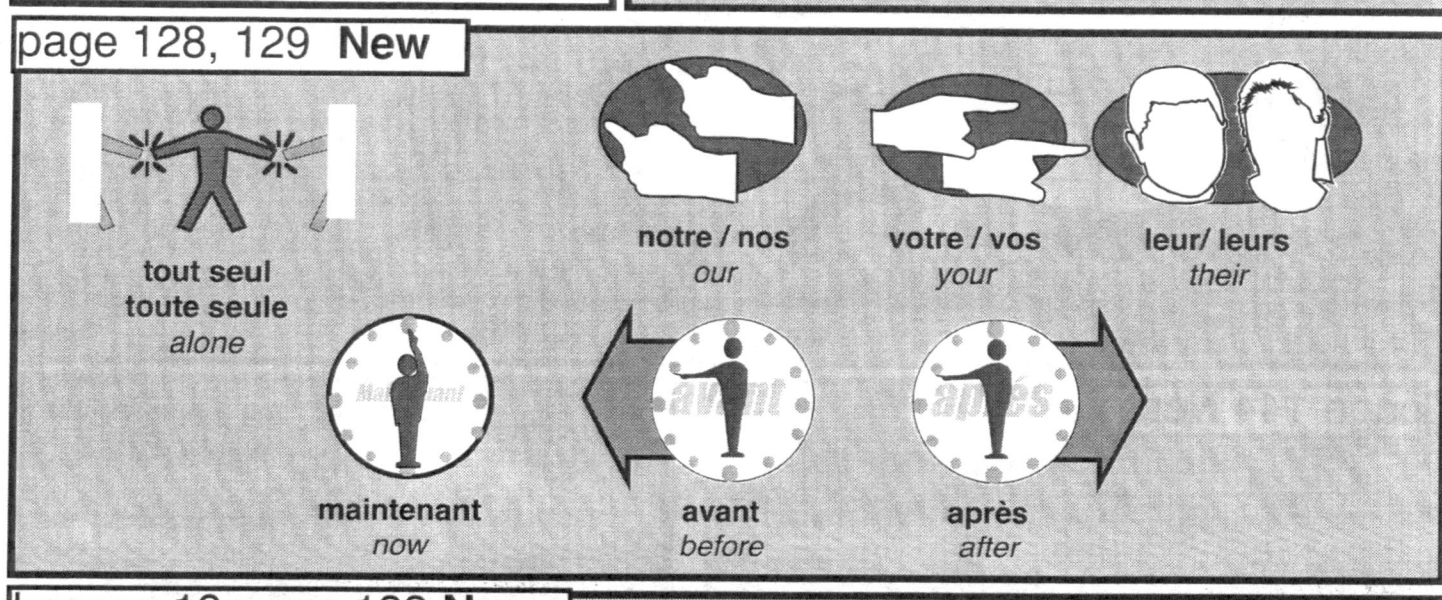

un billet — *a ticket*
de l'argent — *money*

Lesson 18 page 127 New

dormir — *to sleep*
finir — *to finish*
dire — *to say*

page 128, 129 New

tout seul / toute seule — *alone*
notre / nos — *our*
votre / vos — *your*
leur / leurs — *their*
maintenant — *now*
avant — *before*
après — *after*

Lesson 19 page 133 New

commencer à..., — *starting*
être en train de..., — *to be doing something*
arrêter de... — *to stop doing something*

Lesson 20 page 139 New

les vacances / en vacances — *vacation*
à la plage — *to / at the beach*
la mer — *the sea*
un bateau de pêche — *a fishing boat*
le sable — *the sand*
des provisions — *groceries*
un petit village — *a small village*
l'épicerie — *a small local grocery store*

166

Lesson 21 page 142 **New**

- **faire** — to do / to make
- **du vélo** — bicycle
- **(du) cheval** — horse / horse riding (colloquial)
- **un picnic** — a picnic
- **la sieste** — to nap
- **du ski** — skiing
- **de la voile** — sailing
- **de l'escalade** — rock climbing
- **des promenades** — walks (to take...)
- **du golf** — golf
- **de la pêche** — fishing

page 144 **New**

- **l'été** — Summer
- **l'automne** — Fall
- **l'hiver** — Winter
- **le printemps** — Spring

- **à la montagne** — the mountain
- **à la campagne** — the country side
- **le camp de vacances** — vacation camp

page 148 **Book 2**

- **travailler** — to work

page 148 **New**

- **préférer** — to prefer

page 151 **New**

- **le ménage** — cleaning
- **du bruit** — noise
- **la queue** — the line